W0250718

Hans Gustl Kernmayr

So kochte meine Mutter

Unter Mitarbeit von
Frieda und Victor Juza, Österreich
und Maria und Othmar Kuben, Deutschland

Mit Zeichnungen von
Peter Schimmel

Elisabeth Rollich
5/87

Mary Hahns Kochbuchverlag Berlin

© 1976 by Mary Hahns Kochbuchverlag Berlin
Alle Rechte vorbehalten
Nachdruck und Übersetzung auch einzelner Rezepte
nur mit Genehmigung des Verlags

Schutzumschlag: Hans-Werner Schwarzenberger

Farbfotos: ABC Press Amsterdam (2), Amsterdam Press (1),
Europa Farbstudio, Offenburg (1), Gruner & Jahr, Hamburg (5),
Mary Hahns Kochbuchverlag, Berlin (4),
Marktinformationsstelle der Dänischen Molkereiwirtschaft (1),
Helmut Saak, Bad Oeynhausen (1), F. Schreiber, Hof/Österreich (3),
Schweizerische Käseunion (1), Christian Teubner, Füssen (13),
Reproduktionen: Brandt & Vejmelka, Berlin

Satz: IBV Lichtsatz KG, Berlin
Druck: Druckhaus Langenscheidt, Berlin
Druck des Umschlags und der Farbfotos: Grosse, Berlin
Einband: Berliner Buchbinderei Wübben & Co.

ISBN: 3-87287-051-3

Widmung

Dieses Buch widme ich meiner Mutter, die bei der Taufe den schönen Namen Maria Theresia empfing. Sie war eine großartige Köchin.
Meine Mutter kochte, und es schmeckte.
Ich habe über hundert und mehr Kochbücher gelesen, nicht die neuen, nicht die, bei denen man einen Rechenschieber braucht, um die Kalorien zu errechnen.
Wer nur nach Kalorien kocht, kocht nicht schmackhaft. Mit dem Herzen, mit Gaumen und Zunge muß gekocht werden. Das konnte meine Mutter.
In Deutschland ist die sogenannte Würzburger Handschrift »Daz Buch von guter Spise« aus den Jahren 1345–1350 das erste Küchendokument. Das erste gedruckte Kochbuch war »Kuchenmaistrey«, 1485 in Ulm von Peter Wagner gedruckt, der Verfasser ist unbekannt.
Der Frankfurter Buchdrucker und Schriftgießer Christian Egenolff schrieb und druckte ein Kochbuch. Er hat das getan, was ich tue: Er hat die besten Rezepte in Worten auferstehen lassen.
In der Vergangenheit aßen die Leute gut, viel, schmackhaft. Um die Taille besorgt sein, das gab es nicht.
Die Sprichwörter: »Liebe geht durch den Magen« und »Speis' und Trank halten Leib und Seele zueinand« hatten und haben zu allen Zeiten ihre Berechtigung.

Mahlzeit!

Euer Hans Gustl Kernmayr

Gelernter Wursterzeuger
Kälberstecher, Küchenfleischer,
Senator der
Widukind Feinschmecker Bruderschaft
Mitglied und Besitzer der Ehrenurkunde
des Weltkochverbandes
Mitglied und Besitzer der Ehrenurkunde des
Verbandes der Köche Österreichs
Ehrenmitglied der
Landesinnung der Fleischer für Steiermark
Hauptberuflich Schriftsteller

Meiner lieben Frau
Marie Louise
ein kleiner Dank
für Liebe, Treue und Herzlichkeit
von
ihrem Gustl

Törwang/Obb. *im August 1976*

Inhalt

Essen und »Essen«

Die auch heute noch verbreitete Annahme, daß es nicht oder nur sehr wenig darauf ankomme, was man ißt, sondern nur darauf, daß man satt wird, ist durchaus irrig. Es kommt sogar sehr darauf an, was man kocht und auf den Tisch bringt. Satt kann man werden, wenn man Kartoffeln, aber auch, wenn man Trüffeln ißt. Mit genügend Kartoffeln kann man den Magen füllen, mehr aber auch nicht. Bei 100 g Rindfleisch ist die Nährstoffverteilung besser als bei 1 kg Kartoffeln, wenn die Kartoffeln auch den $4^1/_2$fachen Kalorienwert haben.

Es gibt stickstoffhaltige und nichtstickstoffhaltige Lebensmittel. Stickstoffhaltige: Eier, Fleisch, Milch, Käse, Hülsenfrüchte, Getreide- und Gemüsearten, Fische und Feinkost wie Schalenkrustentiere, Kaviar, Schnecken u. a. Nichtstickstoffhaltige oder stickstoffarme: Butter, Schmalz, Öl, Zucker, Stärkemehl.

Die stickstoffhaltigen Lebensmittel dienen hauptsächlich als Blutbildner, die nichtstickstoffhaltigen als Fett- und Wärmebildner. Deshalb sollte man die Ernährung aus stickstoffhaltigen und nichtstickstoffhaltigen Lebensmitteln zusammensetzen. Mein Rat jedoch: Man sollte die stickstoffhaltigen überwiegen lassen.

Die wertvollsten unter den stickstoffhaltigen Nahrungsmitteln sind Fleisch, Fisch, Milch, Eier und Käse. Beim Fleisch steht an erster Stelle in der Wertskala das Rindfleisch. Nach Möglichkeit nehme man, wie meine Mutter das tat, Fleisch vom Ochsen, Fleisch von einem drei Jahre lang gemästeten Rind. Immer darauf achten, daß das Fleisch gut abgehangen ist!

Gleich nach dem Rindfleisch folgt das Hammel- und Lammfleisch in der Güteordnung, dann erst das Kalbfleisch und das Schweinefleisch.
Beim Einkauf von Kalbfleisch muß man darauf achten, daß es weiß und fest ist. Was heute viele nicht mehr wissen: Kalbsmilch (Bries, Bröschen, Schweser) ist als Krankenkost gut geeignet und leicht verdaulich.
Liebhaber von rohem Fleisch sollten daran denken, daß trotz gesetzlich vorgeschriebener Fleischbeschau Bandwurmgefahr bestehen kann, und sollten in den Sommermonaten auf den Genuß von Beefsteak à la tatare, Mett, rohem Hackepeter verzichten.
Die Knochen sollten niemals fortgeworfen, sondern kleingehackt mit kaltem Wasser für eine Suppe aufgesetzt werden. Die Suppe ist sehr wichtig: Sie regt den Magen zu Beginn der Mahlzeit an.
Neben Fleisch, zu dem ich auch Geflügel und Wildbret zähle, sollte man auch innerhalb von 14 Tagen ein- bis zweimal Fisch essen. Er ist schmackhaft und gesund und hat alle drei wichtigen Nährstoffe. Manche Fische enthalten einen höheren Prozentsatz an vollwertigem tierischem Eiweiß als Fleisch.
Schwer verdaulich sind Lachs und Aal, die man stets ohne Haut essen sollte.
Milch ist wichtig bei unserer Ernährung, nicht viel weniger wichtig Käse, Quark und Sauermilchprodukte (Joghurt, Kefir, Kumys u. a.). Letztere sind leicht verdaulich und erfrischend.
Aus Mehl und Wasser oder Milch bereitete Speisen wie Nudeln, Klöße, Nockerln, Aufläufe und Kuchen sollten von Leuten mit schwachem Magen nicht gleich nach Fertigstellung gegessen werden.
Meine Mutter und ich haben dem Schwarzbrot immer den Vorzug vor allen anderen Brotsorten gegeben. Es kann gar nicht schwarz und grob genug sein. Schwarzbrot sorgt für regelmäßigen normalen Stuhlgang. Glaube keiner, daß man von Gemüsen und Wurzelgewächsen allein nicht satt werden kann. Man wird satt, aber man bleibt es nicht lange. Eine Ausnahme bilden Pilze, die schwer verdaulich sind.
Zu einer gesunden Ernährung gehört Obst, Obst und nochmals Obst. Es wirkt erfrischend auf den Körper, ist arm an Nährstoffen. Hüten aber soll man sich vor unreifen Früchten. Als Krankenkost eignet sich besonders gekochtes Obst.
Mit Fett sparsam sein. Im Winter kann man mehr Fett oder Öl nehmen; im Sommer so wenig wie möglich. Glaube keiner, der viel arbeitet, er müsse seinem Körper viel Fett zuführen. Auch mit Zucker sollte man sparsam sein. Und mit Salz und Senf. Auch die Verwendung von Essig sollte bei der Beköstigung von Kindern und Jugendlichen eingeschränkt werden, bei Erwachsenen ist sie unproblematisch.
Zur Zeit meiner Mutter verwendete man fast nur Schweineschmalz, denn es war preiswert und gesund. Zweifellos war es gesund, denn wir alle waren gut genährt, kleine sogenannte Wehwehchen gab es nicht.
Das Schmalz wurde vielfach als Heilmittel verwendet und war Basis vieler in Apotheken hergestellter Salben.
Heute ist man sich nicht einig, ob Schweineschmalz gesund ist oder nicht. Ob gesund oder nicht, fest steht, daß Schweineschmalz sehr gut schmeckt.
Ein Schwarzbrot mit Schweineschmalz und Grammeln (Grieben), mit Salz bestreut, vielleicht mit einigen Zwiebelscheiben dar-

auf, ist ein Hochgenuß. Es gibt viele Gäste, die in Restaurants ausdrücklich wünschen, daß ihr Schnitzel in Schweineschmalz gebacken wird.
Butter war auch früher nicht billig, aber in der feinen Küche und bei Mehlspeisen wird man nicht darauf verzichten können.
Margarine hat meist Pflanzenöl als Basis, es gibt sie in vielen verschiedenen Geschmacksrichtungen.
Welches Fett man verwendet, hängt von der Gesundheit des einzelnen Menschen ab. Die einen vertragen keine Butter und essen darum Margarine.
Für die Fritüre sollte man am besten reines Erdnußöl nehmen, denn es ist am hitzebeständigsten. Es ist sehr wichtig, daß man das gebrauchte Fett wechselt, denn zu oft gebrauchtes Fett schadet der Gesundheit, es bekommt auch einen unangenehmen Geruch. Gutes, frisches Öl riecht beim Erhitzen leicht nach Mandeln.
Aus altem Friteusenöl kann man Seife herstellen, meine Mutter bereitete sie nach folgendem Rezept:
Man gibt in einen eisernen Topf etwa 3 kg Fettreste, dazu 1 kg Seifenstein (bekommt man in der Drogerie) und kocht alles langsam, bis an der Oberfläche keine Fettreste mehr zu sehen sind. Jetzt gibt man 250 g Salz dazu, kocht noch eine Viertelstunde weiter. Man schüttet die Masse in ein geeignetes Gefäß und läßt erkalten, am nächsten Tag kann man die *Schmierseife* abheben.
Noch heute ist in vielen Ländern die Verwendung von Rinderfett (Kernfett) üblich. Auch mit dem Fett des Hammels kann man kochen. Der berühmte englische Christmas Pudding hat als Bestandteil das zarte Rindernierenfett.

Ein Rat für »Glücklich verheiratet – ein Leben lang«

Statistisch ist erwiesen, daß Verheiratetsein häufig kein Honiglecken ist. Und die ersten Jahre einer Ehe sind die schwierigsten. Die Ehepartner müssen versuchen, sich einander anzupassen.
Wenn eine Ehe in den ersten Jahren scheitert, liegt es oft nicht an der falschen Partnerwahl, sondern daran, daß sich die Ehepartner beim Mittagessen der Kochkünste ihrer Großmütter und Mütter erinnern.
Der Mann sagt: »Meine Mutter hat besser gekocht!«
Stimmt das wirklich?
Nein. Der Mann hat vergessen, daß er, als die Mutter kochte, ein Kind war, und ihm hat alles geschmeckt – weil er richtigen Hunger hatte.
Die Ehemänner behaupten gerne, ihre Mütter wären mit wenig Geld ausgekommen, um ein gutes Essen zuzubereiten. Doch als Kind kann man nicht ermessen, ob viel oder wenig Geld zur Zubereitung einer Mahlzeit notwendig ist.
Ich gebe jeder Ehefrau mit auf den Weg: Um ein gutes Essen auf den Tisch zu stellen, braucht man erstens Zeit und zweitens Geld. Und allen Frauen, die den Kochlöffel in die Hand nehmen und sich an den Küchenherd stellen, sei gesagt: Kochen ist keine Arbeit »nebenbei«. O nein. Kochen muß sehr ernst genommen werden. Nicht vergessen: mit viel Liebe kochen.
Jungen und älteren Frauen einen weiteren

Rat: Ich würde mich vor einer »guten« Freundin, die den Mann zum Essen einlädt und ihm das Beste vom Besten serviert, in acht nehmen. Dahinter steckt immer eine Absicht.
Dem Jüngling und dem Mann, der auf Freiersfüßen geht, rate ich zur Vorsicht, wenn die Mutter der Angebeteten die Kochkünste ihrer Tochter lobt: »Dieses Gemüse hat meine Tochter mit ihrer linken Hand zubereitet, Zwiebel, Schnittlauch und Petersilie geschnitten... Dieser ›herrliche‹ Kuchen ist von meiner Tochter allein gebacken worden.« – Die Mütter wollen das Beste für ihre Kinder, daher loben sie und flunkern ein bißchen.
Den zukünftigen Frauen, den Bräuten, den jungen Mädchen, mögen sie noch so rank und schlank sein, mögen sie sich noch so sehr schmücken und auf ihre Kleidung Wert legen, reiten, schwimmen, Gymnastik treiben, sei gesagt: »Vernachlässigt den Kochtopf nicht! Lernt bei Eurer Mutter und später in der Haushaltsschule kochen, gut kochen.«
Das Sprichwort »Liebe geht durch den Magen« hat seine Berechtigung. Gutes Essen verscheucht Sorgen und Nöte, die der Mann aus dem Alltag mit nach Hause bringt. Wenn dann die Suppe versalzen, das Fleisch hart, das Gemüse aus der Dose und vielleicht gar in der Dose aufgewärmt auf den Tisch gestellt wird, kann keine gute Laune aufkommen.
Ihr lieben Frauen, glaubt ja nicht, daß die Männer zu Beginn einer Ehe, wenn sie verliebt, sehr verliebt sind, nichts einzuwenden haben. Setzt eurem Mann nicht die Reste vom Mittag abends vor. Man kann auch Reste schmackhaft zu einem neuen Essen verwenden, ohne daß man merkt, daß es Reste sind.
Eine »Kalte Platte« einmal in der Woche genügt. Am Samstag- oder Sonntagabend. Nicht aus Bequemlichkeit sagen: »Im Eisschrank stehen Wurst, Käse und Butter!«
In den südlichen Ländern, in Österreich, Frankreich, Italien, wird mittags und abends warm gekocht. Man sitzt bei einem warmen Essen länger am Tisch. Ein gutes warmes Essen entlockt dem Ehemann gute Laune. Und wenn der Mann guter Laune ist, kann man ihm auch einmal Wünsche unterbreiten.
Viele Männer gehen in ihre Vereine, in Kegel- und Skatklubs, ja, sogar zur Freiwilligen Feuerwehr, weil sie das Einerlei zu Hause nicht ertragen können. Zuerst gehen sie einmal in der Woche, dann öfter.
Die Frau sitzt allein zu Hause. Oder sie hat ihre Kränzchen, den Kino-, Bridge- und Theaterabend. Man trifft sich am Morgen beim Frühstück. Doch beim Frühstück hat der Mann bekanntlich in der Regel wenig Zeit.
Darum darf das Frühstück auf keinen Fall vernachlässigt werden. Ein schön gedeckter Tisch gehört dazu. Schönes Geschirr, eine schöne Tischdecke, Servietten, ein paar Blumen, das hebt die Stimmung aller Männer. Und man sollte auch nicht jahrein, jahraus dasselbe Geschirr benutzen. Es muß kein teures Geschirr sein. Wie ich die Männer kenne, werden sie, wenn man nach einiger Zeit ein anderes Geschirr aus dem Schrank holt, sagen: »Heute ist der Tisch besonders schön gedeckt. Wo hast du das neue Geschirr her?«
Wenn ein Mann kein Verständnis dafür aufbringt, daß gut kochen und die Wohnung in Ordnung halten viel Arbeit macht, machen Sie ihm den Vorschlag, er soll eine Woche lang den Haushalt übernehmen.

Es ist ungerecht, daß die Hausfrau, Gattin und Mutter für all das, was sie zum Nutzen und Frommen der Familie tut, nicht die Aufmerksamkeit und die Entlohnung bekommt, die man sonst für jede Arbeit erhalten würde.
Jede Frau sollte die Freunde ihres Mannes mit ihren Frauen ab und zu zum Essen einladen.
Doch dann muß man vorsichtig sein mit der Kocherei. Nur ja nicht, koste es, was es wolle, zu üppig auftischen. Man darf die Gäste, vor allem die Frauen der Freunde, die sich an den Tisch setzen, nicht beschämen. Die Hausfrau sollte versuchen, all das, was sie auf den Tisch stellt, gut zu kochen, es darf nicht zu billig, sollte aber auch nicht zu teuer sein. Dasselbe gilt für die Getränke.
Tüchtige Ehefrauen versuchen herauszubekommen, was ihre Gäste gerne essen. Die Lieblingsspeise ist eine Überraschung und wird dem Gast Freude bereiten.
Und wenn die Hausfrau gelobt wird, kann sie ruhig sagen: »Mein Mann hat mir geholfen« oder: »So hat meine Mutter gekocht!« – Ja nicht auftrumpfen: »Das ist ein Rezept von mir!«
Den Kochrezepten von Stars gegenüber sollte man sehr mißtrauisch sein, seien es nun Sänger, Tänzer, Schauspieler, Maler, Schriftsteller oder Politiker. Denen wird ein Rezept meistens zur Unterschrift auf den Tisch gelegt. Sie sind glücklich, mit »ihrem« Rezept in Zeitungen und Illustrierten aufzutauchen. Es ist für sie Reklame. Vom Kochen verstehen die meisten nichts. Selbstverständlich gibt es Ausnahmen.
Liebe Hausfrau, halten Sie sich an alte Rezepte, an die Rezepte der Großmütter und Mutter. Sie kannten keine Chemie. Sie holten sich ihre Gewürze und das Grünzeug aus dem Garten.
Das Leben und das Kochen ist nichts ohne Gewürze. Doch ein Gewürz ist nicht dazu da, den Geschmack von einem Lamm oder einem Huhn, zum Beispiel, einem Kalbs- oder Schweinefleisch zu überdecken. Man muß vorsichtig mit den Gewürzen umgehen.
Unsere Mütter haben die Bezeichnung »eine Prise« ernst genommen. Was sie zwischen Daumen und Zeigefinger an Gewürzen fassen konnten, streuten oder rieben sie in den Kochtopf.
Die Speise muß so gewürzt auf den Tisch kommen, daß niemand um Salz, Pfeffer oder Paprika bitten muß.

Die Gewürzküche

Das A und O zu einem schmackhaften Essen sind die Gewürze. So habe ich mich in Salzburg tagelang in der großen weltweiten Gewürzküche Wiberg umgeschaut und mir einen Würzplan aufstellen lassen.

Eine gute Köchin interessiert sich ja nicht nur für die Gewürze, sondern auch für die Herkunftsländer. Auch über die Art der Pflanze will sie informiert werden und auch über die Verwendungsart.

Gewürz	**Anbauländer**	**Art der Pflanze**	**Würziger Pflanzenteil**	**Verwertungsart**	**Würzplan**
Anis	Mittelmeergebiet, insbes.: Türkei, Spanien, Ägypten	Doldengewächs	Frucht	ganz, gemahlen	Bäckereien, Brot, Schnapserzeugung
Cardamom	Afrika, Italien, Guatemala, Ceylon	Strauch	Frucht	gemahlen	feine Bäckerei, Wurstwaren

Gewürz	Anbauländer	Art der Pflanze	Würziger Pflanzenteil	Verwertungsart	Würzplan
Fenchel	Mittelmeergebiet, Italien, China	Doldengewächs	Spaltfrucht	ganz	Brot, Bäckereien
Gewürznelken	Madagaskar, Sansibar, Ceylon	immergrüner Baum	getrocknete Blütenknospe	ganz, gemahlen	Bäckereien, Kompotte, Glühwein, Wurstwaren, Rotkohl
Ingwer	China, Afrika (Nigeria)	niedrige Blattpflanze	Wurzelstock (auch geschält)	gemahlen	Bäckereien, Wurstwaren
Koriander	Mittelmeergebiet, Marokko, Rumänien, Bulgarien	Doldengewächs	reife Spaltfrucht	ganz, gemahlen	Bäckereien, Wurstwaren
Kümmel	Holland, Ostfriesland, Polen, Ungarn, Italien	Doldengewächs	getrocknete Spaltfrüchte	ganz, geschrotet, gemahlen	Brot, Bäckereien, Saucen, Suppen, Fleischspeisen, Gemüse, Wurstwaren
Lorbeerblätter	Mittelmeergebiet, Türkei	immergrüner Baum	Blätter	ganz, gemahlen	Suppen, Saucen, Fleischgerichte, Marinaden, Gemüsegerichte, Fischspeisen
Majoran	Ungarn, CSSR, Frankreich, Marokko, Ägypten, Thüringen	Doldengewächs	blühendes Kraut	ganz, gerebbelt, gemahlen	Saucen, Suppen, Fleischspeisen, Kartoffelgerichte, Wurstwaren
Muskatblüte (Macis)	Neuguinea, Bandainseln, Indonesien, Westindien	Baum	getrockneter Samenmantel	gemahlen	Wurstwaren, Fleischbrühen u. ä.
Muskatnuß	Neuguinea, Bandainseln, Indonesien, Westindien	Baum	Samen	gerieben, gemahlen	Suppen, Saucen, Kartoffelspeisen, Gemüse, Bäckereien

Gewürz	Anbauländer	Art der Pflanze	Würziger Pflanzenteil	Verwertungsart	Würzplan
Paprika	Ungarn, Bulgarien, Jugoslawien, Spanien	Strauch	gereifte Frucht (Schoten)	fein gemahlen	Suppen, Saucen, Fleischspeisen, Fischgerichte, Salate, Gemüse, Wurstwaren
Delikateßpaprika: mild, schönste Farbe					
Paprika, edelsüß: leicht scharf, dunkle Farbe					
Rosenpaprika: scharf, kräftig rot					
Paprika, scharf: sehr scharf, bräunlich rot					
Pfeffer schwarz	Indonesien, Indien, Brasilien, Malaysia	Strauch	unreife Beerenfrucht	ganz, geschrotet, gemahlen	Suppen, kräftige Fleischspeisen, Gemüse, Salate, Käse
Pfeffer weiß	Indonesien, Indien, Brasilien, Malaysia	Strauch	reife Beerenfrucht	hauptsächlich gemahlen	Suppen, helle Saucen, feine Fleischspeisen, Salate
Pfeffer grün	Madagaskar	Strauch	grüne Beerenfrucht	in Salzwasser eingelegt	Pfeffersteaks, Wurstwaren
Piment (Neugewürz, Nelkenpfeffer)	Jamaika, Mexiko	kleiner Baum	nicht ganz reife Beeren	ganz, gemahlen	Bäckereien, Fischmarinaden, Wurstwaren
Thymian	Mittelmeergebiet	halbstrauchiges Gewächs	Blüten und Blätter, getrocknet	ganz, zerrieben, gerebbelt, gemahlen	Suppen, Saucen, Fleischspeisen, Kartoffel- und Gemüsegerichte, Wurstwaren
Wacholder	Mitteleuropa	immergrünes Nadelholzgewächs	Beeren	ganz	Wildgerichte, Marinaden, Gemüsegerichte, Schnapserzeugung (Gin)
Zimt	China, Indonesien, Indien, Ceylon, Komoren, Madagaskar	Baum	Rinde	ganz, gebrochen, gemahlen	Bäckereien, Kompotte, Mehlspeisen, Glühwein, Wurstwaren

Das Paradies-, Gewürz- und Arzneigärtlein

Wilde Pflanzen spenden belebende Säfte, körperliche und seelische Freuden.
Gastronomische, vor allem Familienbetriebe betreuen mit viel Liebe einen Gemüse- und Kräutergarten. Oft als Reserve für den unvorhergesehenen Verbrauch, was Salat und Gemüse anbelangt, oftmals weil man weiß, daß die frisch geschnittenen Salate oder Kohlköpfe geschmacklich mehr hergeben und dann zur Verfügung stehen, wenn man sie braucht.
Ein Kräutergarten ist heute schon seltener anzutreffen. Als der Handel noch nicht so leistungsfähig war und gute Gewürze und Kräuter noch ihren Preis hatten, konnte sich nicht jeder alles leisten, z. T. kannte man viele ausländische Gewürze kaum. Der letzte Krieg, der so viele Menschen quer durch Europa hetzte, und die nach dem Krieg einbrechende Reisewelle machten die Leute für Gewürze aufgeschlossener. In vielen Gegenden Deutschlands hat man z. B. eine ausgesprochene Abneigung gegenüber Knoblauch. Wenn man aber in Frankreich oder auf dem Balkan Gerichte verzehrt hat, in denen Knoblauch die überragende Würze darstellt, konnte man sich damit durchaus anfreunden. Die Steirer haben vom guten Würzen schon immer viel gehalten, und daher haben sich Kräutergärten und Kräuterkunde immer behauptet. Viele Kräuter und Säfte können froh stimmen und das Befinden heben oder bessern, aber trotz ihrer überlieferten Heilwirkung sollten sie kein Ersatz dafür sein, bei akuten Beschwerden den Arzt zu konsultieren und seinem Rat zu folgen. So altbekannte heimische Gewächse wie Kamille oder Pfefferminze ersetzen, als Tee getrunken, ausländische Getränke, die nicht immer vertragen werden.
Es hat zu allen Zeiten bekannte und berühmte Kräutersammler gegeben, oftmals waren es Originale, die in der Gegend, in der sie lebten, von vielen Leuten um Rat gefragt wurden.
Die österreichische Journalistin und Fachbuchautorin Dr. Gisela Köstler hat darüber ein Buch geschrieben und viele alte Hausmittel zusammengestellt. Wir wollen uns mit den Säften und Kräutern befassen, die in unseren Familien mehr oder weniger bekannt sind und die auch heute noch verwendet werden.

Baldrian
wirkt entspannend bei Schlaflosigkeit, beruhigend bei Herzbeschwerden, wird heute in der Apotheke in Form von Tropfen abgegeben. Früher hatte man die Pflanze im eigenen Garten.

Basilikum
ist als Teeaufguß schnupfenlösend und nervenstärkend. In der Küche verwendet man es für Salate und Rohkost, und zwar kann man die frischen Blätter, Blütenknospen und auch die unreifen Früchte verwenden.

Beifuß
Als Gewürz macht Beifuß Fett leichter verdaulich. In der Küche zu Schweinebraten, Rohkostsalaten, Kräutersuppen und Saucen, Wirsing und Weißkohl, beim Auslassen von Schmalz und als Füllung für Gänsebraten. Als Blütenrispe frisch oder getrocknet zu kaufen.

Birke
liefert nicht nur ein Haarpflegemittel. Früher hat man den aus Rinde und Blättern gewonnenen Saft als linderndes Heilmittel bei Nieren- und Blasenerkrankungen verwendet.

Bohnenkraut (Pfefferkraut)
Appetitanregend, in der Küche für Bohnengemüse, Bohneneintopf, Hammel- und Rindfleisch usw. Blühendes Kraut, frisch oder getrocknet zu verwenden.

Borretsch
Im Volksmund Gurkenkraut genannt. Die Blätter wurden früher in Essig gebeizt, da man Borretsch bei Herzschwäche, rheumatischen Schmerzen und auch seelischen Störungen als Heilmittel schätzte.

Brennessel
wird heute noch oft als Spinat bereitet, besonders im Frühjahr.
Früher trank man den Saft bei Blutarmut und schrieb ihm auch stoffwechselfördernde Wirkung zu.

Dill
Eines der beliebtesten Küchenkräuter, sehr aromatisch. Das frische Kraut enthält Vitamin C. Außerdem ist es appetitanregend. Verwendet werden die jungen Triebe, Blüten und Samen, auch getrocknet. Zum Einlegen von Gewürzgurken unentbehrlich.

Estragon
hat als Medizin keine Bedeutung, ist aber für Salate, saure Gurken, Saucen, Suppen, Bohnen, Eintöpfe unentbehrlich. Die frischen Blätter werden verwendet und ganze Zweige in Weinessig eingelegt.

Fenchel
Als Tee blähungstreibend. Ein Gesichtsdampfbad mit Fencheltee bewirkt bessere Durchblutung einer schlaffen Gesichtshaut. Verwendet wird der Samen und das frische Kraut an Salaten, Kräutersaucen, Fischmarinaden, zum Garnieren und als Gemüse.

Gänsefingerkraut
Auch Krampfkraut. Wie der Name sagt, ein Hausmittel bei Krämpfen, auch Magen- und Darmkrämpfen, bei Durchfall und Wechselbeschwerden.

Hafer
Nicht nur ein beliebtes Nährmittel. In alten Chroniken liest man vom frisch gepreßten Saft des grünen Hafers, der bei Schwächeanfällen und Erschöpfungszuständen gute Dienste leistete.

Hagebutten
haben einen hohen Vitamin-C-Gehalt. Die Früchte müssen aber den ersten Reif mitbekommen und können erst dann verarbeitet werden. Aus den getrockneten Früchten wird Tee bereitet, der als Vitaminspender bei Vitaminmangel, Blutarmut und Erkältung sehr begehrt ist.

Holunder
Sehr beliebt als Kompott. Diese Frucht ist so geschätzt, daß es Rezepte für Holler-Essig, Holler-Sirup, Holler-Likör und Holler-Gelee gibt. Der Saft wirkt blutreinigend und bringt Erleichterung bei Heiserkeit und Husten und neuralgischen Schmerzen.

Huflattich
ist ein beliebtes Hausmittel bei Heiserkeit

und Verschleimung und allen Erkältungskrankheiten.

Karotten
(Möhren) werden wegen des hohen Vitamingehaltes als Rohkostsalat mit Zitronensaft verabreicht. Karotin gilt als Mittel gegen Nachtblindheit und Haarausfall.

Kerbelkraut
Als Tee getrunken blutreinigend und magenstärkend. Als Gewürz für Salate, Gemüse, Braten. Als frisches Kraut besonders geschmacksintensiv.

Knoblauch
Roher Knoblauch hilft bei Magen-Darm-Erkrankungen, bei Erkrankungen der Luftwege und des Kreislaufsystems und gegen Spulwürmer. Vorbeugend gegen Arterienverkalkung. Roh oder pulverisiert zu verwenden bei Salaten, Tomaten- oder Kartoffelsuppen, bei Fisch, Gemüseeintöpfen, Hammel- und Schweinebraten.

Meerrettich, Kren
ist ein sehr vielseitiges Würzmittel. Es regt den Appetit an, fördert die Verdauung, verringert Blähungen, und nach den neuesten Forschungen wirkt Meerrettich bakterientötend. Dünnblättrige Meerrettichscheiben, auf die Stirn gebunden, sollen Kopfschmerzen lindern. Beliebte Beilage zu gekochtem Rindfleisch, zu Räucherlachs, Fisch, als Apfelmeerrettich, Meerrettichsahne usw. oder auch roh gerieben zu Würstchen und Selchfleisch.

Kresse
Als Salat wirksam gegen leichte Infektionen des Nierenbeckens und der Harnwege, bei Rachen- und Bronchialkatarrhen, Mandel- und Ohrenentzündungen, Grippe, Erkältungsinfektionen. Verwendet werden frische Blätter, Blütenknospen und unreife Früchte für Salate und Rohkost, auf Eiern und auf Butterbrot.

Kümmel
verhindert Blähungen. Verwendet werden der Samen und die jungen grünen Blätter bei Suppen, Kartoffel- und Fleischgerichten, Rohkost, Quark, Käse, Brot. Die Blättchen gibt man an Salate.

Liebstöckel
Als Tee wirksam gegen Verdauungsstörungen, die von Magensäuremangel herrühren. Die Blätter, frisch oder getrocknet, verwendet man bei Salaten, dunklen Bratensaucen, Gemüsesuppen, Fleisch, Gemüse.

Majoran
Als Tee schleimlösend, wassertreibend, magenstärkend. Äußerlich, als Kompresse aufgelegt, schmerzstillend bei Nervenschmerzen. Getrocknetes Kraut mit Blütenknospen für Suppen, Gemüse, Braten, Würste, Geflügel, Käsespeisen, Klöße.

Petersilie
verschönt die Speisen, ist wirksam gegen Harngrieß, Nieren- und Blasensteine, Gelb- und Wassersucht, bei Milz- und Leberleiden. Reich an Vitamin A und B. Als frisches und getrocknetes Kraut zu verwenden als Suppengrün und Speisewürze.

Pfefferminz
Als Tee gegen Appetitlosigkeit und Verdau-

ungsstörungen, belebt den Herzmuskel und löst Verkrampfungen. Als Kraut, frisch oder getrocknet, in der Küche zu verwenden bei Aal, Braten und Gemüse.

Rettich
Besonders der schwarze Rettich soll Leber und Galle lindernd beeinflussen. Nach alter Überlieferung mit Zucker hustendämmend.

Rosmarin
Als Tee getrunken kreislaufanregend und harntreibend. Kraut von frischen Blüten und getrocknet in der Küche zu verwenden für Fleisch, gebratenen Fisch, Saucen, Salate, Eierspeisen, Marinaden, Bratkartoffeln.

Rote Rüben
Der Saft eignet sich als Mittel gegen Fieber und wegen seiner leichten Verdaulichkeit als Vitaminspender und Stärkungsmittel nach Krankheiten und Schwächezuständen. Rote Rüben eignen sich am besten zur Herstellung von Salat.

Salbei
Als Sud Gurgelmittel bei Halsschmerzen und Heiserkeit. Das Kauen frischer Blätter hilft bei Zahnfleischentzündungen. Blätter, frisch oder getrocknet, zu verwenden bei Wild- und Geflügelgerichten, Hammelbraten, fettem Fisch, Fleisch, Hühnerleber, Eierspeisen und Kräuterbutter.

Salz
Obwohl man Salz nicht selber herstellen kann, soll es hier erwähnt werden.
Das Salz wird meist im Bergbau – man spricht hier von Salinen – gewonnen, in manchen Ländern dem Meerwasser entzogen. Salz war schon immer ein begehrtes Handelsgut, dessen Wichtigkeit die sich immer in Finanznot befindenden Landesherren klar erkannt hatten. In vielen Ländern ist das Salz schon seit Jahrhunderten mit einer Steuer belegt.
Salz ist aus der Küche nicht wegzudenken, man verwendet es zum Kochen von fast jedem Gericht, von der Suppe angefangen bis zu den feinsten Mehlspeisen, man braucht es als Konservierungsmittel, u. a. zum Pökeln von Fleisch, das geräuchert werden soll.

Sauerampfer
wirkt als Rohkost appetitanregend. Die Blätter verwendet man als Spinatzusatz, für Saucen, Suppen, Salate.

Sauerkraut
Wunderbares Wintergemüse, das den Vitaminhaushalt ausbalanciert und verdauungsfördernd wirkt.
Sauerkrautsaft regt die Darmflora an und soll auch die Haut reinigen.

Schafgarbe
Bei rheumatischen Schmerzen als Badezusatz, als Tee blutreinigend und nervenstärkend.

Schnittlauch
regt die Verdauung an, enthält blutbildende Stoffe. Frisch für viele Speisen, Salate, Rohkost, Quark.

Sellerie
Als Salat roh oder gekocht. Sellerie mildert Schmerzen bei Rheuma und Gicht, harntreibend.

Spitzwegerich
Die aufgelegten Blätter sind schmerzlindernd bei Insektenstichen. Spitzwegerichsirup hemmt Entzündungen und lindert Katarrh und Hustenreiz. Wird besonders von Kindern gut vertragen.

Thymian
Als Tee wirksam gegen Bronchitis, bei Infektionen der Nieren und des Nierenbeckens und bei infektiösem Magen-Darm-Katarrh. Kraut, frisch oder getrocknet, in der Küche für Suppen, Braten, Salate, Saucen usw.

Wacholderbeeren
Küchengewürz für Wildgerichte, Pasteten, Sauerkraut, appetitanregend, verdauungsfördernd. Wacholderbeerenöl für Heilmassage.

Waldmeister
Sehr gut zu verwenden für Bowlen, Salate, Rohkost, Kräutersuppen, Béchamelsauce, Weincreme, Pudding. Als frisches Kraut mild harntreibend und blutbildend.

Zichorie
Am bekanntesten als Kaffee-Ersatz. Die Wurzeln werden geröstet. Auch für Leberkranke gut verträglich. Die Blätter werden im Frühjahr als Blutreinigungstee verwendet. Umschläge von Blättern und Wurzelsud lindern Verdauungsbeschwerden.

Zwiebel
enthält viel Vitamin C. Als Saft harntreibend, blutbildend. Als Sirup, mit Kandiszukker aufgekocht, gegen Erkältungskrankhciten, außerdem gegen Spul- und Madenwürmer. Roh, gekocht, pulverisiert im Haushalt vielseitig zu verwenden, an Saucen, Suppen, Braten, Eintöpfen und vielen anderen Speisen.

Ein Schuß Wein

Das Kochen mit Wein wird schon in vielen alten Kochbüchern empfohlen und in Weingegenden ganz besonders gepflegt. Meist handelt es sich um geringe Mengen, die dem Gericht ihre Note geben und es pikant machen. Das Bukett des Weines unterstützt oftmals den Eigengeschmack des Gerichtes, man nimmt dazu einen sogenannten guten Tischwein. Große Weine (z. B. Spätlese) haben meistens ein Bukett, das der Weinkenner mit einem Parfüm vergleicht, weil es so ausgeprägt ist. Die Mehrzahl dieser großen Weine würden ein Gericht zu sehr beeinflussen und den Geschmack irritieren.
So zarte Gerichte wie »Eingemachtes Kalbfleisch« (Kalbsfrikassee) vertragen Wein sehr gut.
In den meisten Rezepten handelt es sich um geringe Mengen. Durch das Kochen verliert sich der Alkohol, er verdunstet, so daß keine Nachwirkungen zu verspüren sind. Außer der direkten Zugabe beim Kochen wird Wein oftmals zum Beizen, etwa bei Wildgerichten, verwendet.
Eine beliebte Nachspeise, auch bei Krankheit und Rekonvaleszenz verabreicht, ist Weinchaudeau (Weinschaum).
Zum Flambieren werden Spirituosen verwendet, um dem Gericht »Pfiff« zu geben. Die Aromastoffe übertragen sich auf das Gericht, der Alkohol verbrennt, so daß solche Gerichte kaum die Fahrtüchtigkeit von Autofahrern beeinträchtigen können.

Hans Gustl Kernmayrs Küchendiktionär

Abschäumen: Bei Suppen, Saucen, Gelees, Marmeladen u. a. m. bildet sich nach dem Aufkochen Schaum, der mit dem Schaumlöffel abgenommen wird.

Abschrecken: Plötzliches Zugießen von kaltem Wasser. Bei kochendem Zucker verhindert man damit das Aufsteigen; gekochte Eier werden abgeschreckt, damit sie sich leichter schälen lassen, Gemüse usw., um den Kochvorgang zu unterbrechen.

Béchamel: Sauce aus heller Mehlschwitze und Milch.

Beizen: Siehe Marinieren.

Blanchieren: Kurzes Vorkochen oder Übergießen mit kochendem Wasser, um dadurch Schärfe und blähende Eigenschaften des Kochgutes zu nehmen, oder um es für besondere Zubereitungen vorzubereiten.

Dressieren: 1. In Form bringen von Fleisch, Fisch und Geflügel.
2. Anrichten.

Farce: Füllung (aus feingehacktem gewürztem Fleisch, Fisch, Geflügel, Brötchen u. a. m.)

Faschiertes: Gehacktes, durch den Wolf gedrehtes Fleisch.

Filet: Lendenstück.

Flambieren: Gerichte mit erwärmtem, mindestens 40%igem Alkohol übergießen, den man dann anzündet und abbrennen läßt, z. B. bei Crêpes, Omelettes, Steaks, Brathähnchen.

Flammieren: Absengen. Die feinen Härchen am Geflügel über einer Flamme schnell unter fortwährendem Drehen absengen.

Fond: Bratensatz.
Flüssigkeit, die beim Kochen oder Dünsten im Topf zurückbleibt. Grundbrühe für Suppen und Saucen.

Frikandeau: Bratenstück, das aus der Kalbskeule gelöst wird.

Frikassee: Kalbfleisch oder Hühnerfleisch in weißer Sauce.

Fritüre: Backfett zum Fettbad.

Garnieren: Die Speisen umlegen, belegen und verzieren.

Glace: Dick eingekochte entfettete Brühe von Fisch, Fleisch, Wild oder Geflügel.

Glacieren: Überglänzen mit Gelee oder Glace.

Gratinieren: Überkrusten im Backofen.

Gratinierschüssel: Feuerfeste Auflaufform.

Haschee: Speise aus gekochtem, feingewiegtem oder gehacktem Fleisch.

Jus: Fleischsaft, Bratensaft, brauner Fond.

Karree: Kotelettstück, Karbonade.

Kasserolle: Kochtopf mit Stiel.

Kräutersträußchen: Sträußchen aus Petersilie, Thymian, Majoran, Kerbelkraut u. a.

Läuterzucker: Zuckerlösung.

Legieren: Verschmelzen, Binden der Suppen und Saucen. Mit Eigelb oder Eigelb und Sahne verrühren ist die gebräuchlichste Art des Legierens.

Marinieren: Beizen. Einlegen in eine gewürzte Flüssigkeitsmischung auf der Grundlage von Essig, Wein, auch Buttermilch. Macht Fleisch zart und mürbe und gibt eine bestimmte Geschmacksnote.

Mehlschwitze, Einbrenne: Mischung von Mehl und Fett, bei der das Mehl im Fett rösten muß.

Panieren: Wenden in Ei und Paniermehl oder geriebener Semmel.

Passieren: Durchseihen oder durchstreichen durch ein Sieb.

Pochieren: Gar ziehen lassen ohne zu kochen.

Ragout: Gericht von Fisch, Fleisch, Wild oder Geflügel, meist in größere Würfel oder Stücke geschnitten, in brauner oder weißer Sauce.

Reduzieren: Einkochen von Flüssigkeiten, z. B. Saucen, bis sie den gewünschten Grad der Dicke erreicht haben. Den eingekochten Sud nennt man Reduktion.

Sautieren: Kurzes Durchbraten kleiner Fleischstücke über starker Hitze.

Schalotte: Kleine, besonders würzige Zwiebelart.

Schweinsnetz: Dünnes, fetthaltiges Bauchhautgewebe, das beim Schlachten anfällt. Es wird um Fleisch, Wurstmasse oder Farce gewickelt und verhindert beim Garen das Austreten des Saftes.

Soufflé: Überbackenes leichtes Gericht mit steifgeschlagenem Eiweiß.

Spicken: Durchziehen von Fleisch, Wild, Geflügel u. a. mit Speckfäden.

Sud: Brühe von ausgekochtem Fleisch, Knochen, Fisch, Gemüse, Geflügel oder Fleischresten zur Weiterverwendung.

Tranchieren: Vorschneiden oder Zerlegen von Fleisch, Fisch, Geflügel oder Wild.

»Österreichisch«

Der Autor ist Österreicher und verwendet gelegentlich, vor allem in den Rezeptüberschriften, mundartliche Ausdrücke. Sie werden im Text zumeist erklärt. Der interessierte Leser findet im Folgenden eine Anzahl österreichischer gastronomischer Begriffe mit den entsprechenden deutschen »Übersetzungen«.

anlaufen lassen:	anschmoren, glasig werden lassen
Arancini:	kandierte Orangenschalen
Aspik:	Gelee, Sülze
Beize:	Marinade
Beuschel:	Lunge
Brettljause:	Brotmahlzeit
Bries:	Kalbsmilch
Brösel:	geriebene Semmel
Dampfl:	Hefestück
Einbrenn:	Mehlschwitze
Eingemachtes:	Frikassee
Einmach:	Béchamelsauce
Faschiertes:	Gehacktes
Faschierter Braten:	Hackbraten
Faschingskrapfen:	Berliner Pfannkuchen
Fisolen, grüne:	grüne Bohnen
Fleckerln:	viereckige kleine Nudelteigstücke
Fleischlaibchen:	Frikadelle, Boulette
Fridatten:	dünne Eierkuchen
Gansljunges:	Gänseklein
Germ:	Hefe
geselcht:	gepökelt, geräuchert
Grammeln:	Grieben
Grießkoch:	Grießflammeri
Gugelhupf:	Napfkuchen
Hasenjunges:	Hasenpfeffer
Hühnerjunges:	Hühnerklein
Indian:	Truthahn, Puter
Kalbsstelzen:	Kalbshaxe
Karfiol:	Blumenkohl
Karotten:	Mohrrüben, Karotten, gelbe Rüben
Karree:	Kotelettstück
Kernfett:	Rindertalg
Kipferln:	Hörnchen
Knödel, Knöderln:	Klöße
Kohl:	Wirsing
Kohlsprossen:	Rosenkohl
Korn:	Roggen
Krapferln:	Schmalzgebäck
Kraut:	Weißkohl

Kren:	Meerrettich	*Rohr:*	Bratofen
Kukuruz:	Mais	*Röhrl:*	Löwenzahn
Lauch:	Porree	*Rollgerste:*	Graupen
Lungenbraten:	Lendenbraten	*Röstkartoffeln:*	Bratkartoffeln
Marillen:	Aprikosen	*Rostbraten:*	Rumpsteak
Maroni:	Eßkastanien	*Rotkraut:*	Rotkohl
Melanzani:	Eierfrüchte, Auberginen	*Schlagobers:*	Schlagsahne
		Schlögel:	Keule
Neugewürz:	Piment, Nelkenpfeffer	*Schwammerln:*	Pilze
Nockerln:	Spätzle	*Semmelbrösel:*	geriebene Semmel, Semmelmehl
Nudelwalker:	Roll- oder Nudelholz		
Obers:	Schlagsahne	*Selchfleisch:*	Pökelfleisch, Räucherfleisch
Obstbrand:	Obstschnaps		
Ochsenschlepp:	Ochsenschwanz	*sprudeln:*	quirlen
Palatschinken:	Eierkuchen	*Schweinshaxe, -stelze:*	Eisbein
Paradeiser:	Tomaten	*Stamperl:*	Schnapsglas
Pofesen:	arme Ritter	*Sturm:*	Most
Powidl:	Pflaumenmus	*Suppe:*	Knochenbrühe
Rahm:	Sahne	*Topfen:*	Quark
Rannen (Rohnen):	Rote Rüben	*Wade, Wadschinken:*	Hesse, Beinfleisch
Reiskoch:	Milchreis	*walken:*	ausrollen
Rindssuppe:	Bouillon, Fleischbrühe	*Windmasse:*	Baisermasse
Ribiseln:	Johannisbeeren	*Zuckerbrösel:*	Streusel

Die Suppe

Es hört sich leicht an: »Ich stelle einen Topf Wasser auf den Herd und koche eine Suppe...«

Zuerst einmal: Der Topf, in dem die Suppe gekocht werden soll, muß sauber ausgespült werden. Mit keinem chemischen Reinigungsmittel. Mit klarem, heißem Wasser, und dann mit kaltem Wasser nachspülen.

Glaube niemand, daß man mit fettem Fleisch eine kräftige Suppe bereiten kann.

Gute Suppen macht man aus schönem, fettarmem Rindfleisch, möglichst vom Ochsen oder von einem eineinhalb bis zwei Jahre alten Rind. Alte Hühner und vor allem Knochen, ein Stück Milz, ein kleines Stück Niere geben eine gute Suppe.

Um den Geschmack der Suppe zu erhöhen, frische Petersilie, kleine Karotten, Sellerie, Kohlrabi, Lauch und ein Stück Kohl mitkochen.

Fleisch, Leber, Milz und alles andere zuerst gründlich in kaltem Wasser waschen.

Und... Hände waschen – immer wieder die Hände waschen – die langen Haare aus dem Gesicht, Fingernägel reinigen und wieder Hände waschen –!

Brotsuppe

200 g Schwarzbrot
1 feingeschnittene Zwiebel
80 g Schmalz
1 l Fleischbrühe oder Wasser
Salz, Pfeffer, Muskat
4 Eier
Schnittlauch
evtl. Bratwürstchen

Das Schwarzbrot in Scheiben schneiden und in einen mit Fett ausgeriebenen Topf geben. Die Zwiebel in Fett glasig werden lassen, etwas gestoßenen Pfeffer und geriebene Muskatnuß darübergeben, dann mit der Fleischbrühe aufgießen. Es genügt auch heißes Wasser.
Die Suppe sieden, nicht wallen lassen, das Brot darf nicht zerfallen. Zum Schluß die Eier in die Suppe schlagen, eventuell die kleingeschnittenen Bratwürstchen hineingeben und mit Schnittlauch bestreuen.
Diese Brotsuppe gilt in den Alpenländern als Hauptgericht.

Die gute Kartoffelsuppe

4 gekochte Kartoffeln
1 Brötchen
80 g Schmalz
1 l Fleischbrühe
Salz, Pfeffer, 1 Prise Majoran
Schnittlauch oder gehackte Petersilie

Die gekochten geschälten Kartoffeln mit einem Reibeisen fein säuberlich reiben. Dazu die in kleine Stücke geschnittene, in Schmalz gebackene Semmel geben, die Brühe darübergießen, 1/2 Stunde kochen lassen, dann durch ein Sieb pressen, salzen, eine Prise Majoran und Pfeffer dazugeben, mit Schnittlauch oder Petersilie bestreut servieren.
Unterschätzen Sie diese Suppe nicht, sie schmeckt gut!

Wiener Kartoffelsuppe

Je 1 EL geriebene Karotten und Zwiebel
2 EL Schmalz
2 EL Mehl
4 mittelgroße Kartoffeln
3/4 l Fleischbrühe oder Wasser
Salz, Pfeffer, Muskat
100 g Pilze, Schnittlauch

Die geriebenen Karotten und Zwiebeln in Schmalz und Mehl kurz anrösten, aufgießen. Rohe geschälte Kartoffeln nach Belieben in kleine Würfel oder Stäbchen schneiden, in die Suppe geben, mit Salz, Pfeffer und Muskat würzen, die Kartoffeln weich kochen. Dann frische oder getrocknete, zuvor eingeweichte gegarte Pilze dazugeben. Mit reichlich Schnittlauch bestreut servieren.

Pariser Suppe

Je 200 g Weißkohl, Kohlrabi, Karotten
150 g Champignons
80 g Schmalz
1 l Fleischbrühe
Salz, Pfeffer, Muskat
2 Brötchen

Man schneidet das Gemüse feinnudelig, die Champignons in dünne Blätter. Etwas

Schmalz – übrigens, das reinste Fett ist das Gänse- oder Entenfett – gibt man in einen Topf, läßt es heiß werden, gibt das geschnittene Gemüse dazu und läßt es heiß im eigenen Saft dünsten. Man reibt Muskatnuß hinein, gießt mit der Brühe auf, salzt, pfeffert und läßt 1 Stunde kochen. Dann schüttet man die Suppe über die im übrigen Schmalz goldbraun gerösteten, geschnittenen Semmeln, die man vorher in die Teller legt.

Gestoßene Suppe

½ Hähnchen (ca. ½ kg)
1 Brötchen
25 g Schmalz
½ l Fleischbrühe
Salz, Pfeffer, Muskat
evtl. Hühnermagen und -leber
gehackte Petersilie

Das Hähnchen braten, das Fleisch von den Knochen lösen und kleinschneiden. Die in Scheiben geschnittene Semmel in Schmalz anrösten, das Hühnerfleisch mit den Semmelscheiben in einem Mörser zerstoßen. Dann die Suppe aufsetzen, salzen, Hühnerfleisch und Semmeln in die Brühe geben, eine Stunde sieden lassen, dann durch ein Sieb streichen.
Wenn man weichgekochte Hühnermägen oder Leber hat, kleinschneiden, auf die Teller geben und die fertige Suppe darüberschütten.
(Bitte, wundern Sie sich nicht, wenn ich schreibe, man muß das Fleisch im Mörser zerstoßen. Früher war es in vielen Haushalten so. Man kann das Fleisch selbstverständlich auch winzig klein schneiden oder durch ein grobes Sieb passieren).

»Hochwürden«-Suppe

½ Hähnchen
125 g gebratenes kleingeschnittenes Kalbfleisch
3 Eidotter
½ l Hühnerbrühe
Salz, Pfeffer, Muskatnuß

Das gebratene Hähnchen und das Kalbfleisch mit dem Hackmesser winzig klein schneiden, dann das Fleisch durch ein Sieb treiben. Die Eidotter quirlen und über das Fleisch streichen, darüber die Hühnerbrühe schütten. Den Topf fest mit dem Deckel verschließen und die Suppe vorsichtig, ohne daß sie sprudelt, etwa eine Stunde sieden lassen. Zum Schluß mit Salz, Pfeffer und Muskat würzen.
Eine Suppe, zu der man »Sie« sagen muß.

Rindssuppe mit Biskuitschöberln —

Kaiser hat es schon im alten Rom gegeben, später in Frankreich, Deutschland, Österreich. Also kein Wunder, wenn manche Suppe als »Kaisersuppe« in die Geschichte eingegangen ist.

Kaisersuppe

1 mittelgroße Zwiebel, in Ringe geschnitten
1 kleine Zwiebel, mit 4 Gewürznelken gespickt
75 g geräucherter kleingeschnittener Speck
125 g Rindfleisch, kleinwürfelig geschnitten
125 g Kalbfleisch, kleinwürfelig geschnitten
2 Karotten, 1 Stück Sellerie
1 EL Mehl
1 EL Schmalz
1/2 l Fleischbrühe
Salz, Pfeffer, Muskat
2 Eidotter

Man gibt das Schmalz in einen Topf und dazu den Speck, läßt ihn glasig werden, dann die in Ringe geschnittene und die ganze Zwiebel dazugeben, das Fleisch und das kleinwürfelig geschnittene Gemüse dazu und so lange dünsten, bis Gemüse und Fleisch am Boden bräunlich werden. Fleisch und Gemüse wenden, mit Mehl bestäuben und weiter dünsten. Dann mit der Brühe aufschütten, mit Pfeffer, Salz und Muskat abschmecken. Zuletzt die verquirlten Eidotter unter die Suppe ziehen, alles durch ein Haarsieb streichen.
Kein Wunder, daß diese »Kaisersuppe« in aller Welt gegessen wird.

Braune Suppe

100 g Speck, kleinwürfelig geschnitten
300 g Rindfleisch
50 g Leber
150 g Rinderknochen
1 kleine Zwiebel mit Schale
je 100 g Karotten, Sellerie, Kohl, Kohlrüben und Petersilienwurzel
Salz, Pfeffer, 1 Lorbeerblatt
1 l Wasser

Den Speck in einem Topf glasig werden lassen. Dazu das Rindfleisch, die Leber, den kleingehackten Rinderknochen und das kleinwürfelig geschnittene Gemüse mit der ganzen Zwiebel geben. Alles bei kleiner Flamme und geschlossenem Deckel dünsten, ab und zu umrühren, damit nichts anbrennen kann. Wenn alle Zutaten angebräunt sind, mit heißem Wasser aufgießen. Nun darf die Suppe nicht mehr aufgerührt werden, alles, was in der Suppe ist, muß am Boden bleiben, sonst wird die Suppe trüb. Nach 1 Stunde Kochzeit alles durch ein Sieb gießen.
Aus dem Fleisch und dem Grünzeug macht man kleine Fleischknödel.

← Klachelsuppe und »Heidensterz« – Buchweizengrütze mit Grieben

Hirnsuppe

200 g Hirn
150 g Pilze
1 EL Schmalz
1 EL gehackte Petersilie
1 EL Mehl
³/₄ l Fleischbrühe
Salz, Pfeffer, Muskat

Das Kalbshirn einige Stunden wässern, von allen Blutgerinnseln befreien. Wenn das Kalbshirn gesäubert ist, in die Brühe legen und weich kochen, dann durch ein Haarsieb treiben. Die Pilze in Scheiben schneiden, in eine Kasserolle das Fett geben, die Petersilie dazu und die Pilze darin dünsten, kurz mit Mehl bestäuben und weiterdünsten. Dann das durchpassierte Hirn in die Kasserolle geben, darüber die Brühe, Pfeffer, Muskat und Salz.
Man wird zwar nicht gescheiter, wenn man eine Hirnsuppe ißt, aber sie schmeckt großartig, ist nahrhaft und eine Suppe für Gesunde und Kranke.

Milzsuppe

1 EL Schmalz
200 g Milz
2 kleingeschnittene Zwiebeln
Salz, Pfeffer
2 Brötchen
1 l Fleischbrühe
Petersilie und Schnittlauch, gehackt

Die Milz schaben. Das Fett und die Zwiebeln in einem Topf anrösten. Wenn die Zwiebeln Farbe haben, die geschabte Milz dazugeben, salzen, pfeffern, durchrösten. Die gehackte Petersilie dazutun und mit der Fleischbrühe aufgießen, 2 Brötchen in Würfel oder Scheiben geschnitten dazugeben. Eine Stunde bei schwachem Feuer kochen lassen. Durch ein Sieb streichen, mit Schnittlauch bestreut servieren.

Butternockerl-Suppe

Für 12 Stück:
2 EL Butter
2 Eidotter, 2 Eiweiß
3 EL Mehl
40 g Grieß
Salz, Muskat
1 l Fleischbrühe

Die Butternockerln müssen gelb und weich sein und trotzdem innen einen halbgaren Kern haben. So lieben es die Grießnockerlnkenner.
Die Butter flaumig rühren, dann ein Eidotter nach dem anderen unter die schaumige Butter rühren. Das Eiweiß zu steifem Schnee schlagen, unter die Butter heben, dann nach und nach Mehl, Grieß, Salz und etwas geriebene Muskatnuß dazurühren.
Meine Mutter riet: Bevor man die Nockerln kocht, sollte man ein Probenockerl vorkochen und kosten. Wenn das Nockerl im Wasser zerfällt oder zerfließt, muß man noch mehr Mehl dazugeben.
Eine fertige Fleischbrühe wird zum Sieden gebracht, dann nimmt man einen in heißes Wasser getauchten Eßlöffel, sticht von der angerührten Masse ein Nockerl nach dem anderen ab und läßt diese Nockerln in die Suppe gleiten. Sie müssen in der siedenden Suppe langsam 15 Minuten ziehen.

Junge-Gansl-Suppe (Gänsekleinsuppe)

1 kg »Gansljunges« mit Leber (Gänseklein)
100 g Butter
je 50 g blättrig geschnitten: Petersilie, Karotten, Champignons
1 EL Schnittlauch
2 EL Mehl
¾ l Gänsebrühe
Salz, Pfeffer
Muskat
2 EL Gänseschmalz
2 Brötchen

Die Gans braucht nicht jung zu sein. Man nennt Hals, Herz und Magen einer Gans »Gansljunges«. Man kann beim Geflügelhändler auch noch Hälse, Magen, Herzen dazukaufen.
In einer Kasserolle die Butter auslassen, dann die Petersilie, die Karotten, den Schnittlauch und die Champignons 20 Minuten lang in der Butter dünsten. Das Mehl darüberstäuben. Dann gibt man die Brühe der gekochten Innereien der Gans dazu. Die Leber wird gesondert gebraten.
Wenn Gänsemagen, Herz, Hals und was sonst noch an Gänseabfällen mitgekocht wurde, weich sind, butterweich, wird alles kleingeschnitten in die Kasserolle gegeben, mit Muskat, Pfeffer und Salz gewürzt.
Die Gänseleber in dünne Scheiben schneiden und in heißem Gänsefett braten.
Die Brötchen in Hälften schneiden und im Ofen rösten. Auf jeden Teller ein halbes Brötchen mit etwas gebratener Gänseleber legen. Hat man die Gänseleber gegessen, wird die Suppe über die Semmeln gegossen.
Zu Mutters Zeiten, da die Geflügelhändler die Innereien fast verschenkt haben, war das eine billige und wohlschmeckende Suppe. Heute ist sie auch noch wohlschmeckend, aber nicht mehr so billig.

Reis-und-Huhn-Suppe

1 Huhn, Salz, 50 g Schmalz
500 g Reis
4 Fäden Safran
Salz, Pfeffer, Muskat
3 Eidotter
Schnittlauch

Je länger eine ältere Henne oder ein Kapaun gekocht werden müssen, desto besser wird die Suppe.
Das gerupfte, geputzte, ausgenommene Huhn wird in acht Teile geschnitten und mit Salz eingerieben. Es bleibt dann 1 Stunde auf einem Brett liegen. Eine große Kasserolle mit Schmalz ausstreichen, das zerteilte Huhn hineinlegen, zudecken und dünsten lassen. Nach und nach, löffelweise, heißes Wasser hinzugeben. Immer mehr Wasser aufgießen und das Huhn weich kochen.
Den Reis in 1 l Wasser gar kochen. Er kommt erst kurz vor dem Anrichten in die Hühnersuppe. Zum Reis gibt man Safran, etwas Muskatnuß, Salz und Pfeffer. In einem gesonderten Gefäß die Eidotter in wenig Suppe verrühren. Kurz vor dem Anrichten die Dotter unter die Reissuppe ziehen.
Den Topf mit dieser Suppe auf den Tisch stellen, mit einem großen Schöpflöffel in tiefen Tellern als Hauptmahlzeit servieren.

Geschmalzene Lebersuppe

250 g Kalbsleber
1 Brötchen
1 Ei
50 g Schmalz
Salz, Pfeffer, Muskat, 4 Fäden Safran
3/4 l Fleischbrühe
1/16 l Weißwein

Die feingehackte Leber mit der in kleine Würfel geschnittenen Semmel und dem gequirlten Ei vermischen, in Schweineschmalz anrösten. Dann alles in einem Mörser fein zerstoßen und in einen Topf geben. Mit Muskat, Salz, Pfeffer und Safran würzen, mit der Brühe aufgießen, nicht länger als eine halbe Stunde kochen lassen. Dann durch ein feines Sieb gießen, einen Schuß Weißwein dazugeben, vorsichtig erhitzen, nicht aufkochen! In tiefen Tellern heiß servieren.

Leberknödelsuppe

Für 10 große Knödel:
250 g Leber
3 Brötchen
1 Handvoll Semmelbrösel
60 g Speck
1 kleine feingehackte Zwiebel
1 EL gehackte Petersilie
Salz, Pfeffer, 1 Prise Majoran
1 Ei
1 l Fleischbrühe

Die Leber abhäuten und mit dem Messer schaben. Den kleinwürfelig geschnittenen Speck anbraten, die Brötchen in etwas Milch einweichen und ausdrücken. Aus allen Zutaten einen gut durchgearbeiteten Teig herstellen, mit den Gewürzen abschmecken. Der Teig muß fest sein. Mit nassen Händen Knödel formen, in der Fleischbrühe aufkochen. Wenn die Knödel auf der Suppe schwimmen, sind sie gar. Suppe und Knödel werden in tiefen Tellern angerichtet.

Leberschöberl

200 g Leber
1 EL Butter
1 ganzes Ei
1 Eidotter und 1 Eiweiß
1/16 l Milch
1 Brötchen
2–3 EL Brösel
1 EL gehackte Petersilie
Salz, Pfeffer
1 EL Schmalz und Brösel für die Pfanne
1 l Fleischbrühe

Man kann die Leber von Gans, Ente, Huhn, Kalb, Schwein oder Rind verwenden, von Kalbs- oder Rinderleber muß die Haut abgezogen werden. Die Leber durch den Fleischwolf treiben. Butter dazugeben, so lange rühren, bis die Leber-Butter-Masse flaumig weich ist. Dazu das ganze Ei und die Eidotter geben und weiter gut verrühren. Von der Semmel die Rinde abschneiden, die Semmel in Milch einweichen, dazu die Petersilie, etwas Salz und Pfeffer und Semmelbrösel geben, alle Zutaten zu einem glatten Teig verrühren. Zum Schluß das Eiweiß in die Masse geben.
Eine Pfanne mit Schmalz ausreiben und mit den Semmelbröseln ausstreuen. Dann die Lebermasse fingerdick auf ein Brett strei-

chen, in Würfel schneiden. Die Würfel in der Pfanne mit Semmelbröseln bestreuen und im heißen Ofen ½ Stunde ausbacken. Man kann aber auch den ganzen Teig ausbacken und ihn anschließend mit einem Messer in Würfel schneiden.
In jeden tiefen Teller legt man drei bis sechs Leberschöberl und schüttet die heiße Fleischbrühe darüber.
Eine Suppe, die man jedem Gast anbieten kann und die immer gelobt wird.

Lungenstrudelsuppe

1 kg Lunge mit einem Stück Herz
50 g Butter
1 kleine feingehackte Zwiebel
1 EL gehackte Petersilie
Salz, Pfeffer
1 Eidotter und 1 ganzes Ei
1 l Fleischbrühe
Strudelteig:
150 g Mehl
1 Prise Salz
1 Kaffeelöffel Öl
1/16 l lauwarmes Wasser

Die Lunge, in Österreich Beuschel genannt, wird mit dem Herz 3 Stunden in Salzwasser weich gekocht, dann Herz und Lunge abkühlen. Beides schrumpft zusammen. Mit einem scharfen Messer werden Lunge und Herz sehr dünnudelig geschnitten oder gehackt.
In einer Pfanne die Butter zergehen lassen, Zwiebeln und Petersilie darin anschwitzen, würzen mit Salz und Pfeffer, die Herz-Lungen-Masse dazugeben und anrösten. Dann schlägt man Ei und Eidotter darüber, verrührt alles zu einem glatten Teig und läßt ihn auskühlen.
Man bereitet einen Strudelteig und zieht ihn fein aus, verstreicht darauf die Herz-Lungen-Masse und rollt den Teig von beiden Seiten her zusammen. Im heißen Ofen 30 bis 45 Minuten backen, bis der Strudel eine goldbraune Kruste hat. Fingerdick schneiden, in Suppenteller legen und die heiße Fleischbrühe darüberschütten.

Kräutersuppe

200 g Suppenkräuter
50 g Schmalz
1 kleine Zwiebel
Salz, Pfeffer
50 g Mehl
Zitronensaft
1 l Fleischbrühe
1/8 l saure Sahne

Suppenkräuter (Sauerampfer, Kerbelkraut, Estragon, Spitzwegerich, Löwenzahn, Schafgarbe, Spinat) putzen, waschen, hacken.
Die kleinwürfelig geschnittene Zwiebel im Schmalz glasig werden lassen, die Kräuter dazugeben und 5 Minuten bei offenem Deckel dünsten lassen. Bei geschlossenem Deckel würden die Kräuter die grüne Farbe verlieren.
Aus Schmalz und Mehl eine helle Einbrenne herstellen, die gedünsteten Kräuter und Brühe dazugeben, aufkochen, mit Salz, Pfeffer und Zitronensaft abschmecken, vom Feuer nehmen und saure Sahne dazugeben.
Mit in Fett angerösteten Semmelschnitten oder -würfeln servieren.

Rollgerstensuppe (Graupensuppe)

30 g Schmalz
je 1 EL kleingehackte Karotten und Sellerie
½ Kaffeetasse Graupen
1 l Brühe von Selchfleisch oder Wasser
Salz, Pfeffer, Schnittlauch

Karotten und Sellerie im Schmalz anschwitzen und die Graupen dazugeben, mit Wasser oder Selchbrühe aufgießen, 1½ Stunden kochen lassen, salzen (bei Selchbrühe wahrscheinlich nicht nötig), pfeffern. Mit reichlich Schnittlauch bestreut servieren.

Fleischknödelsuppe

500 g Kalbfleisch
100 g Rindermark
3 Brötchen, ¼ l Milch
4 EL Butter
2 Eidotter und 2 ganze Eier
3 EL Brösel und 6 EL Brösel
5 EL frisches Butterschmalz
1 l Fleischbrühe

Das Kalbfleisch sehr klein schneiden – man kann es auch durch einen Fleischwolf drehen, – Rindermark in das Kalbfleisch kneten, dazu die in Milch eingeweichten Semmeln. Diese weiche Masse wird im Mörser fein gestoßen. Dann knetet man Butter in das Fleisch, Eier und Eidotter. Alles gut zu einem Teig vermengen, würzen, die Semmelbrösel in die Masse einarbeiten.
Mit nassen Händen werden kleine Knödel geformt und über die Semmelbrösel gerollt. Frisches Butterschmalz in einer Pfanne heiß werden lassen, die Fleischknödel von beiden Seiten anbraten, das dauert ca. ½ Stunde. Die Fleischknödel dann in tiefe Teller geben. Pro Person rechnet man drei bis vier Knödel. Darüber gießt man die heiße Fleischbrühe. Eine Hauptmahlzeit.
Meine Mutter erzählte, daß ich als Bub neun von diesen Knödeln gegessen habe. Zweimal mußte sie mir den Teller mit Suppe nachfüllen.

Braune Ochsenschwanzsuppe

500 g Ochsenschwanz
100 g Schmalz
1 kleinwürfelig geschnittene Zwiebel
Wurzelwerk
1 l Wasser
1 EL Mehl
je 3 Pfefferkörner und Wacholderbeeren
1 Lorbeerblatt
1 Prise Thymian
Salz, Pfeffer
3 EL Madeira

Den Ochsenschwanz vom Fleischer zersägen lassen, mit Schmalz, Zwiebel, Wurzelwerk und Mehl anrösten, mit Wasser aufgießen, salzen, Pfefferkörner, Wacholderbeeren, Lorbeerblatt, Thymian dazugeben und weichkochen.
Wenn der Schwanz weich ist, herausnehmen, die Suppe passieren, das Fleisch von den Knochen lösen, in die passierte Suppe geben, mit Pfeffer und einem Schuß Madeira würzen. (Wenn man das Mehl wegläßt, bekommt man eine klare Ochsenschwanzsuppe.)

Einfache Milchsuppe

1 Tasse geriebenes Schwarzbrot
1 EL Schmalz
¼ l Wasser
1 Prise Pfeffer
1 l Milch
Salz
1 Eidotter

Schwarzbrot mit Schmalz und Wasser zu einer festen Masse kochen, mit kochender Milch aufgießen, salzen, pfeffern. Vor dem Servieren in die nicht mehr kochende Suppe das Eidotter einrühren – in der kochenden Suppe würde das Ei gerinnen.

Fischbeuschelsuppe

800 g Fischteile
100 g Wurzelwerk
5 Pfefferkörner
1 Lorbeerblatt
80 g Schmalz
60 g Mehl
je 1 EL geriebene Karotten, Sellerie und Petersilienwurzel
Salz, Pfeffer, Majoran
je 4 EL Rotwein und saure Sahne
1 l Wasser
1 Brötchen
1 kleine Zwiebel

Die Fischteile (Kopf, Abgänge, Milcher und Rogen) werden gewaschen, mit Wurzelwerk, Pfefferkörnern und Lorbeerblatt weichgekocht.
Aus Schmalz, Mehl und der kleinwürfelig geschnittenen Zwiebel macht man eine goldgelbe Einbrenne und gibt dann die geriebenen Wurzeln dazu, röstet kurz durch und gießt mit dem Fischsud auf.
Das Fischfleisch vom Kopf lösen, mit Beuschel und Rogen fein schneiden und in die Suppe geben, würzen, den Rotwein und zum Schluß die saure Sahne dazugeben. Mit gerösteten Weißbrotschnitten servieren.

Hirnroulade in Rindssuppe

Als Suppeneinlage für 10–12 Personen:
3 Eiweiß, 3 Eidotter
50 g Mehl
1 Prise Salz
Fleischbrühe
Fülle:
300 g Hirn
2 EL Schmalz
1 kleine feingehackte Zwiebel
Salz, Pfeffer, Petersilie

Das Eiweiß zu sehr festem Schnee schlagen, Mehl darübersieben, salzen und mit den drei geschlagenen Eidottern vorsichtig unter den Schnee heben. Die Masse auf ein gefettetes und bemehltes Blech streichen, im Ofen rasch backen. Die noch heiße Masse mit der Hirnfülle bestreichen, einrollen, den Rand mit Eiweiß bestreichen und für einige Minuten in den Backofen stellen. Nach dem Erkalten in fingerdicke Scheiben schneiden, auf Suppenteller legen und Fleischbrühe darübergießen.
Fülle: Hirn in lauwarmem Wasser von der blutigen Haut befreien, dann hacken. Die Zwiebel im Schmalz anrösten, das Hirn darin rösten, salzen, pfeffern, die feingehackte Petersilie darunterrühren.

Kogelberger Winzersuppe

1 große feinwürfelig geschnittene Zwiebel
80 g Schmalz
500 g würfelig geschnittenes Rindfleisch
1 l Wasser
Salz
1 TL Kümmel
1 zerdrückte Knoblauchzehe
2 große, in Würfel geschnittene Kartoffeln
Schnittlauch

Die Zwiebel im Schmalz glasig werden lassen, das Rindfleisch dazugeben, kurz aufrösten, mit dem Wasser aufgießen und das Fleisch weich kochen. Dann Salz, Kümmel und Knoblauch dazugeben.
1/4 Stunde vor dem Anrichten gibt man die Kartoffelwürfel dazu, die nicht zerkochen sollen! Vor dem Auftragen mit reichlich Schnittlauch bestreuen.

Legierte Grießsuppe

30 g Schmalz
je 1 EL gewürfelte Karotten und Sellerie
1 EL in Ringe geschnittener Porree
1 l Fleischbrühe
4 EL Grieß
1/16 l Sahne
1 Eidotter
Salz, Muskat

Das Gemüse im Schmalz kurz anschwitzen, mit Fleischbrühe aufgießen. Wenn die Suppe kocht, den Grieß einrühren, 10 Minuten kochen lassen, mit Salz und Muskat abschmekken, vom Feuer nehmen, Eidotter mit Sahne verschlagen und damit die Suppe legieren.

Bröselknödelsuppe

40 g Schmalz
1 Eidotter
1 ganzes Ei
2 Brötchen
3 EL Semmelbrösel
Salz
1 l Fleischbrühe

Schmalz flaumig rühren, Dotter und Ei langsam einrühren, die in Wasser eingeweichten Brötchen ausdrücken und die Brösel darunterkneten, salzen. Aus der Masse Knödel formen, in Salzwasser 10 Minuten kochen oder in Schmalz ausbacken, in heißer Fleischbrühe servieren.

Biskuitschöberlsuppe

2 Eiweiß
1 Prise Salz
2 Eidotter
3 EL Mehl
1 l Fleischbrühe
nach Belieben grüne Erbsen oder
gehackten Schinken
Für das Blech:
1 TL Fett, 1 TL Mehl

Eiweiß salzen, zu festem Schnee schlagen, gleichzeitig Eidotter und Mehl vorsichtig unterheben, die Masse auf das gefettete, bemehlte Blech fingerdick aufstreichen, rasch backen, in Würfel oder beliebige Form schneiden. Man kann je nach Wunsch unter den Teig Schinken oder Erbsen heben.
Eine beliebte Suppeneinlage der Wiener und steirischen Küche.

Speckgrießknödelsuppe

80 g Speck, kleinwürfelig geschnitten
1/4 l Milch
1 l Fleischbrühe
125 g Grieß
1 Ei
Salz

Den Speck hellgelb anrösten, mit Milch aufgießen, in die kochende Milch den Grieß einrühren, dick kochen lassen. Abkühlen, das Ei einarbeiten, salzen, Knödel formen und 5 Minuten in der Brühe kochen lassen.

Grießstrudelsuppe

Für 6–8 Personen:
60 g Schmalz
2 Eier
1/4 l saure Sahne
150 g Grieß
Salz, Muskat
Strudelteig:
150 g Mehl
1 Prise Salz
1 TL Öl
ca. 1/16 l lauwarmes Wasser
1 1/2 l Fleischbrühe

Schmalz flaumig rühren, nach und nach die Eier dazurühren, Sahne und Grieß einarbeiten, salzen. Die Masse zugedeckt 1/2 Stunde kaltstellen.
Strudelteig herstellen, mit der Masse bestreichen, zusammenrollen, kurz im Ofen backen, in Streifen schneiden und in die Fleischbrühe geben.

Gemüsesuppe

1 in Würfel geschnittene Karotte
1 kleine in Würfel geschnittene Sellerieknolle
1 in Röschen zerteilter kleiner Blumenkohl
1 in Ringe geschnittener Lauch (Porree)
1 in Würfel geschnittene große Kartoffel
evtl. Erbsen
60 g Schmalz
50 g Mehl
1 in Würfel geschnittene Zwiebel
3/4 l Wasser
Salz, Pfeffer, Muskat, Schnittlauch

Karotte und Sellerie in 3/4 l Wasser (oder Fleischbrühe) zum Kochen bringen, nach 10 Minuten den Blumenkohl, den Lauch und eventuell die Erbsen dazugeben, nach weiteren 10 Minuten die geschnittene Kartoffel. Aus Schmalz, Mehl und der Zwiebel bereitet man eine Einbrenne, die man in die Suppe rührt. Mit Salz, Pfeffer und Muskat abschmecken, mit viel gehacktem Schnittlauch servieren.

Pilzknödelsuppe

100 g feingewiegte Pilze
1 kleine kleinwürfelig geschnittene Zwiebel
1 EL Schmalz
2 Brötchen
1/16 l Milch
1 Ei
1 EL Brösel
Salz, Pfeffer, Petersilie
Fleischbrühe

Die Pilze mit der Zwiebel im Schmalz anrösten, gehackte Petersilie dazugeben, die in

Milch eingeweichten, ausgedrückten Brötchen, das Ei und so viel Brösel unterarbeiten, bis ein lockerer Teig entsteht. 1/4 Stunde ruhen lassen, kleine Knödel formen und in der Brühe 10 Minuten langsam kochen lassen.

Gulaschsuppe

1 EL Schmalz
1 große kleinwürfelig geschnittene Zwiebel
200 g kleinwürfelig geschnittenes Rindfleisch
1 EL Mehl
3/4 l Fleischbrühe oder Wasser
1 gestrichener EL Rosenpaprika
Salz, Pfeffer, Kümmel, Majoran
1 zerdrückte Knoblauchzehe
1 große in Würfel geschnittene Kartoffel

Die Zwiebel im Schmalz goldgelb anrösten, das Rindfleisch dazugeben, kurz durchrösten, Mehl und Paprika überstäuben, gut durchrühren, mit Brühe oder Wasser aufgießen, mit den Gewürzen abschmecken und das Fleisch weichkochen lassen. 10 Minuten vor dem Anrichten die Kartoffelwürfel dazugeben.
Eine herzhafte Suppe, als Mitternachtssuppe bei einer Party gut geeignet.

Briessuppe

200 g Bries (Kalbsmilch)
70 g Schmalz, 70 g Mehl
1 l Salzwasser
Salz, Pfeffer, Muskat, Schnittlauch

Das Bries wässern, in Salzwasser 10 Minuten kochen, von Haut und Fasern säubern und dann hacken. Aus Schmalz und Mehl eine helle Einbrenne bereiten, mit dem Sud aufgießen, würzen, das gehackte Bries dazugeben, gut durchkochen lassen. Mit reichlich Schnittlauch bestreut servieren.
Als Einlage eignen sich Bröselknödel sehr gut.

Einmachsuppe vom Huhn

250 g Hühnerklein
Wurzelwerk
1 l Wasser
70 g Schmalz
50 g Mehl
1 kleiner Blumenkohl, in Röschen zerteilt
2 EL grüne Erbsen
50 g Champignons oder andere Pilze
Salz, Pfeffer
Muskat
Petersilie
1/16 l süße Sahne
1 Eidotter

Die Hühnerteile (Kopf, Flügel, Magen, Leber und abgezogene Füße) werden einige Minuten in heißes, nicht kochendes Wasser gelegt, dann läßt sich die Haut abziehen. Mit dem Wurzelwerk anschließend die Hühnerteile im Salzwasser weichkochen.
Eine helle Einbrenne aus Schmalz und Mehl herstellen, mit der Brühe aufgießen, würzen, die Hühnerteile kleinschneiden und in die Suppe geben. Dazu gibt man das Gemüse, läßt alles noch einmal durchkochen, nimmt die Brühe vom Feuer und legiert mit dem mit der Sahne verrührten Eidotter.
Vor dem Servieren mit reichlich Petersilie bestreuen.

Panadlsuppe

2 altbackene Brötchen, in Würfel geschnitten
40 g Butter
1 l Fleischbrühe
Salz, Muskat, Pfeffer
2 EL süße Sahne
1 Eidotter
Schnittlauch

Semmeln in der Butter anrösten, mit Fleischbrühe aufgießen und verkochen lassen, würzen und kurz vor dem Anrichten die Sahne mit dem Eidotter verrühren und die Suppe damit legieren. Dabei darf die Suppe nicht mehr kochen, sonst gerinnt das Ei. Beim Anrichten mit Schnittlauch bestreuen.
Diese Suppe wurde früher den Wöchnerinnen nach der Niederkunft als leichte und doch stärkende Mahlzeit gereicht.

Klachelsuppe

1 in fingerdicke Scheiben geschnittene Schweinsstelze (Eisbein)
1 l Wasser
Wurzelwerk
1 Prise Majoran, 1 Lorbeerblatt
3 Wacholderbeeren
3 Pfefferkörner
2 EL Mehl
1/8 l Wasser
1 EL Essig, Schnittlauch
nach Belieben saure Sahne

Die Eisbeinscheiben (Klacheln) unter fließendem Wasser gut waschen, mit Wurzelwerk, 1 Prise Majoran, Lorbeerblatt, Wacholderbeeren und Pfefferkörnern zum Kochen bringen. Das Fleisch muß schön weich werden.
Das Mehl mit dem Wasser glattrühren und in die kochende Brühe einlaufen lassen. Mit Salz, Pfeffer und einem Schuß Essig und etwas Muskatnuß abschmecken.
Serviert man die Suppe in der Terrine, läßt man die Scheiben ganz. Wenn sie auf Tellern serviert wird, das Fleisch vom Knochen ablösen und nudelig schneiden. Die Suppe kurz vor dem Anrichten abseihen, mit etwas saurer Sahne verfeinern und vor dem Servieren mit reichlich Schnittlauch bestreuen.
In der Steiermark ißt man dazu mit Vorliebe Heidensterz (Buchweizenmehlspeise) mit Grammeln (Grieben). Man kann auch Schwarzbrotwürfel in Schmalz knusprig anrösten und in die Suppe geben. Sie sollen so heiß und knusprig sein, daß sie zischen, wenn man sie in die Suppe gibt.

Kartoffelrahmsuppe

2 große in Würfel geschnittene Kartoffeln
1 l Wasser
Kümmel, Salz, Pfeffer, Schnittlauch
1 EL Mehl
1/8 l Wasser
1/8 l süße oder saure Sahne
1 TL Essig

Die Kartoffeln mit 1 l Wasser zum Kochen bringen, mit Kümmel und Salz würzen. Wenn die Kartoffeln weich sind, das Mehl in 1/8 l kaltem Wasser anrühren und in die kochende Suppe geben, mit Pfeffer und Essig abschmecken, die Sahne einrühren und mit Schnittlauch bestreut servieren.

Schweinszüngerlsuppe mit Pilzen

1 Schweinezunge
Wurzelwerk
1 Lorbeerblatt
3 Pfefferkörner und 3 Wacholderbeeren
1 l Wasser
1 EL Schmalz
1 EL Mehl
1 kleinwürfelig geschnittene Zwiebel
80 g Pilze
Salz, Pfeffer, Thymian
Zitronensaft, Schnittlauch

Die Schweinezunge mit Wurzelwerk, Lorbeerblatt, Pfefferkörnern und Wacholderbeeren weich kochen. Die weichgekochte Zunge herausnehmen, abschälen und feinnudelig schneiden.
Aus Schmalz, Mehl und Zwiebel eine helle Einbrenne machen, mit der Brühe aufgießen, würzen, die Zunge und die blättrig geschnittenen Pilze dazugeben und durchkochen. Mit reichlich Schnittlauch bestreuen.

Linsensuppe

Für 2 Personen:
1 Kaffeetasse Linsen
1 Speckschwarte
1 l Wasser
60 g Schmalz
60 g Mehl
1 kleinwürfelig geschnittene kleine Zwiebel
Salz, Pfeffer, Petersilie
nach Belieben Würstchen oder Speck

Linsen über Nacht in kaltem Wasser einweichen. Das Einweichwasser abgießen und die Linsen in frischem Wasser weichkochen, zusammen mit der Speckschwarte.
Aus Schmalz, Mehl und Zwiebel eine dunkle Einbrenne machen, mit der Linsensuppe aufgießen, würzen. Nach Geschmack kann man die Linsensuppe mit einem Schuß Essig säuern. Die Linsensuppe kann mit Würstchen oder kleingeschnittenem geräuchertem Speck als Hauptmahlzeit gereicht werden.

Bohnensuppe

250 g Bohnen
1 l Wasser
60 g Schmalz
60 g Mehl
1 kleine Zwiebel, kleinwürfelig geschnitten
Salz, Pfeffer, 1 zerdrückte Knoblauchzehe
100 g würfelig geschnittener Speck
Petersilie

Bohnen über Nacht einweichen, am nächsten Tag das Einweichwasser abgießen und die Bohnen mit frischem Wasser weichkochen. Aus Schmalz, Mehl, Zwiebel eine hellbraune Einbrenne machen, mit Bohnenwasser oder Fleischbrühe aufgießen, würzen. Den Speck anrösten und in die Suppe geben. Mit gehackter Petersilie servieren.

Ungarische Bohnensuppe

Zutaten wie zuvor, dazu:
1 EL Rosenpaprika
saure Sahne

Bohnensuppe wie im vorigen Rezept zubereiten. Speck anrösten, abkühlen lassen, Paprika in das Fett einrühren und dann erst in die fertige Suppe geben, die Suppe mit einem Eßlöffel saurer Sahne verfeinern und einen Klecks als Dekoration auf jede Suppentasse geben.

Westfälische Pumpernickelsuppe

1 Scheibe Pumpernickel
20 g Butter
½ l Fleischbrühe
Salz, Pfeffer
¼ l Sahne
4 EL Wacholderschnaps

Den zerbröselten Pumpernickel in der Butter leicht anrösten, mit der Brühe auffüllen, salzen, pfeffern und 5 Minuten aufkochen lassen. Zum Schluß die Sahne dazugeben, vor dem Anrichten in jede Suppentasse einen Löffel Wacholderschnaps geben.

Reiscremesuppe

1 Tasse Reis
1 l Wasser
Salz, Muskat, Pfeffer
1 EL Butter
1 EL Schnittlauch oder Petersilie

Reis, und zwar eine Sorte, die sich zerkocht, im Salzwasser kochen, bis er zerfällt. Die Suppe passieren, Butter dazugeben, mit Muskat und wenig Pfeffer würzen, mit reichlich gehackter Petersilie oder Schnittlauch servieren.

Milzschnittensuppe

150 g geschabte oder gehackte Milz
1 kleinwürfelig geschnittene Zwiebel
200 g Schmalz
Salz, Pfeffer, Majoran
gehackte Petersilie
1 Eidotter
8 dünne Scheiben Toastbrot
2 Eier
1 l Fleischbrühe

Die Zwiebel in etwas Schmalz goldgelb anrösten, Milz und Gewürze dazugeben, gut durchmischen und dann das Eidotter in die Masse einarbeiten.
Zwischen je 2 Weißbrotscheiben diese Masse streichen, die Schnitten gut zusammendrükken, durch gequirltes Ei ziehen, abtropfen lassen, auf beiden Seiten in schwimmendem Fett goldgelb ausbacken. Kurz vor dem Anrichten in die heiße Suppe legen.

Käseschöberlsuppe

2 Eier
1 EL geriebener Parmesan
4 Scheiben Toastbrot oder 2 Brötchen
150 g beliebiges Fett
1 l Fleischbrühe

Die Eier mit dem Parmesan verquirlen. Kurze kleinfingerdicke Weißbrotstäbchen durch diesen Teig ziehen, abtropfen lassen und im schwimmenden Fett goldgelb herausbacken. Kurz vor dem Anrichten in die heiße Brühe geben.

Ennstaler Käsesuppe

1 EL Mehl
25 g Schmalz
3/4 l Fleischbrühe oder Wasser
4 Eckchen Schmelzkäse
1 TL Kümmel
Salz, Muskat, Pfeffer, Rosenpaprika
1/16 l süße Sahne
1 Eidotter
1 Brötchen, in Würfel geschnitten
Schnittlauch

Mehl mit Schmalz anschwitzen, bis es schäumt, mit dem Wasser oder der Brühe aufgießen, aufkochen lassen. Schmelzkäse (davon möglichst 2 mit grünem oder rotem Paprika) und Kümmel in die Suppe geben. Langsam kochen lassen, bis sich der Käse ganz aufgelöst hat. Mit wenig Salz und Muskat abschmecken, mit Sahne und Eidotter legieren – die Suppe darf nicht mehr kochen! Brötchenwürfel in Butter rösten, auf die Suppe geben, mit grobem Pfeffer, Paprika und Schnittlauch bestreuen.

Einbrennsuppe

50 g Schmalz
50 g Mehl
1 l Wasser
1 TL Kümmel
Salz
1 Ei
Schnittlauch

Schmalz mit Mehl braun rösten, mit Wasser aufgießen, mit Kümmel und Salz nach Geschmack würzen, 1/4 Stunde leise kochen lassen.
Man kann in diese Suppe langsam ein Ei einquirlen, die weißen Flöckchen des Eiweiß beleben das Aussehen der Suppe. Vor dem Servieren mit Schnittlauch bestreuen.

Diese Suppe eignet sich besonders gut für verdorbene Mägen.
Je nach Art der Unpäßlichkeit wird man dann natürlich anderes oder auch weniger Fett verwenden und von Fall zu Fall auf das den Magen belastende Eigelb oder den Schnittlauch verzichten.

Haferschleimsuppe

3 EL Haferflocken
1 EL Schmalz
1 l Wasser
Salz, Pfeffer
1 Eidotter
3 EL süße Sahne
Schnittlauch

Die Haferflocken im Schmalz hellgelb anrösten, mit Wasser aufgießen, 1/2 Stunde kochen lassen, passieren, mit Salz und etwas Pfeffer würzen.
Man kann die Suppe mit Eigelb und Sahne legieren.
Wenn man die Suppe mit Hafermehl herstellt, erspart man sich das Passieren.
Vor dem Servieren mit Schnittlauch bestreuen.
Ohne Schnittlauch, mit Butter statt Schmalz und Milch zubereitet, kann man diese Suppe auch leicht gesüßt als Krankenkost und für Kinder auf den Tisch bringen.

Murhofer Zwiebelsuppe

500 g in Ringe geschnittene Zwiebeln
1 l Wasser
50 g Schmalz
50 g Mehl
Salz, Pfeffer, Muskat
1/8 l süße Sahne
1 Eidotter
20 g Butter
1 in Würfel geschnittenes Brötchen

Die Zwiebeln im Wasser weichkochen, durch ein Sieb streichen.
Aus Schmalz und Mehl eine Einbrenne herstellen, bis es anfängt zu schäumen. Mit dem Zwiebelmus und dem Zwiebelwasser aufgießen, mit Salz, Pfeffer und Muskat würzen. Die nicht mehr kochende Suppe mit Sahne und Eidotter legieren.
Mit den in Butter gerösteten Brötchenwürfeln servieren.

Selleriesuppe

250 g Sellerie
50 g Schmalz
50 g Mehl
3/4 l Wasser
Salz, Pfeffer
1/8 l süße Sahne
gehackte Petersilie

Sellerieknolle säubern, schälen, in kleine Würfel oder Stäbchen schneiden, in Salzwasser weich kochen.
Aus Schmalz und Mehl eine helle Einbrenne herstellen, mit dem Selleriewasser aufgießen, glattrühren, 15–20 Minuten kochen lassen, mit Pfeffer und Sahne abschmecken, die Selleriewürfel hineingeben – man kann die Suppe auch passieren –, mit reichlich gehackter Petersilie servieren.

Blumenkohlcremesuppe

Wird nach demselben Rezept hergestellt wie Selleriesuppe.

Spargelsuppe

200 g Spargel
50 g Butter
50 g Mehl
3/4 l Wasser
2 Fädchen Safran
1/8 l süße Sahne
1 Ei
gehackte Petersilie
Salz, Pfeffer, Muskat

Den Spargel dünn schälen, in kleine Stücke schneiden und in Salzwasser nicht zu weich kochen.
Aus Butter und Mehl eine helle Einbrenne herstellen, mit dem Spargelwasser aufgießen, 15–20 Minuten kochen lassen und den Spargel unter Rühren dazugeben. Mit einer Spur Safran und Sahne abschmecken, das Ei verquirlen und vorsichtig unterziehen – die Suppe darf dann nicht mehr kochen. Mit reichlich gehackter Petersilie bestreut servieren.

Fleischstrudelsuppe

Fülle:
200 g gehackte Reste von gekochtem Rindfleisch oder Braten
1 kleinwürfelig geschnittene kleine Zwiebel
30 g Schmalz
Salz, Pfeffer, Muskat
1 Prise Majoran
2 Eier (1 für die Masse, 1 zum Bestreichen)
Fleischbrühe

Strudelteig:
150 g Mehl
1 Prise Salz
1 TL Öl
ca. 1/16 l lauwarmes Wasser

Die Zwiebel im Schmalz goldgelb rösten, das Fleisch dazugeben, würzen, mit dem Ei gut durcharbeiten, damit die Masse eine Bindung hat.
Den Strudelteig herstellen, auf einem bemehlten Tuch dünn ausziehen, die Fleischmasse darauf verteilen, den Teig zusammenrollen (der Strudel soll einen Durchmesser von etwa 3 cm haben), auf ein Blech legen, mit dem verquirlten Ei bestreichen, goldbraun backen. In 1 cm dicke schräge Schnitten schneiden, kurz vor dem Anrichten in heiße Fleischbrühe legen, vor dem Servieren mit Schnittlauch bestreuen.

Flecksuppe

300 g Fleck (Kutteln)
1 Karotte
1 Petersilienwurzel
1 Stück Sellerieknolle
1 kleine Stange Lauch
1 Lorbeerblatt
5 Pfefferkörner
3/4 l Wasser
2 EL Schmalz
1 EL kleingehackte Zwiebel
50 g Mehl
6 Kapern
1 kleine Essiggurke
Majoran, Thymian, Salz, Pfeffer
1 zerdrückte Knoblauchzehe
1/2 Zitrone

Beim Fleischer Fleck (Kutteln) bestellen, der liefert sie geputzt und vorgekocht.

Die Kutteln 1/2 Stunde weichkochen mit den dazu angegebenen Zutaten.
Gehackte Zwiebel mit Schmalz und Mehl hellbraun anrösten und mit dem Sud der Kutteln aufgießen. Kapern und Essiggurke ganz fein hacken, dazugeben, mit Majoran, Thymian, Pfeffer, Knoblauch und Salz abschmecken. Den Saft der Zitrone und die feingeschnittenen Kutteln dazugeben und heiß werden lassen.

Eingebrannte Linsen –

Pfeffer

Orangensuppe

20 g Butter
25 g Mehl
1/4 l Hühnerbrühe
1/4 l süße Sahne
Saft und Schale von 2 ungespritzten Orangen
Knoblauch, Salz, Zucker, gekörnte Brühe
1 Orange
4 EL Hühnerfleisch
etwas geschlagene Sahne

Mehl und Butter in einem Topf zu einer hellen Mehlschwitze anrösten, dann mit Hühnerbrühe und süßer Sahne aufgießen, dazu den Saft und die Schale der ungespritzten Orangen geben, alles gut durchkochen lassen und mit etwas Knoblauch, Salz, Zucker und gekörnter Brühe abschmecken.
Eine Orange filieren (aus der geschälten Orange das Fleisch aus den Bindehäuten schneiden, etwaige Kerne entfernen), auf 4 Suppentassen verteilen und kleingeschnittenes Hühnerfleisch beigeben, vor dem Servieren obenauf etwas geschlagene Sahne geben.

Theresia-Kernmayr-Wildsuppe

120 g Zwiebeln, würfelig geschnitten
120 g Karotten, in Streifen geschnitten
120 g Sellerie, in Streifen geschnitten
50 g durchwachsener Speck, gewürfelt
400 g beliebiges Wildfleisch (Reh, Hirsch oder Hase), kleinwürfelig geschnitten
2 schöne Steinpilze (oder 20 g Trockenpilze)
1 EL Mehl
1/8 l saure Sahne
2 kleine Tomaten oder entsprechend Tomatenmark
Salz, Lorbeerblatt, Pfeffer, Zucker
4 Wacholderbeeren
1 l Fleischbrühe

Den Speck anschwitzen, das Wildfleisch kräftig darin anbraten. Jetzt die Zwiebeln mitbräunen, Gemüse und Steinpilze kurz durchdünsten lassen. Mit der Brühe aufgießen, salzen, Lorbeerblatt und Wacholder dazugeben und 1 Stunde bei kleiner Flamme langsam kochen lassen. In der Sahne das Mehl verrühren, in die Suppe einrühren, aufkochen, mit Pfeffer und Zucker abschmekken, die würfelig geschnittenen Tomaten dazugeben. Wenn man frische Tomaten verwendet, diese mit dem Wurzelwerk mitdünsten.

– Schweinebraten mit Kruste

Lauchsuppe

1 EL Schmalz
4 Stangen Lauch (Porree)
1 l Fleischbrühe oder Wasser
1 EL Mehl
$^1/_8$ l saure Sahne
Muskat, Pfeffer, Salz
$^1/_2$ Glas Weißwein oder Sherry
1 Brötchen, in Würfel geschnitten
eventuell 50 g Reis

Man entfernt die äußeren grünen und sehr festen Blätter vom Lauch, schneidet ihn in feine Ringe und wäscht ihn gut, da Lauch in den inneren Blättern meist sandig ist.
Das Schmalz erhitzen, den Lauch dazugeben, einige Minuten dünsten. Der Lauch darf aber keine Farbe bekommen. Dann mit Wasser oder Brühe aufgießen, salzen und zugedeckt $^1/_2$ Stunde leicht kochen lassen. Die Sahne mit dem Mehl verrühren und in die kochende Suppe einlaufen lassen. Dann mit Muskat, Pfeffer, Weißwein oder Sherry abschmecken und mit gerösteten Brötchenwürfeln servieren.
Statt Mehl kann man auch Reis mitkochen.

Topinambursuppe

500 g Topinambur
1 kleinwürfelig geschnittene Zwiebel
50 g Butter
$^3/_4$ l Fleischbrühe oder Wasser
1 EL gehackte Petersilie
Salz, Pfeffer, Muskat
1 EL Mehl
$^1/_8$ l süße Sahne
$^1/_4$ Zitrone

Die Topinamburknollen gut waschen und schälen, würfelig schneiden. Zwiebel in Butter hell anrösten, die Topinambur dazugeben, ein wenig dünsten. Mit Brühe oder Wasser aufgießen, gehackte Petersilie dazugeben, salzen, pfeffern und weich kochen. Mehl in Sahne verrühren, in die Suppe einlaufen lassen, mit Zitrone abschmecken.

(Topinambur ist eine helle bis rotschalige Knolle, die Inulin (Fruchtzucker) enthält und daher besonders als Speise für Zuckerkranke geeignet ist. Topinambur ist auch bekannt unter den Namen Erdbirne, Erdartischocke oder auch Jerusalemer Artischocke).

Das Rind

Gekochtes Rindfleisch hat in der internationalen Küche seinen festen Platz.

Wenn Sie eine gute Suppe und ein kräftiges und saftiges Stück gekochtes Rindfleisch (Ochsenfleisch) haben wollen, können Sie unter vielen Fleischarten wählen. Am ergiebigsten sind folgende Stücke vom Rind:

Beinfleisch (Hesse)
Brustkern (Rinderbrust)
Tafelspitz (Hüftdeckel)

Kenner bezeichnen den Tafelspitz als das allerbeste Stück des Rindes.

Suppentopf

800 g Rindfleisch
1 l Wasser
1 Stück Sellerieknolle
je 1 Karotte, Zwiebel, Petersilienwurzel und Lauch
1 kleiner Blumenkohl, in Röschen zerteilt
evtl. 4 Stangen Spargel
1 Tasse Reis
3 Pfefferkörner
Salz, Muskat
einige Fäden Safran

Man kocht das Rindfleisch zusammen mit Zwiebel, Karotte, Sellerie, Petersilienwurzel

und Lauch weich. Den beim Kochen entstehenden Schaum schöpft man immer wieder ab.
Wenn das Fleisch weich ist, gibt man den gewaschenen Reis und die Blumenkohlröschen in die Suppe, in der Spargelzeit auch den in Stückchen geschnittenen Spargel. Würzen, einige Fädchen Safran dazugeben und einen Hauch Muskatnuß.
Beim Anrichten schneidet man das Suppengemüse in kleine Stückchen, das Fleisch nach Belieben in Portionen oder in Würfel.
Dieses Gericht kann man abwandeln, indem man statt des Rindfleischs ein Huhn mitkocht oder statt Reis Suppennudeln verwendet. Dabei empfiehlt es sich aber, die Nudeln separat zu kochen und erst später in die Suppe zu geben.

Gekochtes Rindfleisch

1 kg Rindfleisch
½ Zwiebel mit Schale
1 Karotte
1 Stückchen Sellerieknolle und Selleriegrünes
1 Petersilienwurzel
1 EL Schmalz oder Mark
1 Rinderknochen
1 Stück Lauch
einige Fäden Safran, Muskatnuß
Pfefferkörner
1 l Wasser

Das Schmalz im Suppentopf zergehen lassen, den Knochen, die Zwiebel, Karotte, Sellerie und Petersilienwurzel kurz anrösten (darf keine Farbe nehmen), mit dem Wasser aufgießen. Wenn das Wasser kocht, das Fleisch hineingeben, 5 Pfefferkörner, den Lauch und das Grüne vom Sellerie. Auf kleiner Flamme langsam kochen lassen, salzen, Safran und etwas Muskatnuß dazugeben. Der sich beim Kochen bildende Schaum wird abgeschöpft. Wenn das Fleisch weich ist, wird es mit beliebigem Gemüse serviert.
Sehr beliebt sind Apfel-, Essig-, Semmel-, oder Sahnemeerrettich, Schnittlauchsauce, Spinat und fast alle Gemüse und Röstkartoffeln.

Gepökelte Rinderbrust

Wird gekocht wie das oben beschriebene Rindfleisch, auch dazu passen alle angegebenen Beilagen.

Gedünstete Rinderbrust

1 kg Rinderbrust
200 g geschnittenes Wurzelwerk
1 EL Schmalz
1 Speckschwarte
Salz, Pfeffer, 1 Lorbeerblatt
Thymian, Majoran
1 EL Mehl
1 EL Tomatenmark oder 2 frische Tomaten
¼ l Fleischbrühe
⅛ l Rotwein

Das Stück Rinderbrust kurz unter fließendem kaltem Wasser waschen, abtrocknen. Von allen Seiten salzen und pfeffern, von allen Seiten rasch im Schmalz anbraten. Mit Wurzelwerk und dem Lorbeerblatt, Thymian und Majoran, Speckschwarte und etwas Brühe in einem zugedeckten Topf so lange dünsten, bis die Brühe eingekocht und das

Wurzelwerk leicht angeröstet ist. Jetzt das Mehl unterrühren, etwas anziehen lassen, mit Brühe und Rotwein aufgießen, das Tomatenmark oder die geviertelten Tomaten dazugeben und langsam so lange dünsten, bis das Fleisch weich ist. Die Sauce durch ein Sieb streichen und diese mit dem Fleisch anrichten.
Ein sehr delikates Gericht. Als Beilage passen Knödel, Kartoffeln oder Teigwaren.

Rindsrouladen mit Mark

4 Rinderschnitzel
Salz, Pfeffer
1 EL Küchenkräuter, 1 feingehackte Zwiebel
1 EL Schmalz
4 Scheiben Rindermark
etwas Fleischbrühe
1 TL Mehl
1 TL Senf
1 EL Rotwein oder Madeira
1 EL saure Sahne

Die Rinderschnitzel vorsichtig klopfen, damit das Fleisch keine Löcher bekommt, salzen und pfeffern.
Die Zwiebel mit den Küchenkräutern in Schmalz anschwitzen und die Schnitzel dick mit dieser Masse bestreichen. Darauf die rohen Markscheiben legen, die Rinderschnitzel zusammenrollen, mit einem Faden binden oder mit Zahnstochern fixieren und von allen Seiten gut anbraten. Nach dem Anbraten die Rouladen in einen Topf ordnen, mit Brühe begießen und weichdünsten.
Wenn die Rouladen weich sind, nimmt man sie aus dem Topf, bindet den entstandenen Bratensaft mit Mehl, rührt den Senf dazu und gießt mit Rotwein auf. Vorsichtig erhitzen, die Sauce darf nicht mehr kochen. Ganz zum Schluß die saure Sahne unterrühren.
Man kann die Sauce extra reichen oder über die Rouladen geben, aus denen man vorher die Zahnstocher oder Fäden entfernt hat.
Zu diesem Essen passen besonders gut Nudeln aller Art.

Rindsrouladen

4 Scheiben Rouladen zu je 150 g
30 g Schmalz
1 feingehackte Zwiebel
Senf, Salz, Pfeffer
4 in Streifen geschnittene Karotten
4 Essiggürkchen
4 Scheiben Speck
1/4 l Fleischbrühe
1 feingehackte Zwiebel
1/8 l saure Sahne
1 EL Mehl
1 Lorbeerblatt

Die Fleischscheiben möglichst dünn klopfen, salzen, pfeffern, mit Senf bestreichen, mit hell angerösteten Zwiebeln bestreuen, die in Streifen geschnittenen Karotten und pro Schnitzel 1 Essiggürkchen und 1 Scheibe Speck dazulegen, zusammenrollen und mit Faden binden oder mit Zahnstochern fixieren. Die Rouladen werden in heißem Schmalz von allen Seiten kurz angebraten, herausgenommen und in einer Kasserolle geordnet.
Im verbleibenden Schmalz wird eine Zwiebel goldgelb geröstet. Man rührt die saure Sahne mit dem Mehl glatt und gießt Brühe und Sahne zusammen, kocht auf und würzt die Sauce mit Senf, Salz, Pfeffer und Lorbeer-

blatt. Die Sauce über die Rouladen gießen und sie langsam weich dünsten.
Zu diesem Gericht mit seiner sehr schmackhaften Sauce passen Nockerln, Salzkartoffeln oder Teigwaren.

Gedünstetes Rinderherz

1 Rinderherz
1 in Ringe geschnittene Zwiebel
1 EL Mehl
Salz, Pfeffer
1/8 l saure Sahne
100 g fetter Speck, in Streifen geschnitten
Beize:
1/2 l Wasser
2 EL Weinessig
1 Karotte, 1 Stück Sellerieknolle
1 Petersilienwurzel
1 Lorbeerblatt
4 Wacholderbeeren, 4 Pfefferkörner

Man bereitet die Beize aus den angegebenen Zutaten und kocht sie 10 Minuten, dann läßt man sie kalt werden.
Das halbierte oder in fingerdicke Schnitzel geschnittene Herz wird gespickt und in einem Steinguttopf in die Beize gelegt und an einem kühlen Ort 2 Tage stehengelassen.
Die Zwiebel im Schmalz anrösten, das kleingeschnittene Wurzelwerk (aus der Beize) dazugeben, das Mehl darüberstäuben und das Herz darauflegen, salzen und den Topf in den Backofen stellen, bis die Wurzeln Farbe bekommen. Mit der Beize aufgießen, den Topf zudecken und das Herz weichdünsten. Wenn nötig, mit Brühe aufgießen.
Ist das Herz weich, rührt man saure Sahne ein und passiert die Sauce über das Herz.

Zwiebelfleisch

500 g feingeschnittene Zwiebeln
70 g Schmalz
1 kg Rindfleisch, feinblättrig geschnitten
1 EL Mehl
Salz, Pfeffer
1 Lorbeerblatt
1/4 l Fleischbrühe
1/16 l trockener Weißwein

Die Zwiebeln im Schmalz goldgelb anrösten, dann das Fleisch dazugeben, das Mehl darüber stäuben und alles gut durchrösten. Dann gießt man mit Brühe und Wein auf, würzt mit Salz, Pfeffer und dem Lorbeerblatt und dünstet das Fleisch weich.

Gedünstete Rinderzunge

1 Zunge
200 g Wurzelwerk
1 Speckschwarte
1 EL Schmalz
1/8 l Wein
1/4 l Fleischbrühe
Salz, Pfeffer
1 EL Mehl
1 Lorbeerblatt, 3 Wacholderbeeren

Die halbfertig gekochte Rinderzunge wird abgezogen und mit dem in Streifen geschnittenen Wurzelwerk und der Speckschwarte in einen passenden Topf gelegt. Dazu gibt man das Schmalz, salzt und pfeffert und läßt die Zunge im Rohr dünsten. Wenn das Gemüse Farbe bekommt, stäubt man das Mehl darüber, rührt gut durch und läßt weiter dünsten.

Mit Wein (trockenem Weißwein, Rotwein oder Madeira) und Brühe aufgießen, das Fleisch weich dünsten. Wenn die Zunge weich ist, die Sauce durch ein Sieb streichen. Eventuell noch mit Salz und Pfeffer abschmecken.

Paradeisbraten (Tomatenbraten)

800 g Rindfleisch, gut abgehangen
150 g Speck zum Spicken
1 EL Schmalz
400 g Tomaten
2 Lorbeerblätter
1 mit 4 Gewürznelken gespickte Zwiebel
½ blättrig geschnittene Sellerieknolle
⅛ l Rotwein
⅛ l Fleischbrühe
Salz, Pfeffer

Das gut abgehangene Stück Rindfleisch mit dem in Streifen geschnittenen Speck spicken, salzen und pfeffern.
In eine Kasserolle mit gut schließendem Deckel gibt man das Schmalz, die in Viertel geschnittenen Tomaten, Lorbeerblätter, Zwiebel, Sellerie und Rotwein, legt das Fleisch hinein, verschließt die Kasserolle und gibt sie ins heiße Rohr. Der Tomatenbraten muß 2 Stunden bei geschlossenem Deckel dünsten.
Man nimmt das Fleisch heraus, der Saft ist inzwischen stark eingekocht, fügt etwas Brühe und Rotwein hinzu, kocht den Saft auf und passiert ihn über das angerichtete Fleisch. Eventuell muß man nachwürzen.
Als Beilage Knödel, Nockerln oder Kartoffeln.

Rostbraten auf Bauernart (Rumpsteaks)

4 Rumpsteaks zu je 200 g
1 EL Schmalz
Salz, Pfeffer
1 EL Meerrettich
Beilage:
geschälte gekochte Kartoffeln

Gut abgehangene Rumpsteaks werden am Fettrand eingeschnitten, geklopft, gesalzen und gepfeffert, in heißem Schmalz auf beiden Seiten schön braun angebraten, sofort angerichtet und mit reichlich geriebenem Merrettich bestreut.
Die Kartoffeln werden halbiert und mit dem Rostbraten in die Pfanne gelegt und gebraten, bis sie eine schöne Farbe haben. Salzen und mit dem Rostbraten anrichten. Salat der Saison dazu servieren.

Zwiebelrostbraten (Zwiebelrumpsteaks)

4 Rumpsteaks zu je 200 g
80 g Schmalz
200 g feinblättrig geschnittene Zwiebeln
Salz, Pfeffer

Das Fleisch an beiden Seiten einschneiden, damit es sich beim Braten nicht verzieht.
Je besser das Fleisch abgehangen ist, desto zarter ist es.
Die Rumpsteaks werden auf beiden Seiten rasch angebraten, gesalzen und gepfeffert, aus der Pfanne genommen und warmgestellt.
In dem Bratenschmalz röstet man die Zwiebel braun und gibt sie mit dem Bratensaft über das Fleisch.

Je nach Geschmack und Art des Fleisches kann man die Rostbraten so servieren, daß sie innen noch zartrosa sind. Sollte es sich um wenig abgehangenes Fleisch handeln, dünstet man die Scheiben in der Zwiebelsauce weich.
Dazu reicht man halbe geröstete Kartoffeln, Essiggurken oder Salate der Saison.

Esterhazy-Rostbraten

4 Rumpsteaks zu je 200 g
100 g Schmalz
1 würfelig geschnittene Zwiebel
250 g feinnudelig geschnittenes Wurzelwerk (zu gleichen Teilen Karotten, Sellerie, Porree und Petersilienwurzeln)
3 EL Fleischbrühe
1/16 l Wein
5 Kapern, Thymian
1 Stückchen Zitronenschale
1 Lorbeerblatt
Salz, Pfeffer
1/8 l saure Sahne
1 EL Mehl

Die Rumpsteaks werden, wie beim »Zwiebelrostbraten« beschrieben, vorbereitet und angebraten. Dann legt man sie in eine Kasserolle, in der sie fertiggedünstet werden.
Im verbleibenden Fett in der Pfanne röstet man die Zwiebel und das Wurzelwerk, gibt es auf das Fleisch, begießt mit Brühe oder Wasser und Wein, würzt mit Thymian, Kapern, feingehackter Zitronenschale, Lorbeerblatt, Salz und Pfeffer. Man dünstet alles langsam weich. Zum Schluß verquirlt man das Mehl mit der Sahne und gibt es dazu.
Als Beilage Teigwaren oder Nockerln.

Mostbraten

800 g abgehangenes Rindfleisch
150 g Speck zum Spicken
150 g Rindermark
1 in Ringe geschnittene Zwiebel
2 in Scheiben geschnittene Karotten
Salz, Pfeffer
2 EL Schwarzbrotbrösel
1 Lorbeerblatt
1 Stückchen Zitronenschale
1/2 bis 3/4 l Apfelmost
3 EL geriebener Meerrettich
Beilage:
500 g Mehl
1/4 l Salzwasser

Das Rindfleisch mit dem in Streifen geschnittenen Speck spicken, mit Salz und Pfeffer einreiben.
In eine Kasserolle die Markscheiben, Zwiebel und Karotten geben, das Fleisch darauflegen und im Rohr anbraten, bis es von allen Seiten schön braun ist.
Jetzt die Schwarzbrotbrösel dazugeben, feingehackte Zitronenschale und das Lorbeerblatt. Wenn die Brösel angelaufen sind, mit Most aufgießen und das Fleisch dünsten. Wenn nötig, das Aufgießen mit Most wiederholen. Wenn das Fleisch weich ist, den Saft passieren, geriebenen Meerrettich dazugeben und die Sauce über das Fleisch gießen.

Dazu passen sehr gut *Wasserspatzen:*
Man rührt das Mehl nach und nach in heißes gesalzenes Wasser, bis ein weicher Teig entstanden ist. Diesen schlägt man gut ab und kocht davon kleine Nockerln in kochendem Salzwasser.

Sauerbraten

800 g Rindfleisch (Hüfte)
1 große würfelig geschnittene Zwiebel
100 g Schmalz
Salz, Pfeffer
1/4 l Fleischbrühe
1 EL Mehl
1/8 l saure Sahne

Beize:
3/4 l Wasser
1/4 l Essig
2 grobgeschnittene Karotten
1 geviertelte Zwiebel
1/2 Stange Lauch
1 Stückchen Sellerie
1 Lorbeerblatt
5 Pfefferkörner, 3 Gewürznelken
2 Wacholderbeeren
1 TL Zucker

Man bereitet aus den angegebenen Zutaten eine Beize, läßt sie etwa 15 Minuten kochen, erkalten und gießt sie dann über das Fleisch und läßt es 5 Tage lang in dieser Beize liegen. Die Zwiebel würfelig schneiden und in Schmalz anrösten. Das Fleisch aus der Beize nehmen, abtrocknen, mit Salz und Pfeffer einreiben und es von allen Seiten im Schmalz kräftig anbraten. Dann gibt man das Wurzelwerk und einen Eßlöffel von der Beize zu dem Fleisch, schließt den Topf und läßt das Fleisch im Rohr garschmoren. Nach und nach gießt man mit der Beize auf.
Ist das Fleisch weich, nimmt man es heraus, bestäubt das Wurzelwerk mit Mehl, gießt mit Brühe auf, läßt aufkochen und passiert die Sauce durch. Mit Sahne verfeinern.
Beilage: Kartoffelknödel oder Nudeln.

Symphonie für 4 Personen von Maria Kuben

600 g Rinderfilet, kleinwürfelig geschnitten
40 g Butter
Salz, Pfeffer
Sauce:
1 EL Butter
1/2 feingeschnittene Zwiebel
1 TL Curry
1/4 l Kalbsjus
2 EL geschnittener Ingwer
2 EL geschnittener Mango
2 EL geschnittene Champignons
2 EL Sojabohnenkeime
1 EL Mandarinen
1 EL Essig
1 EL Honig
Saft und Schale von 1 Orange
1 Banane
50 g Kokosraspeln

Das Rinderfilet mit Salz und Pfeffer würzen und in der Butter kurz anbraten.
Dann gibt man das Fleisch in folgende Sauce und läßt es noch einmal kurz durchkochen.

Sauce: Die Zwiebeln in der Butter glasig werden lassen, den Curry dazugeben und mit Kalbsjus auffüllen. Dazu gibt man Ingwer, Mango, Champignons, Sojabohnenkeime, Essig, Honig, Mandarinen und Saft und Schale einer ungespritzten Orange. Alles gut durchkochen lassen. Die Sauce muß pikantsäuerlich sein.

Beim Anrichten eine in Kokosraspeln gebackene Banane und eventuell in Fett gebakkene chinesische Glasnudeln obenauf legen und mit Curryreis servieren.

Majoranfleisch

800 g blättrig geschnittenes Rindfleisch
1 feingehackte Zwiebel
100 g Schmalz
$^1/_{16}$ l Wein oder 1 EL Weinessig
$^1/_2$ l Fleischbrühe oder Wasser
1 EL Tomatenmark
Salz, Pfeffer, Kümmel, Majoran
1 Stückchen Zitronenschale
$^1/_8$ l saure Sahne
1 EL Mehl

Man röstet die Zwiebel im Schmalz goldgelb an, gibt das Rindfleisch dazu, röstet kurz durch und gießt mit Wein und Brühe oder Wasser auf. Dazu gibt man Tomatenmark, Salz, Pfeffer, Kümmel, Majoran und die gehackte Zitronenschale und dünstet das Fleisch weich. Man rührt Mehl und Sahne glatt und gibt sie zum Schluß dazu.
Ein pikantes Essen, zu dem als Beilage Semmelknödel, Salzkartoffeln und beliebige Teigwaren passen.

Ochsenschlepp (Ochsenschwanz)

1 kg Ochsenschwanz
1 große Zwiebel, blättrig geschnitten
1 EL Mehl, 80 g Schmalz
$^1/_8$ l Rotwein
Salz, Pfeffer
Beize: wie bei »Gedünstetes Rinderherz«

Man läßt beim Fleischer den Ochsenschwanz durchsägen – nicht hacken, denn beim Hakken entstehen viele kleine Knochensplitter. Den in Stücke gesägten Ochsenschwanz legt man 2 Tage in die Beize. Dann nimmt man ihn heraus, trocknet ihn ab und würzt mit Salz und Pfeffer und brät ihn kurz an.
Die Zwiebel in Schmalz goldgelb anrösten, mit dem Mehl bestäuben, den angebratenen Ochsenschwanz und das feingeschnittene Wurzelwerk (aus der Beize) dazugeben. Den Ochsenschwanz zugedeckt im Rohr dünsten und nach und nach mit der Beize und eventuell mit Brühe aufgießen. Es kann Stunden dauern, bis das Fleisch weich ist. Dann das Fleisch aus der Sauce nehmen und die Sauce mit dem Rotwein vollenden.
Ideale Beilage: Semmelknödel.

Ochsenmaul in Sardellensauce

1 kg Ochsenmaul
Wurzelwerk
1 Lorbeerblatt
Saft von $^1/_2$ Zitrone
2 EL feingehackte Zwiebel
1 EL Mehl, 20 g Schmalz
Salz, Pfeffer
2 Stück feingehackte Sardellenfilets
1 EL feingehackte Petersilie

Das gut gereinigte Ochsenmaul mit Wurzelwerk, Lorbeerblatt und etwas Salz in so viel Wasser weichkochen, daß das Ochsenmaul gerade bedeckt ist.
Aus Zwiebeln, Schmalz und Mehl eine helle Einbrenne herstellen, mit der Brühe vom Ochsenmaul aufgießen, mit Zitrone, Pfeffer und eventuell noch etwas Salz abschmecken. Dann die Sardellenfilets dazugeben, das würfelig geschnittene Ochsenmaul hineingeben und $^1/_2$ Stunde schwach dünsten lassen. Mit feingehackter Petersilie bestreut servieren, als Beilage Salzkartoffeln.

Gebackenes Ochsenmaul

1 kg Ochsenmaul
80 g Mehl
150 g Semmelbrösel
2 Eier
250 g Schmalz
Salz, Pfeffer

Das gut gereinigte, weichgekochte, erkaltete Ochsenmaul wird in Vierecke geschnitten, gesalzen und gepfeffert, in Mehl gewendet, durch verschlagenes Ei gezogen, in Semmelbröseln paniert und in Schmalz goldgelb gebacken.
Als Beilage reicht man Tomatensauce oder Salate der Saison.

Ochsenmaulsalat

1 kg Ochsenmaul
1 TL Pökelsalz (Nitritsalz)
2 EL Weinessig
Salz, Pfeffer
1 Zwiebel, in Ringe geschnitten
5 EL Öl
Beize:
1 l gut gesalzenes Wasser (mit Pökelsalz)
4 Pfefferkörner
4 Gewürznelken
3 Wacholderbeeren
1 Lorbeerblatt
Wurzelwerk

Das gut gereinigte Ochsenmaul wird mit Pökelsalz eingerieben, in eine Schüssel gelegt, mit einem Teller beschwert und kalt gestellt. Am nächsten Tag kocht man eine Beize aus den angegebenen Zutaten, läßt sie erkalten und gießt sie über das Ochsenmaul. Vier Tage stehenlassen.
Dann stellt man das Ochsenmaul mit so viel frischem Wasser, daß es gerade bedeckt ist, auf, gibt Wurzelwerk und 1 Lorbeerblatt dazu. Man läßt das Ochsenmaul weichkochen und erkalten, nimmt es heraus, schneidet es blättrig und kocht es im selben Sud noch ca. 10 Minuten, fügt einen Schuß Weinessig bei und läßt den Sud erkalten.
Man gießt den Sud ab, stellt eine Marinade aus Weinessig, Öl, Salz, Pfeffer und Zwiebelringen her und mischt das Ochsenmaul unter diese Marinade.

Ochsenmaul in Zwiebelsauce

800 g gekochtes Ochsenmaul
50 g Schmalz
150 g Zwiebelringe
1 TL Zucker
1 EL Mehl
¼ l Fleischbrühe
Salz, Pfeffer

Man röstet die Zwiebelringe mit wenig Zukker im Schmalz goldbraun, bestäubt mit Mehl, röstet noch einmal kurz an und gießt dann mit Brühe auf, würzt mit Salz und Pfeffer und dünstet darin das in Streifen geschnittene Ochsenmaul, das vorgekocht wurde, wie bei den anderen Rezepten angegeben.
Wenn das Fleisch weich ist, nimmt man es heraus, passiert die Sauce darüber und reicht als Beilage Semmelknödel, Nockerln oder Kartoffeln.

Gespickter Lungenbraten (Rinderfilet)

800 g Rinderfilet
140 g Speck zum Spicken
300 g feingeschnittenes Wurzelwerk (Karotten, Sellerie, Zwiebel)
2 Lorbeerblätter
3 Pfefferkörner
3 Wacholderbeeren
1 kleinfingerbreites Stück Zitronenschale
1 kleines Stück Schwarzbrotrinde
1 EL Schmalz
1 EL Preiselbeeren
1/8 l Rotwein
1/8 l saure Sahne
eventuell etwas Fleischbrühe
Salz, Pfeffer

Ein gut abgehangenes Rinderfilet (Lungenbraten) wird enthäutet, gespickt, gesalzen und gepfeffert und in heißem Schmalz rasch von allen Seiten angebraten.
Man gibt in eine passende Pfanne Wurzelwerk, Pfefferkörner, Wacholderbeeren, Zitronenschale und Schwarzbrotrinde, fügt das Filet mit dem Schmalz dazu und brät alles im Rohr. Ist das Filet weich, nimmt man es heraus und stellt es warm. Auf die Wurzeln stäubt man Mehl und röstet gut durch, gießt mit etwas Brühe und Rotwein auf, rührt die saure Sahne unter, gibt die Preiselbeeren dazu und passiert die Sauce.
Zum Schneiden ein sehr scharfes Messer nehmen, sonst zerreißt man das Fleisch.
Ideale Beilage: »Serviettenknödel«.

Lungenbraten natur (Rinderfilet)

800 g Rinderfilet
1 EL Schmalz
1 EL Senf
Salz, Pfeffer
1 nußgroßes Stück Butter
150 g Speck zum Spicken
etwas Fleischbrühe

Das Filet enthäuten, spicken, salzen, pfeffern und mit Senf bestreichen – dadurch bekommt es eine wunderbare Kruste. In einer ausgefetteten Pfanne im heißen Rohr ca. 25 bis 30 Minuten braten, dann ist das Fleisch innen zartrosa. Den Braten herausnehmen, kurze Zeit ruhen lassen und aufschneiden.
In die Bratpfanne ein Stück Butter geben, braun werden lassen, mit wenig Brühe aufgießen und den Bratensaft noch einmal aufkochen lassen.
Das Fleisch auf einer Platte anrichten und mit gebuttertem Gemüse umlegen.

Stierhoden gebacken

Stierhoden werden in Kochbüchern so gut wie nie erwähnt. In südlichen Ländern gelten sie als Spezialität, so zum Beispiel in Spanien, wo es als besondere Ehre gilt, nach einem Stierkampf »Cojones de Toros« serviert zu bekommen. In der Türkei und in Griechenland sind die entsprechenden Teile des Widders sehr beliebt, sie werden halbiert, in Mehl und verschlagenem Ei gewendet, mit Semmelbröseln paniert und in Fett gebacken.
Früher konnte man auf den Pariser Märkten

Stierhoden unter der Bezeichnung »Weiße Nieren« kaufen. Eines der wenigen Kochbücher, in denen dieses Gericht erwähnt wird, ist der »Larousse Gastronomique« von Prosper Montagné. Er bringt sie unter der Bezeichnung »Animelles«. Nach seinen Ausführungen sollte man die Stierhoden stundenlang unter fließendem Wasser spülen, dann mit Zitronensaft beizen, was aber andere Köche mit dem Hinweis ablehnen, daß man den Eigengeschmack beeinträchtigt.
Ein anderer Koch gibt den Rat, Stierhoden beim Fleischer als »spanische Nieren« zu bestellen. Dann bekommt man sie abgehäutet. Die kleineren Hoden werden halbiert, die größeren in drei Scheiben geteilt, in Schmalz angebraten und mit Cognac flambiert.

Spanische Nieren (Stierhoden)

600 g Stierhoden
2mal 30 g Schmalz
1 EL Cognac
1 kleine feingehackte Zwiebel
30 g Pilze
Salz, Pfeffer, 1 EL Petersilie

Die Hoden in Schmalz anbraten und mit Cognac flambieren.
Die Zwiebel in Schmalz anrösten, blättrig geschnittene Pilze dazugeben, durchrösten, salzen, pfeffern, reichlich gehackte Petersilie dazugeben und nun die flambierten Stierhoden darin ca. 10 Minuten dämpfen.
Als Beilage Salzkartoffeln oder Reis.

Kuheuter

1 kg Kuheuter
200 g Wurzelwerk
150 g Mehl, 200 g Brösel
2 Eier
200 g Schmalz
Salz

Das Kuheuter mit Wurzelwerk weichkochen, salzen. Das Euter kann erst verwendet werden, wenn sich die Haut abziehen läßt. Die Kochdauer richtet sich nach dem Alter des Tieres.
Man zieht die Haut ab, schneidet das Euter in Scheiben, salzt, wendet in Mehl, zieht die Scheiben durch verquirltes Ei und paniert sie mit Bröseln. Die Schnitzel in heißem Schmalz ausbacken, mit Salat servieren.

Kuheuter gedünstet

1 kg Kuheuter
1 gehackte Zwiebel
100 g in Würfel geschnittener Speck
20 g Mehl
1/8 l Fleischbrühe
1/8 l saure Sahne
Salz, Pfeffer und Schnittlauch
20 g Schmalz

Zwiebeln mit Speck und Schmalz goldgelb anrösten, mit Mehl bestäuben und dunkler rösten, dann mit Brühe oder Wasser aufgießen, salzen und pfeffern. Das vorgekochte, in Scheiben geschnittene, abgehäutete Kuheuter dazugeben und weich dünsten. Mit saurem Rahm verfeinern und mit Schnittlauch bestreut servieren.

Kutteln (Fleck)

Kutteln kann man beim Fleischer bestellen, dann bekommt man sie geputzt und vorgekocht. Man braucht sie zu Hause nur noch mit einem Gewürzsträußchen, Lorbeerblatt und Pfefferkörnern und einer Zwiebel weichzukochen, dann sind sie fertig zur Weiterverarbeitung. Die Kutteln im Sud erkalten lassen.

Paprika-Fleck

800 g Kutteln
100 g würfelig geschnittener Speck
1 feingehackte Zwiebel
1 EL Mehl
1 l Sud von den Kutteln
1 TL milder Paprika
Salz, etwas Kümmel, Pfeffer
1 Stückchen Zitronenschale
1/8 l saure Sahne

Den Speck goldgelb anbraten, aus der Pfanne nehmen, Zwiebel und Mehl in diesem Fett kurz anrösten, mit dem Sud aufgießen. Dazu den Paprika, Kümmel, die feingehackte Zitronenschale und die feinnudelig geschnittenen Kutteln geben. Mit Salz und Pfeffer abschmecken, durchkochen und kurz vor dem Servieren die saure Sahne unterrühren.
Beim Anrichten die Speckwürfel dazugeben und mit reichlich Schnittlauch bestreuen.

Gulasch

Das Gulasch ist ein ungarisches Nationalgericht, das in der Wiener Küche zu einem festen Begriff wurde. Einer der größten europäischen Köche, der Deutsche Alfred Walterspiel, schrieb in seinem Werk »Meine Kunst in Küche und Restaurant« u. a. auch über die ungarische Küche und natürlich auch über Gulasch. In einem Nachsatz betont er: »...aber das beste Gulasch habe ich in Wien gegessen!«
Man kann aus fast jeder Fleischart ein Gulasch machen, es gibt Hühner- und Fischgulasch, aber wenn man in Österreich Gulasch sagt, meint man immer ein Gulasch von Rindfleisch.

Wiener Saftgulasch

1 kg feinblättrig geschnittene Zwiebeln
1 kg grobwürfelig geschnittenes Rindfleisch
100 g Schmalz
1 EL Tomatenmark
ca. 1/4 l Wasser oder Fleischbrühe
1 gehäufter EL milder Paprika
2 feingehackte Knoblauchzehen
1/2 Essiggurke, 5 Kapern
1/2 TL Majoran, 1/2 TL Kümmel
Salz, Pfeffer

Die Zwiebeln werden im Schmalz goldgelb angeröstet. Dann gibt man das Rindfleisch dazu, röstet das Fleisch an, gibt das Tomatenmark, den Paprika dazu und gießt mit Wasser oder Brühe auf.
Nun fügt man die gehackten Gewürze dazu, Salz und Pfeffer und dünstet das Gulasch, bis das Fleisch weich ist. Dann sind auch die

Zwiebeln weich und fast zergangen, sie geben dem Gulasch die Bindung.
Das ist das echte Wiener Saftgulasch, das meist mit Semmeln gegessen wird. Man kann aber auch nach Belieben Salzkartoffeln, Knödel oder Teigwaren als Beilage servieren.
Bei einem so beliebten Gericht gibt es verschiedene Variationsmöglichkeiten:
Man kann das Gulasch mit einem Eßlöffel Essig abschmecken.
Man kann Fleisch und Zwiebeln nach dem Anrösten mit einem schwachen Eßlöffel Mehl bestäuben, nochmals anrösten und erst dann mit Brühe oder Wasser aufgießen.
Oder aber, wenn das Gulasch fertig ist, kann man den Saft mit einem Eßlöffel Mehl, der in kaltem Wasser angerührt wurde, binden. Das tut man, wenn man nicht so viele Zwiebeln verwenden will.

Karlsbader Gulasch

Zutaten wie beim »Wiener Saftgulasch«
1/8 l Sahne

Zubereitung wie das Wiener Saftgulasch. Vor dem Anrichten rührt man süße oder saure Sahne ein, die einen milden Geschmack ergibt. Dazu werden Nockerln gereicht.

Szegediner Gulasch

200 g blättrig geschnittene Zwiebeln
70 g Schmalz
600 g in Würfel geschnittenes Schweinefleisch
1 EL milder Paprika
1/4 l Fleischbrühe oder Wasser
1 TL Kümmel
2 zerdrückte Knoblauchzehen
Salz, Pfeffer
1/8 l saure Sahne
1 EL Mehl
300 g Sauerkraut

Man röstet die Zwiebeln im Schmalz goldgelb an, gibt das Schweinefleisch (von der Schulter) dazu, röstet das Fleisch an, gibt milden Paprika dazu, rührt einmal durch und gießt mit Brühe oder Wasser auf. Man würzt mit Kümmel, Knoblauch, Salz und etwas Pfeffer und dünstet das Schweinefleisch zugedeckt halbweich. Dann gibt man das Sauerkraut dazu und läßt zusammen weich dünsten.
Zum Schluß das Mehl mit der Sahne verquirlen und über das Gulasch gießen.
Dazu passen am besten Salzkartoffeln.

Gulasch ungarisch, scharf gewürzt mit viel Paprika →

Pörkölt

Dieses Gericht kann man mit allen Fleischsorten und auch mit Fisch machen.

100 g würfelig geschnittener Speck
1 EL Tomatenmark
1/16 l trockener Weißwein
30 g Schmalz
800 g Fleisch oder Fisch
1/4 l Fleischbrühe oder Wasser
500 g gehackte Zwiebeln

Man röstet die Zwiebeln mit dem Speck an, gibt das Tomatenmark dazu, löscht mit dem Weißwein ab und gießt mit Brühe oder Wasser auf.
Das Fleisch wird in einer Pfanne mit dem Schmalz von allen Seiten rasch angebraten, ohne es stark zu bräunen. Dann gibt man das Fleisch in die Sauce und kocht es gar.
Durch den Speck und den Wein wird das Pörkölt zu einem sehr pikanten Gericht.

Paprikahuhn

Zutaten wie beim »Kalbsgulasch«, nur statt Kalbfleisch ein in acht Teile zerlegtes Huhn.

Zubereitung wie beim Kalbsgulasch angegeben.

Kalbsgulasch

500 g gehackte Zwiebeln
80 g Schmalz
800 g in Würfel geschnittenes Kalbfleisch aus der Schulter
1 EL milder Paprika
1/2 l Fleischbrühe oder Wasser
1/2 TL Kümmel
Salz
1 Stückchen Zitronenschale
1/8 l saure Sahne
1 knapper EL Mehl

Die Zwiebeln im Schmalz goldgelb anrösten, das Kalbfleisch und den Paprika dazugeben, das Fleisch anrösten, mit Brühe oder Wasser aufgießen. Dann mit Kümmel, Zitronenschale und etwas Salz würzen, das Fleisch dünsten, bis es weich wird, dann aus dem Saft herausnehmen. Zu dem Saft gibt man die saure Sahne, in die man vorher das Mehl gerührt hat und passiert die Sauce durch ein Sieb. In dieser Sauce wird das Fleisch aufgewärmt.
Dazu passen als Beilage Nockerln, Knödel, Salzkartoffeln oder beliebige Teigwaren.

– Gespickter Rinderbraten mit rohen Kartoffelknödeln

Das Kalb

Kalbsbrust gebacken

800 g Kalbsbrust
Sud zum Kochen wie bei
»Eingemachtes Kalbfleisch«
100 g Mehl
2 Eier
150 g Semmelbrösel
250 g Schmalz
Zitronenviertel

Die Kalbsbrust wird weich gekocht (soll aber noch kernig bleiben), wie bei »Eingemachtes Kalbfleisch« angegeben, erkaltet in Scheiben geschnitten, in Mehl gewendet, durch verschlagenes Ei gezogen, in Brösel gedrückt und in heißem Schmalz goldgelb gebacken. Mit Zitronenvierteln anrichten und dazu eine Salatplatte reichen.

Gespickte Kalbsvogerln

Für 2 Personen:
1 Kalbshaxe
2 EL Schmalz
160 g Speck zum Spicken
2 gestrichene EL Mehl
Salz, Pfeffer
120 g Champignons
1/4 l Sahne
Fleischbrühe oder Wasser zum Aufgießen

Das ausgelöste Fleisch der beiden Kalbshaxen wird in Portionsstücke zerteilt, die Fleischstücke werden gespickt, gesalzen, gepfeffert, mit Mehl bestäubt und auf beiden Seiten in Schmalz angebraten. Sie sollen Farbe bekommen. Dann werden sie aufgegossen und zugedeckt geschmort. Dazu gibt

man blättrig geschnittene Champignons und zum Schluß kurz vor dem Servieren die Sahne.
Man kann die Kalbsvogerln auch im Ofen braten anstatt zu schmoren, dann muß man sie öfter begießen.
Als Beilage Risi-pisi (Erbsenreis).

Gesottenes Kalbfleisch

800 g Kalbfleisch aus der Schulter
200 g nudelig geschnittene Karotten, Sellerie und Zwiebel
1/2 l Wasser
1 Lorbeerblatt
3 Pfefferkörner
3 Wacholderbeeren
Salz
2 EL Schmalz
3 EL Semmelbrösel
1 zerdrückte Knoblauchzehe
100 g Butter
1 EL gehackte Petersilie

Das in nicht zu kleine Würfel geschnittene Kalbfleisch wird mit dem Wurzelwerk mit nur so viel Wasser, daß alles bedeckt ist, zum Kochen gebracht. Man gibt Lorbeerblatt, Pfefferkörner, Wacholderbeeren dazu, salzt und kocht das Fleisch weich.
Das Fleisch mit dem Wurzelwerk in etwas Brühe anrichten, mit in Schmalz hellgelb gerösteten Semmelbröseln, denen man kurz zuvor die Knoblauchzehe beifügt, bestreuen, darüber die leicht gebräunte, schäumende Butter geben. Reichlich mit gehackter Petersilie bestreuen.
Salzkartoffeln als Beilage.

Gefüllte Kalbsbrust

1 kg Kalbsbrust
2 kleinwürfelig geschnittene Semmeln
1/16 l Milch
50 g Butter
1 Ei
1 kleine würfelig geschnittene Zwiebel, in Schmalz angeröstet
Petersilie
Salz, Pfeffer, Muskat
1 EL Schmalz
Fleischbrühe zum Aufgießen (oder Wasser)
Für die Sauce:
1 EL Butter
1 EL Mehl

Man kann sich die Kalbsbrust vorbereitet zum Füllen beim Fleischer bestellen. Wenn man es selber macht: mit einem langen Messer zwischen Fleischdecke und Knochenunterlage eine Tasche schneiden.
Die gut gewaschene Brust innen und außen gut abtrocknen, salzen.
Für die Fülle die Brötchen in Milch einweichen und ausdrücken. Butter schaumig rühren, Ei und die ausgedrückten Brötchenwürfel dazugeben, eine Zwiebel und die gehackte Petersilie daruntermischen, salzen, pfeffern und mit etwas Muskat abschmecken, alles gut durcharbeiten und in die Tasche der Kalbsbrust füllen, die Brust zunähen.
Die Kalbsbrust mit Schmalz ins Rohr stellen, unter häufigem Begießen braten, einmal umdrehen, damit die Brust von beiden Seiten schön braun wird – sie soll aber keine Kruste bekommen.
Den Saft unter Zusatz von Butter und Mehl mit etwas Brühe verlängern.

Eingemachtes Kalbfleisch (Kalbsfrikassee)

800 g Kalbfleisch aus der Schulter, in Würfel geschnitten
1 l Wasser
1 Karotte, 1 Stückchen Sellerieknolle
1 kleine mit 3 Nelken gespickte Zwiebel
1 fingerlanges Stück Zitronenschale
1 Lorbeerblatt
3 Wacholderbeeren, 3 Pfefferkörner
Salz, Pfeffer, Muskat
Saft von 1/2 Zitrone und 1 Zitronenspalte
1 EL Butter, 1 EL Mehl
1/4 l Kalbsbrühe
300 g Champignons
1 EL Erbsen
1 Handvoll Blumenkohlröschen
1/16 l süße Sahne
1 Eidotter

Das Kalbfleisch im Wasser zum Kochen bringen. (Man kann auch ein Stück Kalbsbrust im Ganzen kochen und später in Scheiben schneiden). Karotte, Sellerie, Zwiebel, Zitronenschale, Lorbeerblatt, Wacholderbeeren und Pfefferkörner, Salz und der ausgepreßte Saft einer halben Zitrone kommen dazu. Das Fleisch kernig weich kochen.
Aus Butter und Mehl eine helle Mehlschwitze bereiten, mit Kalbsbrühe aufgießen, dazu die blättrig geschnittenen Champignons und die Erbsen (müssen nicht unbedingt dazu), mit wenig Pfeffer, Muskat, eventuell Weißwein und Zitrone abschmecken, mit dem Fleisch durchkochen.
Vom Feuer nehmen, mit Eidotter und Sahne legieren.
Dazu Reis servieren und in die Sauce die gekochten kleinen Blumenkohlröschen geben.

Kalbsnierenbraten

800 bis 1000 g Kalbsnierenbraten
1 EL Schmalz
Salz, Pfeffer
Fleischbrühe oder Wasser zum Aufgießen

Das Kalbsnierenstück mit der Rippe und der daran befindlichen Kalbsniere wird in einem Stück gebraten. Wenn man vom Fleischer die Knochen am Rückgrat einhacken läßt, brät sich das Fleisch besser durch und läßt sich auch leichter tranchieren.
Oder man bestellt beim Fleischer ein Kalbsnierenstück ausgelöst, läßt den Braten rollen und binden, dann liegt die Kalbsniere in der Mitte des Bratens.
Man salzt und pfeffert den Braten und gibt ihn mit dem Schmalz in eine Kasserolle, stellt den Braten in den heißen Ofen und brät ihn unter öfterem Begießen.
Als Beilage passen Kartoffeln, Reis, Gemüse, Salate.

Kalbsbraten in Rahmsauce

800 g Kalbfleisch
150 g feingeschnittenes Wurzelwerk
1 EL Schmalz
1/8 l saure Sahne
1 EL Mehl
1/8 l Fleischbrühe oder Wasser

Für den Braten kann man ein Stück aus der Keule oder aus der Schulter nehmen. Bei einem Schulterstück ist es zweckmäßig, das Fleisch mit einer Schnur zu binden, damit es die gewünschte Form behält.
Das Fleisch salzen, pfeffern, mit Schmalz und

Wurzelwerk von allen Seiten anrösten, bis es eine schöne Farbe hat, mit der Brühe aufgießen und garen, bis das Fleisch fast weich ist. Eventuell etwas Brühe nachfüllen. Dann das Mehl in saurer Sahne verquirlen und zum Fleisch geben. Das Fleisch darin ziehen lassen, zum Schluß die Sauce durchpassieren.

Kalbskopf auf Schildkrötenart

½ Kalbskopf
2 EL Mehl
2 EL Schmalz
100 g blättrig geschnittenes Wurzelwerk
2 Tomaten oder 1 EL Tomatenmark
1 EL Preiselbeeren
Salz, Pfeffer
1/16 l Rotwein
2 EL Madeira
1 Prise Zucker
1 Lorbeerblatt
1 blättrig geschnittene Essiggurke
80 g blättrig geschnittene Champignons
2 EL Erbsen
80 g in Streifen geschnittene Pökelzunge
1 gehacktes hartes Ei
1 EL gehackte Petersilie
evtl. Fleurons (Blätterteig-Halbmonde)
1 EL Essig

Kalbskopf auf Schildkrötenart ist für den Kenner ein besonderer Leckerbissen. Die etwas umfangreichen Vorarbeiten können ihn nicht abschrecken.
Aus Mehl und Schmalz bereitet man eine dunkle Einbrenne, in die man kurz vor dem Aufgießen das Wurzelwerk und die Tomate oder das Tomatenmark mitröstet. Man würzt mit Salz, Peffer, Preiselbeeren, Rotwein und läßt die Sauce 1½ Stunden kochen, bis das Gemüse zerfällt. Dann die Sauce passieren. In die Sauce gibt man Madeira, Essig, Zucker und Lorbeerblatt. Sie soll dezent säuerlich schmecken. Eventuell noch ein bißchen Wein dazugeben. Dann die Gurke, Champignons und Erbsen mit dem in Portionsstücke geschnittenen Kalbskopf (gekocht wie bei »Kalbskopf, gebacken« angegeben) dazugeben, durchdünsten lassen, auch die Pökelzunge mitdünsten.
Beim Anrichten mit gehacktem Ei, reichlich Petersilie und den Fleurons dekorieren und Salzkartoffeln als Beilage reichen.

Kalbskopf und Kalbsfüße, gebacken

½ Kalbskopf
pro Person 1 Kalbsfuß
Wurzelwerk
Salz, Pfeffer
80 g Mehl
150 g Brösel
2 Eier
250 g Schmalz

Kalbskopf und Kalbsfüße bekommt man beim Fleischer vorgekocht. Wenn Sie den Kopf und die Füße selber putzen wollen, müssen Sie den Kalbskopf und die Füße über Nacht auswässern, putzen, gut waschen und mit Wurzelwerk schön weich kochen. Füße und Kopf müssen mit Wasser bedeckt sein.
Das Fleisch von den Knochen lösen, in Portionen teilen, salzen, in Mehl wenden, durch geschlagenes Ei ziehen und in Brösel drükken, in heißem Schmalz goldgelb backen.

Kalbsniere

600 g Kalbsnieren mit Fettrand
1 EL Schmalz
Salz, Pfeffer, Curry

Es ist wichtig, daß der Fettrand an der Niere bleibt. Die Kalbsniere wird in schwach fingerdicke Scheiben geschnitten, mit etwas Pfeffer und Curry gewürzt und scharf angebraten, bis der Fettrand schön knusprig ist. Beim Anrichten salzen.
Curryreis oder Kartoffelpüree als Beilage, dazu Salat der Saison.

Kalbsniere mit frischen Kräutern

600 g Kalbsniere mit Fettrand
kleinste Zweiglein von: Thymian, Majoran, Melisse, Rosmarin, Salbei, Liebstöckel, Estragon
1 EL Schmalz
1 TL Mehl
1 EL Butter
1 kleine in Ringe geschnittene Zwiebel
Salz, Pfeffer
2 EL Wein
einige EL Fleischbrühe

Je nach Geschmack kann man eines oder mehrere dieser angegebenen Kräuter verwenden.
Die Kalbsniere wird in ihrem Fettbett gelassen. Kleinste Zweiglein der Kräuter bindet man zu kleinen Sträußchen zusammen und zieht sie an ca. 10 Stellen mit der Spicknadel durch das Fett der Niere.
So läßt man die Niere ungesalzen im Ofen braten, und zwar ca. 1/2 Stunde. Gegen Ende der Bratzeit bestäubt man mit Mehl, gibt Butter dazu, ein paar Zwiebelringe und ganz zum Schluß reichlich frische Estragonblätter, die nicht braun werden sollen. Man gießt gleich mit etwas Wein und Brühe auf.
Die Niere herausnehmen, jetzt erst salzen und pfeffern, in Scheiben schneiden und den Saft passieren.
Mit Gemüsen umlegen und Salzkartoffeln dazu reichen.

Makkaroni-Fleisch

600 g Kalbfleisch aus der Schulter
1 kleinwürfelig geschnittene Zwiebel
60 g Schmalz
1 TL Mehl
Salz, Pfeffer
etwas Rosenpaprika
4 EL Fleischbrühe
400 g Makkaroni
3 EL Parmesan
Schnittlauch

Das Fleisch kleinwürfelig schneiden.
Die Zwiebel im Schmalz goldgelb anrösten, das Fleisch dazugeben und anrösten, mit Mehl bestäuben und mit Salz, Pfeffer und Paprika würzen, mit wenig Brühe aufgießen und weichkochen.
Makkaroni in ca. 3 cm lange Stücke brechen, in Salzwasser kochen, abseihen, mit kaltem Wasser abschrecken, abtropfen und mit dem Fleisch vermischen.
Mit Parmesan und Schnittlauch bestreut servieren.
Salat als Beilage.

Kalbfleisch-Risotto

600 g Kalbfleisch
1 feingehackte Zwiebel
60 g Schmalz
Salz, Pfeffer
150 g würfelig geschnittenes Gemüse und grüne Erbsen
wenig Fleischbrühe zum Aufgießen
2 Kaffeetassen Reis
4 Kaffeetassen Fleischbrühe
Parmesan zum Bestreuen

Das Fleisch aus der Schulter wird kleingeschnitten.
Feingehackte Zwiebel im Schmalz anlaufen lassen, das Fleisch dazugeben, kurz anrösten, salzen, pfeffern, ein wenig Brühe aufgießen, das Gemüse und die Erbsen dazugeben. Wenn das Fleisch halb gar ist, den Reis mit der Flüssigkeit hineingeben, langsam weich kochen lassen.
Mit Parmesan bestreut servieren, dazu Salat reichen.

Reisfleisch

600 g Kalbfleisch aus der Schulter
1 feingehackte Zwiebel
60 g Schmalz
1 TL Paprika
Salz
2 Kaffeetassen Reis
4 Kaffeetassen Fleischbrühe oder Wasser
Parmesan

Fleisch kleinwürfelig schneiden.
Zwiebel in Schmalz anlaufen lassen, das Fleisch dazugeben, kurz anrösten, Rosenpaprika und Salz dazugeben, ein wenig Brühe aufgießen, halbweich dünsten. Den Reis dazugeben und das Wasser, langsam weichkochen lassen.
Mit Parmesan bestreut servieren.
Als Beilage beliebiger Salat.

Curry-Reisfleisch

Zutaten und Zubereitung wie bei »Reisfleisch«, nur anstelle von Paprika Curry verwenden.

Kalbsherz in Rahmsauce

600 g Kalbsherz
150 g Speck zum Spicken
1 EL Schmalz
150 g Wurzelwerk
1 EL Mehl
1/8 l Fleischbrühe
1 Glas Weißwein
1/8 l saure Sahne
Salz, Pfeffer

Das Herz wird gut gewaschen, gespickt, gesalzen, gepfeffert, in Schmalz mit dem geschnittenen Wurzelwerk angebraten. Wenn das Wurzelwerk Farbe angenommen hat, mit Mehl bestäuben, durchrösten, mit Brühe und Wein aufgießen und zugedeckt weich schmoren. Mit saurer Sahne vollenden.
Die Sauce passieren, das Herz in Scheiben schneiden und anrichten.
Als Beilage passen Semmelknödel, Teigwaren oder Kartoffeln.

Wiener Schnitzel

600 g Kalbfleisch
Salz
80 g Mehl
150 g Brösel
2 Eier
250 g Schmalz
Zitronenspalten

Aus der Kalbskeule läßt man sich vom Fleischer Schnitzel schneiden, klopft sie behutsam, salzt sie, paniert sie in Mehl, Ei und Bröseln – die Brösel nicht andrücken! Ein Schnitzel soll im Fett anlaufen, und das geschieht nicht, wenn die Brösel angedrückt sind. Schnitzel in heißes Schmalz einlegen, goldbraun backen, auf Vliespapier abtropfen lassen, mit einer Zitronenspalte servieren. Als Beilage passen Butterkartoffeln oder Reis und Salate der Saison.

Pariser Schnitzel

600 g Kalbfleisch
Salz
80 g Mehl
1 Ei pro Schnitzel
250 g Schmalz
Zitronenspalten

Kalbsschnitzel leicht klopfen, salzen. Für jedes Schnitzel auf einem Teller ein Ei verschlagen. Das bemehlte Schnitzel in dem verschlagenen Ei umdrehen und vom Teller vorsichtig ins heiße Fett gleiten lassen. Auf beiden Seiten goldgelb backen, abtropfen lassen, mit Zitronenvierteln servieren. Beilagen wie bei »Wiener Schnitzel«.

Kalbsschnitzel natur

600 g Kalbfleisch
Salz, eventuell 1 Prise Pfeffer
40 g Mehl
50 g Schmalz
1 EL Butter
etwas Fleischbrühe (oder Wasser)

Kalbsschnitzel leicht klopfen, salzen, auf einer Seite ins Mehl tauchen und in Schmalz auf beiden Seiten rasch goldbraun braten. Ein Stück Butter dazugeben, die Schnitzel herausnehmen, die Butter braun werden lassen und mit wenig Brühe aufgießen. Mit diesem Natursaft servieren.

Paprika-Rahmschnitzel

600 g Kalbfleisch
Salz
1 TL Paprika
50 g Schmalz
1 EL Butter, 40 g Mehl
1/8 l saure Sahne
ein wenig Fleischbrühe (oder Wasser)

Schnitzel wie zuvor braten, ein bißchen Mehl in die Butter stäuben, mit etwas Brühe aufgießen, saure Sahne mit Paprika abrühren, die Sahne in die Pfanne geben und etwas aufkochen lassen. Die Sauce über die Schnitzel gießen.

Rahmschnitzel

Zutaten und Zubereitung wie beim »Paprika-Rahmschnitzel«– nur ohne Paprika.

Champignonschnitzel

Pro Schnitzel 50 g Champignons oder beliebige andere Pilze
1 EL Butter
gehackte Petersilie
etwas Fleischbrühe

Die Schnitzel wie bei Kalbsschnitzel natur rösten und gleichzeitig Champignons oder andere Pilze mitrösten, ein wenig Brühe aufgießen, die Pilze auf das Schnitzel geben und mit gehackter Petersilie bestreuen.

Wachauer Schnitzel

Nach Küchenchef und Restaurateur Franz Zimmer.

Pro Person:
1 Schnitzel von ca. 150 g
30 g Schmalz
1 kleine feingeschnittene Zwiebel
30 g Pilze
Salz, Pfeffer
1 TL gehackte Petersilie
1 verquirltes Ei
2 EL Weißwein
1 EL Fleischbrühe
3 geviertelte Aprikosen (Marillen)
1 EL Marillenbranntwein (Barak)
1 Tasse gekochter Reis

Die Kalbsschnitzel auf beiden Seiten goldbraun braten, ein Stück Butter dazugeben, mit Weißwein und Brühe ablöschen.
In einer anderen Pfanne röstet man die Zwiebel, gibt die blättrig geschnittenen Pilze dazu, würzt mit Salz und Pfeffer, fügt die Petersilie und das verquirlte Ei hinzu, rührt durch, schlägt es zu einem Omelette zusammen und legt es auf das Schnitzel.
Als Beilage brät man die Marillen (Aprikosen) kurz in Butter an, löscht mit Wachauer Marillenbranntwein ab und mischt sie unter gekochten Reis.

Kalbskoteletts

Alle diese Rezepte für Schnitzel kann man auch für Kalbskoteletts anwenden. Beim Kalbskotelett ist zu empfehlen, am Ende des Koteletts die Haut so einzuschneiden, daß man das Fleisch gegen die Kotelettrose hin zusammenschieben kann, da das Fleisch beim Kochprozeß schrumpft und das Kotelett dann nicht mehr so schön aussieht. Durch diesen Schnitt und das Zusammenschieben erhält man eine sehr ansprechende Form.

Kalbsstelze (Kalbshaxe)

2 Kalbshaxen
1 EL Schmalz
Salz, Pfeffer
wenig Fleischbrühe zum Begießen

Die Haxen salzen, mit Schmalz im Rohr unter öfterem Begießen braten. Wenn sie eine schöne Farbe haben, die Hitze reduzieren, damit sie richtig weich werden.
Es passen alle Beilagen. Man kann die Haxe mit Gemüse umlegen und Reis, Kartoffeln und Salate dazu reichen.

Kalbsfrikandeau

800 g Kalbfleisch
150 g Speck
1 Zwiebel, in Ringe geschnitten
1 EL Schmalz
100 g Wurzelwerk
Salz, Pfeffer
etwas Brühe zum Begießen

Frikandeau ist ein herrliches Stück zum Braten, das sich auch sehr schön anrichten läßt. Da es ein trockenes Fleisch ist, wird es gespickt.
Das mit Speck gespickte und gesalzene Frikandeau legt man auf die Zwiebelringe in die Kasserolle, gibt Schmalz und Wurzelwerk dazu und brät es im Ofen unter öfterem Begießen.
Zu diesem Braten reicht man Reis oder Teigwaren und Salat oder zartes Gemüse, wie z. B. Zuckererbsen, Erbsen mit Karotten oder Blumenkohl.

Gedünstete Kalbsbrustschnitten mit Tomaten

800 g Kalbsbrust
40 g Mehl
50 g Schmalz
100 g Zwiebelringe
250 g halbierte Tomaten
Salz, Pfeffer
1 Lorbeerblatt
etwas Fleischbrühe

Man schneidet die Kalbsbrust in Portionsstücke, salzt und pfeffert, wendet sie in Mehl, brät sie in heißem Fett von beiden Seiten an, gibt Zwiebelringe, Lorbeerblatt und Tomaten dazu, salzt, gießt die Brühe auf, deckt zu und dünstet die Kalbsbrustschnitten weich. Wenn das Fleisch weich ist, passiert man die Sauce. Als Beilage dazu Reis.

Kalbsroulade

Pro Person:
1 Schnitzel zu 150 g
150 g Spinat
30 g Champignons
Salz, Pfeffer, Muskat
½ Knoblauchzehe
1 TL und 1 EL Schmalz
1 geschlagenes Ei

Kalbsschnitzel vorsichtig klopfen, so daß kein Loch entsteht, salzen, pfeffern, mit Knoblauch einreiben.
Den Spinat putzen, Stiele entfernen, mit heißem Wasser kurz überbrühen (blanchieren), abseihen, ausdrücken und auf die Schnitzel verteilen. Mit Salz, Pfeffer und Muskat leicht würzen.
Champignons blättrig schneiden und in wenig Schmalz anrösten, salzen und auf die Schnitzel verteilen. Die Schnitzel zusammenrollen, vorsichtig in Mehl und geklopftem Ei wenden und in einen so engen Topf mit etwas heißem Schmalz setzen, daß sie aufrecht stehen und nicht aufgehen können. Im heißen Ofen ca. 10–15 Minuten braten. Beilage: Kartoffeln und Salat.

Hirnroulade

Pro Person:
1 Schnitzel von ca. 150 g
60 g Hirn
evtl. 1 TL Brösel
1 Ei
1 kleine feingehackte Zwiebel
2mal 1 EL Schmalz
10 g Butter
Salz, Pfeffer
1 EL Petersilie
etwas Fleischbrühe

Kalbsschnitzel vorsichtig klopfen, salzen, pfeffern.
Das Hirn wässern, d. h. die umgebende Haut und das Blut entfernen, hacken, mit im Schmalz angelaufener Zwiebel rösten, salzen, pfeffern, reichlich gehackte Petersilie dazurühren, Ei mitrösten. Wenn man die Masse strecken will, kann man Semmelbrösel daruntermischen. Diese Masse streicht man auf das Schnitzel, rollt es zusammen und fixiert die Roulade mit einem Zahnstocher.
Im Schmalz von allen Seiten goldig anbraten, auf kleinem Feuer zugedeckt 10–15 Minuten dünsten lassen.
Man gibt Butter dazu und gießt ein wenig Brühe auf. Beim Anrichten die Zahnstocher entfernen, als Beilage Reis oder Kartoffeln und Salat reichen.

Kalbsleber

Bei der Kalbsleber gibt es verschiedene Verwendungsmöglichkeiten. Viele Kenner bevorzugen die Leber nicht ganz durchgebraten, also innen noch zartrosa.
Die Leber wird enthäutet und in Scheiben geschnitten. Der Rest, der sich nicht mehr in Portionsscheiben schneiden läßt, wird klein geschnitten und ergibt zum Beispiel sehr schöne »Geröstete Leber«.

Kalbsleber mit Apfelscheiben

600 g Kalbsleber
30 g Mehl, 1 EL Schmalz
30 g Butter
3 EL Fleischbrühe
Salz, Pfeffer
12 Scheiben Äpfel, 60 g Butter
falls erwünscht: einige Kompottkirschen zum Garnieren
mit Speck: pro Person 2 Scheiben Speck
mit Zwiebeln: pro Person 50 g Zwiebelringe

Die in gleichmäßige Scheiben geschnittene Leber wird gemehlt und in wenig heißem Schmalz kurz von beiden Seiten goldbraun gebraten und auf einem Teller warm gestellt. In die Pfanne gibt man die Butter, läßt sie braun werden, gießt mit wenig Brühe auf, läßt aufkochen und gießt den Saft über die Leber, die erst jetzt gesalzen und gepfeffert wird.
In einer Pfanne mit Butter werden die geschälten, ausgestochenen Apfelscheiben auf beiden Seiten kurz gebraten, ohne daß sie Farbe bekommen, und auf die Leber gegeben. In die Löcher, aus denen das Kerngehäuse gestochen wurde, kann man Kompottkirschen legen, das sieht sehr schön und dekorativ aus.
Als Beilage passen Reis oder Kartoffelpüree sehr gut, eine Salatplatte ist eine gute Ergänzung.

Manche lieben zu den Apfelscheiben geröstete Zwiebelringe.
Ein sehr beliebtes Gericht ist Kalbsleber mit Speck. Die dünnen Scheiben des durchwachsenen Specks werden mit der Leber mitgebraten, und der Speck wird vor dem Aufgießen mit Brühe aus der Pfanne genommen, damit er schön knusprig bleibt.

Kalbsleber, gebacken

600 g Kalbsleber
Salz, Pfeffer
80 g Mehl
2 Eier, 150 g Brösel
200 g Schmalz
Zitronenviertel

Gleichmäßige Scheiben Leber werden gesalzen, gepfeffert, in Mehl gewendet, durch geschlagenes Ei gezogen und in Semmelbröseln paniert und in heißem Schmalz auf beiden Seiten goldgelb gebacken. Abtropfen lassen, mit Zitronenvierteln und mit krauser Petersilie anrichten.
Als Beilage passen Salate der Saison.

Kalbsleber in Rahmsauce

600 g Kalbsleber
100 g feingehackte Zwiebel
100 g würfelig geschnittener Speck
Salz, Pfeffer
1/8 l Sahne

Speck und Zwiebeln goldgelb anlaufen lassen, die in Scheiben geschnittene Leber dazugeben. Wenn die Leber eine schöne Farbe hat, herausnehmen, auf einem Teller warm stellen. Speck und Zwiebeln mit Sahne aufgießen, salzen, pfeffern und über die Leber gießen.

Geröstete Leber

600 g Leber
1 EL Schmalz, 2 EL gehackte Zwiebel
1 Prise Majoran
4 EL Fleischbrühe
Salz, Pfeffer

Die Kalbsleber blättrig schneiden. In Schmalz die Zwiebel anlaufen lassen, die Leber rasch rösten. Mit Brühe aufgießen, würzen mit Salz, Pfeffer und Majoran, nur einmal aufkochen lassen und sofort servieren. Nach Geschmack vor dem Anrichten einen Spritzer Essig dazugeben.

Westfälischer Kalbsspieß

12 Kalbsschnitzel zu je 50 g
4 dünne Scheiben Speck
1 Paprikaschote, kleinwürfelig geschnitten
3 EL Champignons, kleinwürfelig geschnitten
1 Scheibe gekochter Schinken, feinwürfelig geschnitten
1 kleine Zwiebel, feinwürfelig geschnitten
4 Cocktailwürstchen
1 EL Tomaten-Ketchup
60 g Butter
wenig Fleischbrühe
4 EL Sahne

Die Kalbsschnitzel klopfen und würzen und je drei Rouladen mit folgenden Füllungen

füllen, als Rouladen zusammenrollen und auf einen Spieß stecken:
1. Füllung: durchwachsener Speck, Paprikaschote und Champignons.
2. Füllung: gekochter Schinken und Zwiebel.
3. Füllung: Tomaten-Ketchup und Cocktailwürstchen.
Diese Spieße in Butter braten, mit etwas Brühe ablöschen und die Sauce mit der Sahne verfeinern.
Als Beilage reicht man Bratkartoffeln und grüne Bohnen.

Bries

Das Bries wird gewässert und eine halbe Stunde mit Wurzelwerk gekocht, dann in kaltes Wasser gelegt und von allen Häutchen und Adern befreit, bevor man es weiter verarbeiten kann.

Bries natur

600 g Bries
40 g Mehl
50 g Schmalz
50 g Butter
Salz, Pfeffer
wenig Fleischbrühe
1 EL gehackte Petersilie

Gekochtes Bries in Scheiben schneiden, mit Mehl bestäuben, salzen und in wenig Schmalz auf beiden Seiten braten. Butter dazugeben, die Butter braun werden lassen, ganz wenig mit Brühe aufgießen und mit gehackter Petersilie anrichten.
Als Beilage Kartoffeln, Kartoffelpüree oder Reis.

Bries mit Champignons

600 g Bries
40 g Mehl
50 g Butter
50 g Schmalz
Salz, Pfeffer
150 g Champignons
wenig Fleischbrühe
1/8 l Sahne
1 EL gehackte Petersilie
Zitronensaft

Das gekochte Bries in Scheiben schneiden, mit Mehl bestäuben, salzen und in Schmalz auf beiden Seiten braten. Feinblättrig geschnittene Champignons mitrösten, Butter dazugeben, die Champignons salzen und pfeffern, mit Brühe ein wenig aufgießen, die Sahne hinzugeben, aufkochen und mit Zitrone abschmecken.

Bries, gebacken

600 g Bries
80 g Mehl
150 g Brösel
2 Eier
Salz, Pfeffer
200 g Schmalz
Zitronenviertel

Das in Scheiben geschnittene gekochte Bries wird gesalzen, in Mehl gewendet, durch geschlagenes Ei gezogen und in Bröseln paniert. In heißem Schmalz auf beiden Seiten goldgelb backen, mit Zitronenvierteln anrichten.
Beilage: Salat

Hirn mit Ei

400 g Hirn
1 feingehackte Zwiebel
2 EL Schmalz
4 Eier
Salz, Pfeffer
1 EL gehackte Petersilie

Zwiebel in Schmalz anschwitzen, das gehackte Hirn dazugeben, zusammen rösten. Die geschlagenen Eier dazugeben, mitrösten, salzen, pfeffern, vor dem Anrichten gehackte Petersilie dazugeben und mit Butterkartoffeln servieren.

Hirn, gebacken

600 g Hirn
Salz, Pfeffer
80 g Mehl, 2 Eier
150 g Brösel
250 g Schmalz

Das Hirn auf ein Tuch legen, damit es möglichst trocken ist, salzen und pfeffern. Vorsichtig in Mehl wenden, durch Ei ziehen und mit Bröseln panieren. In heißem Schmalz goldgelb backen, anrichten und mit einer Salatplatte servieren.

Hirn-Palatschinken (Eierkuchen mit Hirn)

Teig für 8 Palatschinken:
¼ l Milch
120 g Mehl
2 Eier, Salz
Schmalz zum Backen

Fülle:
300 g Hirn
1 Ei
1 feingehackte Zwiebel
1 EL feingehackte Petersilie

Zum Panieren:
80 g Mehl
200 g Brösel
3 Eier

Aus den angegebenen Zutaten für den Teig stellt man einen dünnflüssigen Palatschinkenteig her und backt davon 8 Stück.
Die Palatschinken werden mit geröstetem Hirn (wie bei »Hirn mit Ei« beschrieben) bestrichen, zusammengerollt, paniert und gebacken.
Mit Salat nach Jahreszeit servieren, ein beliebtes, leichtes Essen.

Paprika-Rahmschnitzel mit neuen Kartoffeln und Kohlrabi in weißer Sauce →

Hirn-Pofesen

16 dünne Scheiben Weißbrot
240 g Hirn
1 feingehackte Zwiebel
2 Eier
Salz, Pfeffer
250 g Schmalz
3 geschlagene Eier

Zwischen je zwei dünne Weißbrotscheiben streicht man das geröstete Hirn, wendet die Scheiben in geschlagenem Ei und backt sie in schwimmendem, heißem Fett.
Man kann diese Pofesen auch kleiner machen oder entsprechend schneiden und hat dann eine nette Suppeneinlage.
Dazu kann man zum Beispiel Spinat servieren, jede Art Salat paßt sehr gut.

Kalbshirn mit brauner Butter

600 g Hirn
80 g Butter
Saft von 1 Zitrone
1 EL gehackte Petersilie
evtl. pro Person 1 TL gehackte Kapern

Das Hirn wird 1/4 Stunde in lauwarmes Wasser gelegt, dann werden die blutigen Häutchen vorsichtig entfernt. Das Hirn noch einmal in kaltem Wasser waschen. Erst jetzt kann man es weiterverarbeiten.
Das Hirn in Salzwasser kochen, herausnehmen, möglichst trocken anrichten, mit leicht gebräunter, schäumender Butter begießen, mit Zitrone beträufeln, mit gehackter Petersilie bestreuen und servieren.
Beilage: Salzkartoffeln oder Kartoffelpüree. Wenn man mag, kann man das Hirn mit gehackten Kapern bestreuen.

Kalbszüngerl

4 Kalbszungen
1 Lorbeerblatt
3 Pfefferkörner
1 EL Essig
Salz
300 g geschnittenes Wurzelwerk (Karotten, Zwiebeln, Sellerie)
4 TL geriebener Meerrettich
1 EL gehackte Petersilie
3/4 l Wasser

Die Kalbszungen werden im Wasser mit Lorbeerblatt, Pfefferkörnern und Essig zum Kochen gebracht. Dann salzen und 1/4 Stunde vor dem Weichwerden das Wurzelwerk dazugeben. Wenn die Zungen und das Wurzelwerk weich sind, schält man von den Kalbszungen die dicke Haut ab, schneidet die

– Gefüllte Kalbsbrust mit feinen Gemüsen

Zungen der Länge nach in Scheiben, richtet sie auf einer Platte an, verteilt das Gemüse darüber und bestreut mit geriebenem Meerrettich und gehackter Petersilie.
Salzkartoffeln als Beilage.

Kalbszüngerl in Senfsauce

4 Kalbszungen
1 Lorbeerblatt, 3 Pfefferkörner
150 g Wurzelwerk
1 feingehackte Zwiebel
Salz, Pfeffer
40 g Schmalz
40 g Mehl
1/8 l Fleischbrühe
1/16 l Weißwein
2 EL Senf
3/4 l Wasser

Die Kalbszungen mit Lorbeerblatt, Pfefferkörnern und Wurzelwerk in Salzwasser weichkochen, salzen.
Aus Zwiebeln, Mehl und Schmalz macht man eine dunkle Einbrenne, gibt das geschnittene Wurzelwerk aus der Brühe dazu, röstet es kurz durch und gießt mit Brühe auf. Man gibt Senf und Wein dazu und läßt die Sauce eine Weile kochen, würzt mit Pfeffer, eventuell mit etwas Salz. Man passiert die Sauce über die enthäuteten, aufgeschnittenen Zungen.

Geschmorte Kalbsschwänze

Zutaten und Zubereitung wie beim Kalbsherz, nur werden die Schwänze nicht gespickt und müssen so lange geschmort werden, bis sich das Fleisch leicht vom Knochen löst.

Mein lieber Freund, der Altpräsident der steirischen Köche, Rudolf Zach, kocht in seinem gemütlichen Gasthaus nicht nur internationale Spezialitäten, sondern auch Gerichte nach Rezepten seiner Mutter:

Bruckfleisch

800 g Kronfleisch (Leber, Herz, Bries, Milz und Aorta)
100 g Schmalz
1 in Würfel geschnittene Zwiebel
1 feinstnudelig geschnittene Karotte
1 feingeschnittene Petersilienwurzel
1 Stück feinnudelig geschnittener Sellerie
1/16 l Rotwein oder 1 EL Weinessig
1/8 l Fleischbrühe oder Wasser
1 Lorbeerblatt
Majoran, Thymian
Salz, Pfeffer
1 EL Mehl

Zwiebel, Karotte, Petersilienwurzel und Sellerie im Schmalz goldgelb anrösten.
Das in kleine Stücke geschnittene Fleisch wird dazugegeben, angeröstet, mit Rotwein oder Weinessig und etwas Brühe oder Wasser aufgegossen, mit Lorbeerblatt, Majoran, Thymian, Salz und Pfeffer gewürzt und weich gedünstet.
Wenn das Fleisch weich ist, mit Mehl bestäuben, gut durchrühren und so viel Flüssigkeit dazugeben, daß eine gute, sämige Sauce entsteht.

Kalbsbeuschel (Kalbslunge, Lungenhaschee)

1 kg Lunge und Herz
1 kleine Zwiebel
4 Pfefferkörner, 4 Wacholderbeeren
1 Lorbeerblatt
etwas Thymian
½ TL Salz
60 g Mehl
2 EL feingehackte Zwiebeln
Saft von 1 Zitrone und Zitronenschale
Salz, Pfeffer, Majoran
10 feingehackte Kapern
2 feingehackte Knoblauchzehen
1 TL Petersilie
nach Geschmack ⅛ l saure Sahne
1 Sardellenfilet

Kalbslunge und Herz werden gewaschen und in einem genügend großen Topf – die Lunge geht beim Kochen auf – mit Wurzelwerk, Zwiebel, Zitronenschale, Lorbeer, Pfefferkörnern und Wacholderbeeren, Thymian und Salz zugedeckt und mit entsprechend viel Wasser weich gekocht. Die Lunge wird früher weich als das Herz, man kann sie also früher herausnehmen. Wenn das Herz weich ist, werden Lunge und Herz feinnudelig geschnitten. Die Adern entfernen!
Aus dem Mehl bereitet man eine hellbraune Mehlschwitze, gibt die Zwiebeln dazu und röstet so lange, bis die Mehlschwitze braun ist. Dann gießt man mit dem Sud, in dem die Lunge gekocht wurde, auf.
Man gibt Kapern, Knoblauch, Majoran, Petersilie, Zitronenschale und das Sardellenfilet in die dunkle Mehlschwitze, salzt, pfeffert und schmeckt mit dem Saft einer Zitrone ab, läßt die Sauce 10 Minuten kochen und gibt das geschnittene Fleisch dazu.
Zum Schluß rührt man die saure Sahne unter. Dazu passen am besten Semmelknödel.

Das Schwein

Das Schwein hat im bäuerlichen Haushalt schon immer eine überragende wirtschaftliche Bedeutung gehabt. Als Allesfresser war es einfach zu halten, lange Zeit war es neben dem Fleisch- auch der Fettlieferant. Man kann vom Schwein fast alles verwerten, die Därme sind für die Herstellung der beliebten Würste unentbehrlich. Besondere Fleischqualitäten werden durch Mästen mit zum Beispiel Mais erreicht.
Sehr beliebt ist das Jungschwein, das mit der Schwarte knusprig gebraten wird, ebenso delikat ist das Spanferkel.
In früheren Zeiten, als die Konservierung noch nicht so entwickelt war und man auch Tiefkühltruhen noch nicht kannte, hatte jeder Bauer als Reserve das »Hausgeselchte« und den geräucherten Speck in der Kammer hängen.

Schweinskarree

ist der halbierte Schweinsrücken, das Kotelettstück. Gegen den Nacken nennt man ihn Schopfbraten (Schweinekamm), der durchwachsen und manchmal fett ist.

Schweinskarree, gebraten

800 g Schweinskarree
Salz, Pfeffer
1 EL Schmalz
1 TL Kümmel
3 zerdrückte Knoblauchzehen
wenig Fleischbrühe

Das Fleisch beim Fleischer gleich so hacken lassen, daß man das Rückgrat extra hat, weil

man das Fleisch so besser braten und portionieren kann. Die Knochen aber unbedingt mitnehmen und auch mitbraten, denn sie ergeben eine kräftige Sauce.
Das Fleisch salzen, pfeffern und mit Schmalz und Knochen im heißen Ofen unter öfterem Begießen und Wenden von allen Seiten schön braun braten. Gegen Ende der Bratzeit bestreut man die Oberseite mit Kümmel und Knoblauch; der Knoblauch darf beim Braten nicht schwarz werden! Mit Brühe aufgießen, aber erst dann, wenn das Fleisch schön braun ist.
Passende Beilagen sind Sauerkraut und Semmelknödel. Zu jedem Schweinebraten passen auch warmer Krautsalat und mitgebratene Kartoffeln. Die Kartoffeln 15 Minuten, bevor der Braten fertig ist, halbieren und dazugeben, mit Kümmel bestreuen und mitbraten.

Jungschweinskarree

Zutaten wie »Gebratenes Schweinskarree«.
Der Jungschweinsbraten wird mit der Schwarte gebraten und ist wegen seines Fettrandes bei Kennern sehr geschätzt.
Man gibt in die Pfanne $1/2$ cm hoch Wasser und legt das gesalzene Stück Fleisch mit der Schwartenseite nach unten in die Pfanne und stellt sie in den heißen Ofen. In 15 Minuten ist die Schwarte glasig aufgezogen und läßt sich sehr leicht kreuz und quer einschneiden. Nun gibt man das Schmalz dazu und schiebt den Braten wieder in den Ofen und begießt während des Bratens öfter. Gegen Ende der Bratzeit mit Kümmel und zerdrücktem Knoblauch bestreichen und nochmals salzen, damit die Schwarte krustig wird.

Nach der gleichen Methode werden Schweinsstelzen (Schweinshaxen) gebraten.

Überkrustetes Schweinskarree

Zutaten wie bei »Schweinskarree, gebraten«
Für die Kruste:
1 Ei, 2 EL geriebener Parmesan

Das Schweinskarree wird wie beschrieben gebraten. Gegen Ende der Bratzeit verrührt man den Parmesan mit dem geschlagenen Ei und bestreicht damit das Schweinskarree auf der Oberseite ziemlich dick und läßt diese Kruste im Ofen goldbraun werden. Das Jungschweinskarree eignet sich für diese Zubereitung nicht.

Schweinebraten mit Schwarzbrotkruste

Zutaten wie bei »Schweinskarree, gebraten«
Für die Kruste:
1 EL Senf
1 TL Pfeffer
4 EL Schwarzbrotbrösel

Ein beliebiges Bratenstück – Schopfbraten (Kamm), Schulter, Schlögel (Keule) oder Schweinskarree – wird wie beschrieben schön braun gebraten. Gegen Ende der Bratzeit wird die Oberseite ganz zart mit Senf bestrichen und mit Schwarzbrotbröseln, denen man Pfeffer beigegeben hat, dicht bestreut und leicht angedrückt; jetzt fertigbraten.
Zum Tranchieren ist ein scharfes Messer nötig, um die Kruste nicht zu zerstören.

Schweinsschulter

Die Schweinsschulter (Schuft, Vorderschinken) ist im Preis günstiger als Keule und Karree. Man kann sie genauso zubereiten wie alle anderen Braten, auch dünsten.
Wenn man Teile der Schulter ausgelöst verwendet, empfiehlt es sich, das Fleisch mit einer Schnur zu binden, um die Façon zu haben, dann kann man das Fleisch auch leichter tranchieren.

Schweinsschulter in Kapernrahmsauce

800 g Schweinsschulter
Salz, Pfeffer
1 EL Schmalz
1 EL Mehl
150 g Wurzelwerk
1/8 l saure Sahne
1/4 l Fleischbrühe
20 gehackte Kapern
Zitronensaft

Die ausgelöste, gerollte und gebundene Schulter wird gesalzen und gepfeffert und mit Schmalz und feingeschnittenem Wurzelwerk angebraten.
Haben das Fleisch und die Wurzeln eine schöne Farbe erhalten, röstet man Mehl durch, gießt mit saurer Sahne und etwas Brühe auf, gibt die Kapern dazu und läßt die Schulter zugedeckt weich schmoren. Die Sauce über das Fleisch passieren, mit Zitrone und eventuell noch Salz und Pfeffer abschmecken.
Als Beilage Semmelknödel oder Teigwaren.

Schweinslungenbraten (Schweinefilet)

4 Stück Schweinefilet zu je 200 g
Salz, Pfeffer
3 zerdrückte Knoblauchzehen
1 TL Kümmel
1 EL Schmalz
1 Schweinsnetz

Die Filets werden gesalzen und gepfeffert, mit Kümmel und Knoblauch eingerieben, in ein Schweinsnetz eingewickelt und mit Schmalz im Ofen gebraten. Die Bratzeit ist sehr kurz, da es sich um das zarteste Fleischstück handelt. Die Filets in schräge Scheiben schneiden und mit dem kurz aufgegossenen Bratsatz servieren.
Zu diesem delikaten Gericht kann man fast alle Arten Gemüse servieren, nach Belieben auch Semmelknödel und Salate.

Schweinsbrust (Schweinebauch)

600 g Schweinebauch
Fleischfülle:
je 70 g Schweinefleisch, Kalbfleisch, Leber
1/2 Brötchen, 3 EL Milch
20 g Schmalz, 1 Ei
1 kleine Zwiebel, würfelig geschnitten
Salz, Pfeffer
1 TL gehackte Petersilie
wenig gestoßener Koriander
1 kleine zerdrückte Knoblauchzehe
1 Prise Majoran

Man kann den Schweinebauch mit der Schwarte wie »Jungschweinskarree« zube-

reiten, die Schwarte kreuz und quer einschneiden. Beliebt ist gefüllter Schweinebauch mit Semmel- oder Fleischfülle.
Semmelfülle wie bei der »gefüllten Kalbsbrust«.
Fleischfülle: Schweinefleisch, Kalbfleisch und Leber feinhacken oder durchdrehen. Die in der Milch eingeweichte halbe Semmel ausdrücken und die in Schmalz angeröstete Zwiebel mithacken. Dann Ei und Petersilie unter die Masse mengen, mit Salz und Pfeffer abschmecken, mit Koriander, Majoran und Knoblauch würzen und alles gut durcharbeiten.
Mit einem scharfen Messer den gewaschenen, abgetrockneten, gesalzenen Schweinebauch zwischen Fleischdecke und Knochenunterlage vorsichtig aufschneiden, innen salzen, die Masse einfüllen und den Bauch zunähen. Den Bauch mit der Schwarte nach unten in die Pfanne legen, 1/2 cm Wasser dazugeben und die Pfanne in den heißen Ofen stellen. Nach 1/4 Stunde das Fleisch umdrehen und die Schwarte vorsichtig kreuz und quer einschneiden, langsam unter öfterem Begießen braten. Gegen Ende der Bratzeit das Fleisch mit zerdrücktem Knoblauch, Kümmel und Salz bestreuen.
Beilage: Kartoffeln und Salat.

Schweinskotelett

Die Schweinskoteletts werden aus dem Schweinskarree geschnitten. Von jungen Tieren werden die Schweinskoteletts natur oder paniert wie Wiener Schnitzel sehr geschätzt, man kann auch kurz vor dem Garwerden etwas gemahlenen Kümmel auf die Koteletts streuen und den Bratsatz mit Brühe ablöschen, einkochen und über die Koteletts geben.
Bei dem Fleisch von nicht mehr ganz jungen Tieren muß man das Kotelett anbraten und dann garschmoren.

Schweinsschlögel (Schweinekeule, Schinken)

wird auch für Schnitzel verwendet und dann zubereitet wie Kalbsschnitzel. Kenner behaupten, das Fleisch wäre saftiger und der Geschmack ausgeprägter als beim Kalbfleisch.

Schweinsröllchen »Delikat«

8 Scheiben Schweinefilet zu je 60 g
Salz, Pfeffer
8 kleine dünne Scheiben Schinken
1 EL Parmesan
1 EL gehackte Petersilie oder Schnittlauch
50 g Schmalz
4 dünne Scheiben Emmentaler
1 TL Rosenpaprika
250 g Wellennudeln
2 EL gekochte Karottenwürfel
1 EL rote und grüne Paprikastreifen
2 EL gekochte Erbsen
1 EL Schmalz
50 g Pilze

Pro Person rechnet man zwei Scheiben Filet. Man klopft sie vorsichtig dünn auseinander, salzt und belegt jede Scheibe mit einer Scheibe Schinken, bestreut den Schinken mit Parmesan, Petersilie oder Schnittlauch, rollt

die Scheiben zusammen und brät diese Röllchen im Schmalz von allen Seiten goldgelb an. Beim Einlegen in die Pfanne zuerst mit dem Ende nach unten legen.
Man belegt je zwei Röllchen zusammen mit einer dünnen Scheibe Emmentaler und backt im Ofen oder unter dem Grill, bis der Käse zerfließt, und serviert sofort. Der zerflossene Käse wird mit mildem Paprika und gehackter Petersilie bestreut.
Beilage: Bunte Nudeln: Die in Würfel geschnittenen Karotten, Paprika, Erbsen und Pilze werden im Schmalz erhitzt, gesalzen und unter die gekochten, abgetropften, noch heißen Nudeln gemischt, in einer passenden Schüssel angerichtet und die Röllchen daraufgesetzt.

Gespicktes Schweinefilet

8 Scheiben Filet zu je 60 g
Salz, Pfeffer
1 zerdrückte Knoblauchzehe
1 TL gestoßener Kümmel
120 g Speck
40 g Butter, 1 EL Schmalz
ein wenig Fleischbrühe
100 g Speck für die Speckbohnen
250 g dicke Bohnen

Die Scheiben vom Filet zart ein wenig auseinanderklopfen, kreuzweise spicken, salzen, pfeffern, mit Knoblauch und Kümmel einreiben und im Schmalz goldbraun braten, Butter dazugeben, braun werden lassen, mit etwas Brühe aufgießen, um einen kurzen gehaltvollen Saft zu bekommen.
Mit Bratkartoffeln und Speckbohnen garnieren.
Für die Bohnen den würfelig geschnittenen Speck anbraten und die gekochten dicken Bohnen dazugeben, mit Salz, Pfeffer und zerdrücktem Knoblauch würzen.

Herrschaftskutschertopf

400 g Schweinefleisch, in Würfel geschnitten
2 Kalbsnieren, in Scheiben geschnitten
1 EL Schmalz
1 große dünn geschnittene Zwiebel
1/3 l Bier, 1/4 l Fleischbrühe
1 TL Zucker
1 kg geschälte rohe Kartoffeln
Salz, Pfeffer
200 g angeröstete Speckwürfel
1 Lorbeerblatt

Die dünn geschnittene Zwiebel im Schmalz goldgelb anrösten, das Schweinefleisch und die Kalbsnieren dazugeben und zusammen anrösten.
Dann das Fleisch aus der Pfanne nehmen und den Bratensatz mit Bier und Brühe lösen, Zucker dazugeben, die Kartoffeln in 1/2 cm dicke Scheiben schneiden, waschen und auf einem Tuch abtropfen lassen.
In eine Gratinierschüssel abwechselnd eine Schicht Kartoffeln und Fleisch legen, jede Schicht mit Salz und Pfeffer würzen und auf jede Schicht einen Eßlöffel Speckwürfel geben. Abschließen mit einer Schicht Kartoffeln. Dann den Bratensatz darübergießen, ein Lorbeerblatt dazugeben und im heißen Ofen backen. Anfangs soll die Flüssigkeit über der Masse stehen, denn in der einen Stunde Garzeit verdampft die Flüssigkeit, und die oberste Schicht bekommt eine schöne braune Farbe.

Gedünstete Schweinsschulter in Senfsauce

800 g Schweineschulter
200 g Wurzelwerk
1 Knoblauchzehe
1 TL Kümmel, wenig Thymian
Salz, Pfeffer
1 EL Senf
etwas feingehackte Zitronenschale
1/8 l Weißwein, etwas Fleischbrühe

Die ausgelöste Schulter salzen und pfeffern, zusammenrollen und binden.
In einer Kasserolle mit Schmalz das Fleisch von allen Seiten anbraten, Wurzelwerk, Knoblauch, Kümmel, Thymian hinzugeben.
Wenn das Fleisch und das Wurzelwerk Farbe haben, mit Weißwein aufgießen, Zitronenschale und Senf dazugeben und zugedeckt weich schmoren.
Wenn die Schulter weich ist, die Flüssigkeit passieren.
Als Beilage Knödel, Kartoffeln und Salat.

Schweinssteak auf grünen Nudeln

4 Scheiben Filet zu je 120 g
Salz, Pfeffer
1 EL Schmalz
4 kleine Tomaten
1 EL Parmesan
250 g grüne Nudeln (Spinatnudeln)
40 g Butter

Die Steaks vorsichtig klopfen, so daß sie ca. 1 cm dick sind, salzen und pfeffern, in Schmalz auf beiden Seiten braten.
Für jedes Steak bereitet man eine kleine geschälte Tomate vor, salzt und pfeffert sie, bestreut sie dick mit Parmesan und stellt sie für 5–6 Minuten in den Ofen oder unter den Grill.
Die Steaks auf den in Butter geschwenkten Spinatnudeln anrichten. In die Bratpfanne ein Stück Butter geben, leicht braun werden lassen und wenig Brühe aufgießen, um die Steaks zu überglänzen, und dann die gratinierten Tomaten auf die Steaks legen.
Zu beachten: Der Parmesankäse darf nur goldgelb werden. Wenn er zu dunkel ist, schmeckt er bitter.
Als Beilage Salat.

Altsteirischer Wurzelfleischeintopf

600 g Schweinefleisch von Schulter, Hals oder Bauch
200 g nudelig geschnittenes Wurzelwerk (Zwiebel, Karotte, Sellerie)
1 Lorbeerblatt, 3 Pfefferkörner
1 l Wasser
Salz, Pfeffer
Beilage:
1 Tasse Hirse
Salz, Pfeffer
gehackte Petersilie oder Schnittlauch

Man schneidet das Schweinefleisch würfelig, salzt es und läßt es eine Stunde ruhen.
Dann kocht man das Fleisch mit dem Wurzelwerk, dem Lorbeerblatt und den Pfefferkörnern und salzt es nochmals. Wenn das Fleisch weich ist, nimmt man es heraus und stellt es mit ein wenig Brühe warm.
Zu der im Topf verbleibenden Brühe gibt

man Wasser und die gewaschene Hirse. Für eine Tasse Hirse rechnet man drei Tassen Flüssigkeit. Hirse in ca. 1 Stunde weichkochen, eventuell noch salzen und pfeffern.
Hirse in einer Schüssel anrichten, die warm gehaltenen Fleischstückchen darüber verteilen und mit Petersilie oder Schnittlauch bestreut servieren.

Schweinesülze

800 g Schweinskopf, Haxe oder Kamm (davon ca. 100 g Schwarte)
1 kleine Zwiebel
1 Karotte
1 Stückchen Sellerie
1 Petersilienwurzel
3 Pfefferkörner, 1 Lorbeerblatt
wenig Thymian und Majoran
2 Knoblauchzehen
2 EL Weinessig
Salz, Pfeffer
Marinade:
Essig
Öl
Zwiebelringe

Mit Wasser bedeckt kocht man das Fleisch mit etwas Salz, Zwiebel, Karotte, Sellerie, Petersilienwurzel, Pfefferkörnern, Lorbeerblatt, Thymian, Majoran, Knoblauch und Weinessig langsam weich. Wenn es weich ist, nimmt man es heraus, läßt es fast kalt werden, löst es von den Knochen, schneidet es in Würfel, füllt es in eine passende Form und übergießt es mit der abgeseihten Brühe. Über Nacht kalt stellen.
Mit Essig, Öl und rohen Zwiebelringen servieren.

Gefüllte Schweinshaxerln

Pro Person:
1 Schweinshaxe
120 g Gehacktes
4 Pistazien
1 EL Zungen- oder Schinkenwürfel
1 EL grobgeschnittene Pilze
wenig feingestoßener Koriander
evtl. je ein Viertel grüne und rote Paprikaschote, in Würfel geschnitten
Sud:
1 Gewürzsträußchen
1 kleine Zwiebel
5 zerdrückte Pfefferkörner
1 Lorbeerblatt
je ein Stückchen Lauch und Sellerieknolle
wenig zerdrückter Koriander
Salz

Bestellen Sie beim Fleischer Schweinshaxen, die länger abgeschnitten sind als üblich, und lassen Sie diese gleich hohl auslösen, nur die Schwarte darf nicht verletzt werden. Der Röhrenknochen muß am unteren Gelenk abgetrennt werden, der letzte Teil des Fußes bleibt.
Diese Schweinshaxen werden gefüllt.
Das Gehackte wird wie beim »Faschierten Braten« angegeben zubereitet und die Masse gut durchgeknetet. Jetzt gibt man die blättrig geschnittenen Pistazien, Zungen- oder Schinkenwürfel, grobgeschnittene kurz angeröstete Pilze und den Koriander dazu und mischt noch einmal durch. Nach Geschmack kann man auch Paprikawürfel in die Masse einarbeiten.
Nun füllt man diese glatte Masse in die Schweinshaxen, drückt schön an, damit sie prall gefüllt sind. In ein Tuch straff einrollen,

an beiden Enden fest abbinden, denn die Haxe darf sich in dem Tuch nicht bewegen. In einem Topf die Haxen mit so viel Wasser aufstellen, daß sie bedeckt sind.
Den Sud mit den angegebenen Zutaten bereichern und darin die Haxen langsam weichkochen lassen.
Als Beilage paßt am besten warmer Krautsalat mit Speck.

Pichelsteiner Fleisch

250 g Kalbfleisch
250 g Schweinefleisch
250 g Rindfleisch
evtl. 250 g Lammfleisch
100 g Ochsenmark
400 g Kartoffeln
400 g blättrig geschnittenes Wurzelwerk (Zwiebel, Sellerie, Karotte, evtl. Grünkohl)
40 g Butterflöckchen
1/4 l Fleischbrühe oder Wasser
Salz, Pfeffer

Alles Fleisch feinblättrig schneiden.
Den Boden einer Kasserolle mit Ochsenmarkscheiben bedecken, darauf eine Lage rohe, geschälte, blättrig geschnittene Kartoffeln, eine Lage Fleisch, salzen und pfeffern. Dann eine Lage feinblättrig geschnittenes Gemüse, darauf wieder eine Lage Kartoffeln und eine Lage Fleisch, als letztes eine Lage Kartoffeln. Jede Lage mit Salz und Pfeffer würzen. Auf die letzte Lage gibt man Butterflöckchen, gießt mit Brühe oder Wasser so auf, daß alles bedeckt ist, und gart im Ofen.

Katzengeschrei

100 g blättrig geschnittene Schweineleber
100 g blättrig geschnittene Niere
100 g blättrig geschnittenes Schweinefleisch
100 g Hirn
2 EL Schmalz
1 feingehackte Zwiebel
Salz, Pfeffer
etwas Fleischbrühe oder Wasser

Man schwitzt die Zwiebel in Schmalz an und gibt Leber, Niere, Schweinefleisch und Hirn dazu, röstet gut durch, bestäubt mit Mehl, röstet noch einmal, salzt und pfeffert, gießt mit etwas Brühe auf und serviert das Essen heiß mit einer Semmel.

Spanferkel

Ein Spanferkel ergibt immer einen delikaten Braten. Als Spanferkel oder Milchschwein bezeichnet man ein kleines, junges Tier im Gewicht von ca. 8–15 kg. Das Fleisch ist zart und saftig und hat wenig Fett.
Meist brät man Spanferkel im Ganzen, man salzt nur innen, nach Geschmack kann man es innen auch mit etwas Majoran einreiben. Die Ohren und den Schwanz muß man beim Braten mit einer Alufolie bedecken, damit sie nicht verbrennen. Man muß langsam braten und rechnet mit einer Bratzeit von 2 1/2–4 Stunden, je nach Gewicht.
Es gibt auch einige herrliche Rezepte, das Spanferkel zu füllen, das erhöht die Bratzeit um eine weitere Stunde.
Man kann auch Teile vom Spanferkel braten.

Immer wird außen mit einer Speckschwarte gut eingerieben und während des Bratvorgangs das Tierchen mit Bier bepinselt.
Als Beilagen eignen sich ganz vorzüglich Semmel- oder Kartoffelknödel oder Kartoffeln fast jeder Zubereitungsart.
Als Gemüse passen Rosenkohl, Weiß- oder Rotkohl, Sauerkraut und alle Salate vorzüglich dazu.
Die Fülle kann man wie bei Kalbsbrust, Schweinsbrust oder Pute machen. Sehr beliebt ist auch eine Bratwurstfülle, oder man füllt mit Äpfeln wie beim Braten einer Gans. Wenn man das Spanferkel füllt, muß man es zunähen.
Spanferkel eignen sich sehr gut zum Braten am Spieß und können eine Attraktion auf Gartenpartys sein, besonders, wenn man die Möglichkeit hat, auf offenem Feuer zu braten.

Das Lamm

Lammfleisch ist ein besonderes Qualitätsprodukt grüner steirischer Almen. Die Gräser und Kräuter dieser Almen wurden nie mit Kunstdünger behandelt, so daß diese Lämmer geschmacklich an die berühmten Schafe der Normandie und Bretagne heranreichen. In Frankreich nennt man Schafe aus dieser Gegend »pré salé« und meint damit den würzigen Geschmack des Fleisches der Tiere, die auf den zwar kargen Weiden gehalten werden, deren Futter aber durch die Mineralsalze und das Jod angereichert werden, die der Wind vom Meer ständig zur Küste bringt.
Früher waren die »Osterkitzel« eine beliebte Speise, man geht jedoch dazu über, diese Jungtiere über den Sommer auf den Almen weiden zu lassen, um im Herbst kräftige und fleischige Jungtiere präsentieren zu können. Der Wohlgeschmack des Fleisches ist unübertrefflich, das haben viele internationale Experten bestätigt.
Lammfleisch hat auch seinen Platz im Fremdenverkehr. Viele ausländische Touristen sind diese Gerichte von zu Hause gewohnt und möchten sie auch im Urlaub ab und zu genießen.
In Norwegen und Frankreich ist das Schaf so beliebt, daß es mehr kostet als Kalbfleisch. Aber auch die Engländer, Rheinländer und die Völker des Balkans schätzen es sehr.

Gebackenes Lämmernes

2 kg Lammfleisch mit Knochen
100 g Mehl
200 g Brösel
2 Eier
300 g Schmalz
Salz

Das zum Backen vorgesehene Lammfleisch vom Fleischer in möglichst gleichmäßige Stücke schneiden lassen.
Das Fleisch waschen, abtrocknen, salzen, in

Mehl wenden, durch geschlagenes Ei ziehen und in Bröseln wenden, diese etwas andrükken. In heißem Schmalz langsam goldgelb backen.
Auf diese Art kann man nur sehr junges Lamm zubereiten, am besten in der Osterzeit, also das sogenannte *Osterlamm.*
Ein junges Lamm läßt sich auch sehr gut in Paprika wie »Kalbsgulasch« oder »Kalbspörkölt« zuzubereiten.

Lamm in Dillsauce

800 g Lammfleisch
100 g Wurzelwerk
5 Pfefferkörner
Salz, Pfeffer, Muskat
1 EL Schmalz
1 EL Mehl
1/4 l Fleischbrühe oder Wasser
1/16 l Wein
1 EL gehacktes Dillkraut
1/8 l Sahne
1 Eidotter

Lammfleisch von Brust, Schulter oder Hals in ca. 5 cm große Würfel schneiden und mit so viel Wasser aufstellen, daß das Fleisch gerade bedeckt ist. Dazu gibt man Wurzelwerk und Pfefferkörner, salzt und kocht das Fleisch weich.
Das Fleisch herausnehmen und zugedeckt warmstellen.
Die Brühe einkochen, um die Flüssigkeit zu reduzieren.
Aus Schmalz und Mehl stellt man eine Einbrenne her, gießt mit der passierten Brühe auf, schmeckt mit Wein, Pfeffer, Muskat ab. Dann gibt man das gehackte Dillkraut zu.
Die Sauce vom Feuer nehmen und mit in Sahne verquirltem Eidotter legieren, nicht mehr aufkochen, das Fleisch wieder in die Sauce geben.
Beilage: Reis oder Salzkartoffeln.

Gefüllte Lammkeule auf Bauernart

800 g ausgelöste Lammkeule ohne Haut und Fett
Salz, Pfeffer, Rosmarin, Curry
100 g Speck, geräuchert
250 g Gehacktes
1 Schweinsnetz
1 EL Schmalz
etwas Fleischbrühe oder Wasser

Die Lammkeule so aufschneiden, daß das Fleisch eine möglichst gleichmäßige Form hat. Das Fleisch leicht klopfen, mit Salz, Pfeffer, Rosmarin und Curry würzen.
Das Gehackte wie beim »Faschierten Braten« angegeben zubereiten, zu einem Wekken formen und den in Streifen geschnittenen Speck einlegen. Das Gehackte in den Lammschlegel einrollen und, wenn vorhanden, in ein Schweinsnetz einschlagen oder mit einem Bindfaden umwickeln.
Die Lammkeule mit dem Schmalz im Ofen langsam anbraten, damit sie eine schöne Farbe bekommt. Dann unter öfterem Begießen gar braten.
Vor dem Anrichten die Schnur entfernen, den Braten in fingerdicke Scheiben schneiden und mit Gemüse umlegen.
Sehr gut passen dazu Pfifferlinge, grüne Bohnen, Karotten, Blumenkohl und Bratkartoffeln.

Kernmayrisches Lammragout

600 g Fleisch (Brust, Schulter oder Hals ohne Fett und Haut)
150 g würfelig geschnittene Zwiebel
80 g Speck, würfelig geschnitten
1 EL Schmalz
1 EL Mehl
Salz, Pfeffer
Majoran, Rosmarin
gestoßener Koriander
150 g Pilze
1/8 l Rotwein
1 Lorbeerblatt
4 Wacholderbeeren
2 zerdrückte Knoblauchzehen
1 Kräutersträußchen
100 g dicke Bohnen
1 Karotte
1 Sellerieknolle
100 g grüne Bohnen

Die Zwiebeln und Speckwürfel im Schweineschmalz anrösten. Wenn die Zwiebeln hellbraun sind, das in Würfel geschnittene Fleisch dazugeben, kurz anrösten und mit Mehl bestäuben, durchrühren, mit Wasser oder Brühe aufgießen. Mit Salz, Pfeffer, Rosmarin, Majoran, Koriander, Lorbeerblatt, Wacholderbeeren, Knoblauch und einem Gewürzsträußchen würzen. Das Fleisch weichkochen, die Pilze dazugeben.
Extra gekocht werden die über Nacht eingeweichten dicken Bohnen und das angegebene Gemüse, das blättrig geschnitten wurde.
Das fertige Ragout mit dem Wein abschmekken, unter das Gemüse mischen und servieren.

Lammcurry

600 g Lammfleisch
1 feingeschnittene Zwiebel
50 g Schmalz
1 EL Curry, 1 EL Mehl
1/4 l Fleischbrühe
1/8 l saure Sahne
evtl. 1 Kaffeetasse Apfelwürfel
Salz

Zwiebeln in Schmalz hell anlaufen lassen, das in Würfel geschnittene Fleisch darin anrösten, mit Mehl und Curry bestäuben, mit Brühe aufgießen und schmoren lassen. Vor dem Servieren saure Sahne unterrühren.
Man kann das Gericht mit Apfelwürfeln, die man zum Ende der Kochzeit hinzugibt, verfeinern.

Lammschnitzel

8 Lammschnitzel zu je 60 g
Salz, ein wenig Kraftbrühe
Beize:
1/8 l Öl
1 TL Rosmarin, 1 TL Curry
etwas Majoran
3 zerdrückte Wacholderbeeren

Das Öl in eine Schüssel geben, dazu die Geschmackszutaten. Die Schnitzel klopfen und 2 Stunden in das Öl legen, nach 1 Stunde die Schnitzel wenden.
Die Schnitzel aus dem Öl nehmen und gleich in eine ganz heiße, trockene Pfanne legen, auf beiden Seiten kurz anbraten. Sie sollen eine schöne Farbe bekommen. Salzen und anrichten.

Den Bratensatz mit etwas Brühe aufgießen und über das Fleisch geben.
Dazu passen fast alle Gemüse.

Lammfleisch in Majoran

800 g Lammfleisch
1 1/2 l Wasser
1 EL geriebener Majoran
Salz, Pfeffer
2 würfelig geschnittene Kartoffeln
20 g Butter
30 g Mehl

Das Lammfleisch, am besten von der Schulter, in das kochende Wasser geben, Majoran, Salz, Pfeffer dazugeben. Das Fleisch garkochen und kurz vor dem Garwerden die in Würfel geschnittenen Kartoffeln mitkochen. Zum Schluß aus Butter und Mehl eine Einbrenne bereiten und mit verkochen lassen, bis eine sämige Sauce entsteht.

Lammspieß

150 g Lammleber
4 Lammkoteletts zu je 60 g
2 Lammnieren
4 Scheiben Speck
2 Paprikaschoten
4 kleine Zwiebeln
Salz
Beize: Zutaten wie bei »Lammschnitzel«

Fleisch, Leber und Nieren gibt man in das Öl mit den Geschmackszutaten und läßt sie 2 Stunden darin liegen.
Dann Fleisch, Leber und Niere in einer heißen Pfanne scharf anbraten – Leber und Nieren sind schneller fertig als das Fleisch.
Für jeden Spieß eine Scheibe Speck, ein Stück Paprikaschoten und eine kleine Zwiebel mitbraten.
Das Fleisch auf den Spieß stecken, dazwischen Paprika, Zwiebel und Speck.
Den Bratensatz mit etwas Wasser löschen und extra reichen.
Dazu paßt als Beilage besonders gut ein Curry-Safran-Reis.

Lammschlögel oder Lammschulter in Rahmsauce

800 g ausgelöste Keule oder Schulter
1 EL Schmalz
1 EL Mehl
150 g Wurzelwerk (Zwiebel, Sellerie, Karotten, Petersilienwurzel)
1 Lorbeerblatt
5 Pfefferkörner
Salz, Pfeffer, Curry, Rosmarin
1/4 l Fleischbrühe
1/8 l saure Sahne

Das Fleisch rundherum mit Salz, Pfeffer, Curry und Rosmarin einreiben und mit einer Schnur zu einer schönen Form binden.
In einer Pfanne Schmalz, Wurzelwerk – kleingeschnitten –, Lorbeerblatt, Pfefferkörner und Fleisch anbraten. Wenn es Farbe bekommen hat, mit Mehl bestäuben, noch einmal durchrösten, mit Brühe aufgießen und weich schmoren. Dann mit Salz und Rosmarin abschmecken, die Sauce passieren und die saure Sahne unterrühren.
Dazu passen Teigwaren oder Knödel.

Irish-Stew

750 g Hammelfleisch von der Keule oder der Schulter
1 Kopf Weißkohl oder Wirsing
2 Stangen Lauch
500 g Kartoffeln, würfelig geschnitten
2 Karotten
80 g fetter Speck
2 große Zwiebeln
Pfeffer, Salz
1 zerkleinertes Lorbeerblatt
2 TL Kümmel, Thymian

Ein weltbekanntes Gericht aus der bäuerlichen Küche, sehr ergiebig. Man kann dazu auch das Fleisch von nicht mehr ganz jungen Tieren nehmen.

Das Fleisch wird vom Fett befreit und großwürfelig geschnitten. Das Hammelfett wird kleinwürfelig geschnitten und ausgelassen, bis es goldbraun ist. Eventuell noch anderes Fett hinzufügen.
Die Zwiebel grobwürfelig schneiden, den Kohl oder Wirsing vierteln und grob zerkleinern, die Karotte grobwürfelig schneiden. Zwiebel, Lauch, Kohl, Karotte und Fleisch kommen zu dem Fett, und zwar abwechselnd in Schichten: Hammelfleisch, Wirsing und Zwiebeln und wieder Fleisch. Jede Schicht wird einzeln gewürzt, und zwar mischt man sich dazu in einer Tasse die angegebenen Gewürze.
Die Kartoffeln kommen obenauf, das Ganze wird gedünstet, es dauert ca. 2 Stunden, bis das Essen gar ist.

Faschiertes und Spezialitäten

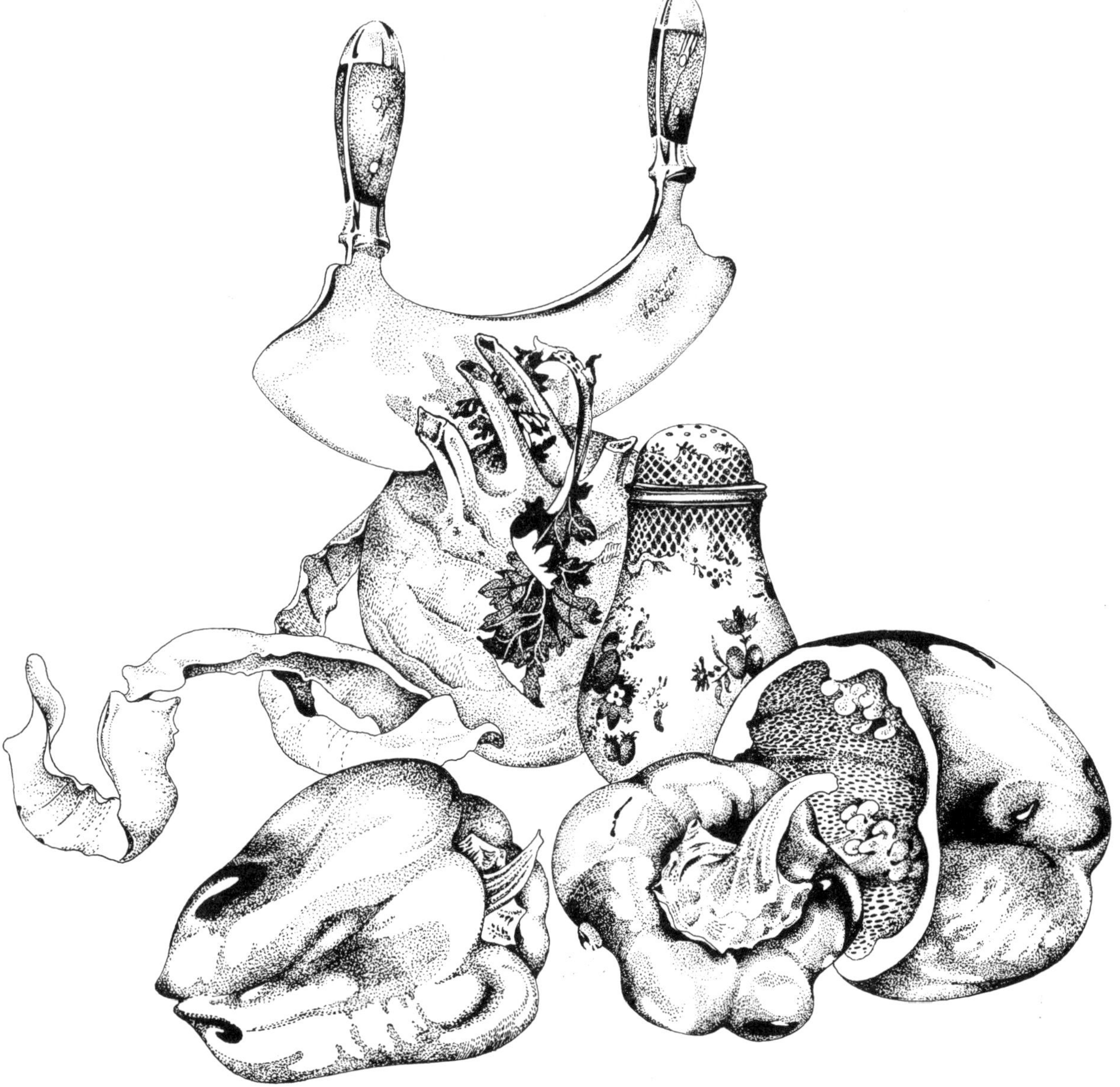

Beim Faschierten (Gehackten) ist es ganz besonders wichtig, daß nur wirklich frisches Fleisch verarbeitet wird. Denn nur dann ist das Fleisch bekömmlich, und nur dann kann man aus ihm ein delikates Gericht herstellen. Faschiertes – oder auch Gehacktes genannt – ist billiger als Braten, denn man kann in der Fleischerei kleine Fleischstücke, die nicht mehr als Steak, Schnitzel und manchmal auch nicht mehr als Gulaschfleisch verkauft werden, billiger bekommen.
Frisches Gehacktes nie zusammen mit Bratenresten oder vorgekochtem Fleisch verwenden, denn das mindert den Geschmack und macht die Masse fest.
Am einfachsten ist es, wenn man sich das Fleisch gleich in der Fleischerei durchdrehen (faschieren) läßt.

Faschiertes Butterschnitzel

500 g Kalbfleisch
2 Brötchen, 1 Ei
1 EL Schmalz oder Butter
Salz, Pfeffer, Muskat

Das durchgedrehte Kalbfleisch mit den in Wasser eingeweichten und ausgedrückten Brötchen verkneten, mit Salz, Pfeffer und Muskat würzen und mit dem Ei nochmals gut durcharbeiten.
Mit feuchten Händen formt man daraus handtellergroße ovale Schnitzel, die man auf beiden Seiten im heißen Schmalz nicht zu rasch goldgelb brät.
Ein sehr bekömmliches Gericht für Magenkranke oder Rekonvaleszenten.

Faschierter Braten (Hackbraten)

500 g Gehacktes
2 Brötchen
1 EL Schmalz
1 kleine feinwürfelig geschnittene Zwiebel
1 TL feingehackte Petersilie
1 zerdrückte Knoblauchzehe, Salz, Pfeffer, Majoran
1 Ei
1 Schweinsnetz oder 1 Ei zum Bestreichen

Beliebig gemischtes Faschiertes (Fleisch vom Rind, Schwein, Kalb oder Lamm) wird mit den in Wasser eingeweichten und ausgedrückten Semmeln verknetet. Die Zwiebel hellgelb anrösten, die Petersilie dazugeben und unter das Gehackte mengen. Mit Knoblauch, Pfeffer, Salz, Majoran abschmecken, das Ei dazugeben und die Masse noch einmal sehr gut durcharbeiten. Aus dem Teig einen Wecken formen und diesen gut mit den Händen zusammendrücken, damit er beim Braten nicht auseinanderfällt. Man kann ihn auch, so man hat, in ein Schweinsnetz geben, dann fällt er ganz bestimmt nicht auseinander.
Wenn man den Braten mit einem verquirlten Ei bestreicht, hält er auch besser zusammen.
Auf der Grundlage dieses Rezeptes kann man natürlich den »faschierten Braten« abwandeln.
So zum Beispiel mit einem hartgekochten Ei, das man in die Mitte des Faschierten legt. Oder aber mit gekochten Karotten und Essiggurken, eventuell auch mit einem Streifen Schinken den Braten verfeinern, indem man das alles in die Mitte des Bratens legt.
Man kann statt des Bratens auch *Fleischlaibchen* herstellen. Man formt aus der Masse kleine Laibchen, die auf beiden Seiten in Brösel gedrückt werden und dann in heißem Schmalz oder in Butter gebraten werden.
Dazu passen fast alle Gemüsesorten als Beilage, im Sommer am besten Salate.
Es ist auf jeden Fall ein leichtes Essen, dem man durch pikantes Würzen eine besondere Note geben kann.
Die folgenden Rezepte sind auf der Grundlage dieses faschierten Bratens aufgebaut, nur mit verschiedenen Zutaten abgewandelt.

Schweizer Laibchen

600 g Gehacktes mit den entsprechenden Zutaten wie bei »Faschierter Braten«
150 g würfelig geschnittener Emmentaler

In das zubereitete Gehackte werden die Emmentalerwürfel eingeknetet, dann der Teig zu Laibchen geformt und wie beschrieben gebraten.

Ungarische Laibchen

600 g Gehacktes mit den entsprechenden Zutaten wie bei »Faschierter Braten«
4 EL feingehackte grüne und rote Paprikaschoten

In das zubereitete Gehackte die gehackten Paprikaschoten mischen und wie beschrieben weiterverarbeiten – entweder im Stück oder als Laibchen braten.

Fleischlaibchen können mit verschiedenen Saucen serviert werden, so z. B. mit Dillsauce, Schwammerlsauce (Pilzsauce), Tomatensauce.
Viele Gemüsesorten lassen sich mit einer pikanten Fleischfülle zu einem aparten Gericht verarbeiten.

Kohl- oder Krautroulade

600 g Gehacktes
1 mittelgroßer Weißkohl
4 Scheiben Speck
1 EL Schmalz
wenig Fleischbrühe
Salz, Pfeffer, Kümmel

Man befreit den Kohl von den unansehnlichen äußeren Blättern und legt ihn in einen genügend großen Topf mit kochendem Salzwasser und läßt ihn so lange im Topf, bis die äußeren Blätter geschmeidig sind. Dann nimmt man den Kopf aus dem Wasser, entfernt die äußeren Blätter, legt ihn wieder ins heiße Wasser, bis die nächsten Blätter geschmeidig sind, und fährt so fort, bis man genügend Kohlblätter für die Rouladen hat.
Man legt die Blätter auf den Tisch. Von den kleineren Blättern muß man mehrere zusammenlegen, damit man eine genügend große Roulade bekommt.
Nun bereitet man das Gehackte wie beim »Faschierten Braten« und teilt es entsprechend den vorhandenen Kohlblättern in Portionen ein. Mit diesem Gehackten belegt man die Kohlblätter und wickelt sie zu Rouladen zusammen. Um jede Roulade rollt man eine Scheibe Speck, fixiert sie mit Rouladenklammern oder Fäden, setzt sie in eine mit Schmalz ausgefettete Pfanne und brät sie an, bis sie eine schöne Farbe haben. Dann begießt man mit heißer Fleischbrühe oder mit Wasser, deckt sie zu und dünstet sie weich.
Den übriggebliebenen Kohl aus der Mitte des Kopfes schneidet man klein und dünstet ihn im Topf nach dem Anbraten mit, würzt das Kraut mit Salz, Pfeffer und Kümmel.
Als Beilage passen am besten Salzkartoffeln.

Gefüllter Gemüsekürbis

400–500 g Gehacktes, je nach Größe des Kürbis
1 mittelgroßer Speisekürbis (auch Patison)
1 EL Schmalz
1 Ei
2 EL feingehackte rote und grüne Paprikaschoten
1 EL Semmelbrösel
1 EL Schmalz zum Braten

Man wäscht den Kürbis, trocknet ihn ab, schneidet an dem Ende, an dem sich der Stengel befindet, einen Deckel ab und höhlt den Kürbis vorsichtig so aus, daß noch ca. 2 cm vom Kürbisfleisch stehenbleiben.
Das gewürzte und so wie beim »Faschierten Braten« hergerichtete Gehackte röstet man in Schmalz an, arbeitet es mit einer Gabel durch, damit die Masse glatt wird und sich keine Fleischklumpen bilden. Dazu gibt man je einen Eßlöffel rote und grüne Paprikaschoten, nimmt vom Feuer und arbeitet das Ei darunter. Wenn die Masse zu weich ist, gibt man Semmelbrösel dazu.
Nun füllt man die Masse in den Kürbis, verschließt mit dem abgeschnittenen Deckel, den man mit 3 oder 4 Zahnstochern fixiert.

Der Kürbis wird mit Schmalz vorsichtig im heißen Ofen gebraten.
Wenn der Kürbis weich ist, in daumendicke Scheiben schneiden und mit Kartoffelpüree servieren.

Gefüllte Kohlrabi

400 g Gehacktes
8 mittelgroße Kohlrabi
1 EL Schmalz und 1/2 EL Schmalz
wenig Fleischbrühe
8 kleine dünne Scheiben Emmentaler
1 EL gehackte Petersilie
1 TL Rosenpaprika

Gleichmäßig große Kohlrabi werden dünn geschält, in Salzwasser halb weich gekocht und vorsichtig ausgehöhlt.
Das Innere der Kohlrabi und die zarten Blätter werden feingehackt, mit Schmalz weichgedünstet und kalt gestellt.
Das Gehackte wird wie beim »Faschierten Braten« abgeschmeckt, mit den gedünsteten Kohlrabistückchen und Blättern gut durchgearbeitet und in die ausgehöhlten Kohlrabi gefüllt. Das Fleisch soll zur Hälfte aus den Kohlrabi herausschauen.
Die so gefüllten Kohlrabi setzt man in eine mit Schmalz ausgefettete Kasserolle, gießt mit ein bißchen Fleischbrühe an und stellt sie zugedeckt zum Dünsten in den Ofen, bis sie eine schöne goldgelbe Farbe haben.
Kurz vor dem Servieren nimmt man den Deckel ab und legt auf jeden Kohlrabi eine Scheibe Emmentaler. Wenn der Käse zerflossen ist, wird sofort serviert, vorher bestreut man die Kohlrabi mit Petersilie und Rosenpaprika.

Gefüllte Paprika in Tomatensauce

400 g Gehacktes
8 mittelgroße Paprikaschoten
1/2 Tasse gekochter, kalter Reis
Tomatensauce:
1 kleine feingehackte Zwiebel
1 EL Schmalz, 2 EL Mehl
1 TL Rosenpaprika, 4 EL Tomatenmark
1/2 l Fleischbrühe oder Wasser
1 Gewürznelke
1 TL Zucker
1 TL Weinessig oder Zitronensaft
Salz

Die Paprikaschoten waschen, heiß überbrühen, dann werden sie später schneller weich. Die Deckel mit dem Stiel abschneiden und die Samenkörner aus dem Inneren entfernen.
In das wie beim »Faschierten Braten« zubereitete Gehackte arbeitet man zusätzlich den gekochten Reis, dann wird die Masse lockerer, füllt die Paprikaschoten damit und setzt die Deckel so auf, daß der Stiel in das Gehackte gedrückt wird.
Die Paprikaschoten werden in der Tomatensauce weich gedünstet.
Tomatensauce: Die Zwiebel im Schmalz anrösten, mit Mehl bestäuben, Paprika und Tomatenmark dazugeben und mit Wasser oder Brühe aufgießen. Eine Gewürznelke mitkochen lassen, salzen, ein wenig zuckern und mit Weinessig oder Zitrone abschmecken.
Man kann die Sauce auch aus frischen Tomaten kochen. Die Tomaten dann heiß überbrühen, die Haut abziehen und die Tomaten durchpassieren. Statt mit Wasser dann mit diesem Tomatenpüree aufgießen.

Gefüllte Kohlrabi, gratiniert

400 g Gehacktes
8 mittelgroße Kohlrabi
1 EL Schmalz
1 EL saure Sahne
1 EL Semmelbrösel
8 EL Mornaysauce
1 EL geriebener Parmesan

Die Kohlrabi kocht man in Salzwasser halb weich und höhlt sie vorsichtig aus, hackt das Innere und die zarten Kohlrabiblätter und überbrüht sie kurz.
Man röstet das wie beim »Faschierten Braten« hergestellte Gehackte in Schmalz an und zerdrückt es mit der Gabel. Das Innere und die Blätter der Kohlrabi röstet man mit. Dann gibt man die saure Sahne und die Semmelbrösel unter die Masse und arbeitet sie gut durch.
Man füllt die Kohlrabi so, daß die Hälfte der Masse übersteht, überzieht die Kohlrabi mit der Mornaysauce, bestreut mit geriebenem Parmesan und gibt die so hergerichteten Kohlrabi in eine gefettete Pfanne, stellt sie in den mittelheißen Ofen, bis der Käse eine schöne goldbraune Farbe hat.

Andere gefüllte Gemüse

Nach diesen beiden angegebenen Rezepten kann man auch Zwiebeln, Gurken, Melanzani, Sellerie und Tomaten füllen. Tomaten braucht man aber vor dem Füllen nicht abzukochen.

Gefüllte Weinblätter

400 g Gehacktes
24 Weinblätter
1/4 Tasse gekochter Reis
1 EL Schmalz
1 TL Mehl
1/8 l Fleischbrühe oder saure Sahne
1 EL gehacktes Dillkraut

Zu diesem Gericht braucht man *ungespritzte* junge Weinblätter.
Man entstielt die Blätter und überbrüht sie mit kochendem Wasser. Dann läßt man sie abtropfen.
In das wie beim »Faschierten Braten« hergestellte Gehackte verknetet man zusätzlich den gekochten Reis, formt daraus fingerlange Würstchen, die man fest in die Weinblätter einwickelt. Die Enden werden mit eingewickelt, damit die Rolle nicht aufgeht. Sind die Blätter zu klein, nimmt man zwei Blätter zusammen.
Die kleinen Weinblattrouladen bleiben eine Stunde stehen, um anzutrocknen, dann wikkeln sie sich beim Braten nicht so leicht auseinander.
Die gefüllten Weinblätter anbraten, dann mit Brühe aufgießen und gar dünsten.
Man kann die gefüllten Weinblätter statt mit Brühe auch mit saurer Sahne aufgießen, der man ein Stäubchen Mehl eingerührt hat, gar dünsten und zum Schluß einen Eßlöffel gehacktes Dillkraut beigeben.

Steirisches Wurzelfleisch

800 g Schweinsschulter oder Schweinekamm
2 l Wasser
1 Lorbeerblatt
4 Wacholderbeeren, 4 Pfefferkörner
Salz
Wurzelwerk (je 150 g feinnudelig geschnittene Karotten, Sellerie, Zwiebeln)
2 EL Weinessig
4 EL geriebener Meerrettich
1 EL gehackte Petersilie

Das Schweinefleisch wird mit Wasser, Lorbeer, Wacholderbeeren und Pfefferkörnern gekocht.
Das Wurzelwerk wird 20 Minuten vor dem Anrichten zu dem Fleisch gegeben, man salzt und schmeckt mit Weinessig ab.
Das in Scheiben geschnittene Fleisch anrichten, das Wurzelwerk darauf verteilen, darüber reichlich Meerrettich und Petersilie streuen. Mit etwa 3 Eßlöffeln der Brühe, in der das Fleisch gekocht wurde, anrichten, das Fleisch soll saftig sein.

Kohlpudding

500 g gehacktes fettes Schweinefleisch
1 mittelgroßer Kohlkopf
2 Brötchen
100 g Räucherspeck, 1 feingehackte Zwiebel
1/16 l Milch
1 Ei, Salz, Pfeffer
Muskat, Majoran
20 g Butter

Den Kohlkopf kocht man in Salzwasser halb weich. Die äußeren, größeren Blätter löst man ab, den übrigen Kohl ohne den Strunk schneidet man fein.
Man röstet den kleinwürfelig geschnittenen Speck mit der Zwiebel und dünstet den geschnittenen Kohl darin weich. Man würzt mit Salz, Pfeffer und ein wenig Muskatnuß.
Das gehackte Fleisch mit dem erkalteten Kohl vermengen, das Ei und die in Milch eingeweichten und ausgedrückten Brötchen unterarbeiten, salzen, pfeffern, etwas Majoran dazugeben und nochmals gut durcharbeiten.
Man streicht eine passende Pudding- oder Auflaufform gut mit Butter aus, legt die Form mit den ganzen Kohlblättern aus, füllt die Masse hinein und kocht 1 Stunde im Wasserbad.
Wenn man das Gericht als Vorspeise reichen will, kann man die Masse auch in kleine Puddingformen geben.
Beilage: Petersilienkartoffeln und Salate der Saison.

Gestürztes Sauerkraut

100 g würfelig geschnittener Speck
1 kleine feingeschnittene Zwiebel
500 g Sauerkraut
1 Prise Zucker, Salz, Pfeffer
1 EL Schmalz
1 EL Brösel
200 g Kartoffeln
200 g gekochtes Pökelfleisch
1/8 l saure Sahne

Den Speck in einer Kasserolle zerlassen und die Zwiebel darin anrösten. Dann das Sauerkraut, Zucker, Salz und so viel Wasser zugeben, bis das Kraut bedeckt ist, und weich kochen.

In eine mit Schmalz ausgeschmierte, mit Bröseln bestreute Auflaufform legt man abwechselnd eine Lage Sauerkraut, eine Lage gekochte, blättrig geschnittene Kartoffeln, eine Lage gekochtes, blättrig geschnittenes Pökelfleisch und wieder eine Lage Kraut darüber. Die letzte Lage soll Kraut sein. Dann gießt man die saure Sahne darüber und backt im Ofen 25–30 Minuten bei mittlerer Hitze.

Steirisches Ritschert

1 Tasse weiße Bohnen oder gesprenkelte oder braune Bohnen
1 Tasse Rollgerste (Graupen)
1 gepökeltes Eisbein oder 4 gepökelte Schweinsfüße (Spitzbeine)
je 50 g Karotten, Sellerie, Lauch, klein geschnitten
1 mittelgroße Zwiebel, kleinwürfelig geschnitten
1 EL Schmalz
Salz, Pfeffer
2 zerdrückte Knoblauchzehen
1 EL Schnittlauch

Bohnen und Graupen werden über Nacht in kaltem Wasser eingeweicht.
Am nächsten Tag Graupen, Bohnen und Fleisch in ca. 1 Liter Wasser aufstellen. Dazu gibt man das Wurzelwerk und kocht so lange, bis Fleisch und Wurzelwerk weich sind; notfalls Wasser nachgießen. Dann das Fleisch von den Knochen lösen, in gleichmäßig große Stücke schneiden und schon auf den Tellern portionieren.
Die Zwiebel im Schmalz goldgelb anrösten, zum Ritschert geben, mit Salz, Pfeffer, Knoblauch abschmecken, durchziehen lassen, über das Fleisch geben, mit reichlich Schnittlauch bestreut servieren.
Die gesprenkelten oder braunen Bohnen machen das Ritschert dunkel. Wenn man ein helles Ritschert haben möchte, die Bohnen extra kochen und erst später unter das Gemüse mischen.

Ritschert Wiener Art

In Wien kocht man das Ritschert mit frischem Schweinefleisch, mit frischem Eisbein oder mit einem Schulterstück mit Schwarte.

500 g Schweinsschulter oder 1 Eisbein
je 1 Tasse weiße Bohnen und Graupen
je 50 g Erbsen, Karotten und Rosenkohl
1 EL Schmalz
Salz, Pfeffer
1 mittelgroße Zwiebel, kleinwürfelig geschnitten
2 zerdrückte Knoblauchzehen
1 EL Schnittlauch

Wie »Steirisches Ritschert«, doch gibt man die Karotten, Erbsen und Rosenkohl erst etwa 20 Minuten vor dem Garwerden dazu.

Gansl-Ritschert

750 g Gänsefleisch
alle anderen Zutaten wie bei »Steirisches Ritschert«

Genauso zubereiten wie steirisches Ritschert.
Statt der Graupen kann man auch Reis verwenden, der natürlich nicht über Nacht eingeweicht wird.

Zwiebeltörtchen

200 g gekochte, geschälte, passierte Kartoffeln
200 g Mehl
200 g Butter
Salz, Pfeffer
Fülle:
4 mittelgroße blättrig geschnittene Zwiebeln
1 EL Schmalz
1 EL Fleischbrühe
2 EL saure Sahne
1 Ei
Salz, Pfeffer, ½ TL Kümmel
½ TL Paprika
1 TL Parmesan
1 TL Petersilie

Aus Kartoffeln, Mehl, Butter, Salz und etwas Pfeffer einen Mürbeteig herstellen, wie einen Nudelteig ausrollen und 10 cm große runde Stücke ausstechen. Mit einem 1 cm im Durchmesser kleineren Ausstecher sticht man die Hälfte der Törtchen noch einmal aus, so daß man einen Rand zum Belegen der Böden bekommt. Böden und Ränder werden separat gebacken.
Die Rändchen werden mit einem verquirlten Ei bestrichen und Ränder und Böden im Ofen schön braun gebacken.
Für die Fülle die Zwiebeln in Fett hell anlaufen lassen, mit Brühe aufgießen und dünsten lassen. Erkaltet werden die Zwiebeln mit der sauren Sahne vermischt, mit Salz, Pfeffer, gestoßenem Kümmel und mildem Paprika gewürzt. Den Törtchen werden die Ränder aufgesetzt und die Masse eingefüllt. Es ist zu empfehlen, unter die Fülle eine Oblate zu legen, damit der Boden nicht weich wird. Die Törtchen werden mit geriebenem Parmesan bestreut und 10 Minuten im heißen Ofen gebacken. Mit gehackter Petersilie bestreut servieren.
Von den Teigresten kann man ein Käsegebäck herstellen, indem man daraus beliebig große Stücke ausschneidet, sie mit Ei bestreicht, mit Parmesan, Salz und Kümmel bestreut und braun backt.

Geröstete Knödel

8 kalte Knödel
80 g Schmalz
4 Eier
Salz, Pfeffer
2 EL Sahne
2 EL Schnittlauch

Die kalten Knödel blättrig schneiden, in heißem Fett anrösten, so daß sie auf beiden Seiten goldgelb sind. Eier verquirlen, salzen, pfeffern, ein bißchen Sahne dazugeben, über die gerösteten Knödel schütten, durchrühren, stocken lassen und auf einen Teller stürzen. Mit Schnittlauch bestreut servieren.

Grenadiermarsch

4 kalte Knödel
4 gekochte, blättrig geschnittene Kartoffeln
Speck, Braten- oder Schinkenreste
1 große feingehackte Zwiebel
80 g Schmalz
Salz, Pfeffer

Speck oder Bratenreste mit der Zwiebel anschwitzen, blättrig geschnittene Knödel und Kartoffeln dazugeben, salzen und pfeffern und gut durchrösten. Als Beilage Salat.

Tiroler Gröstl

200 g Rindfleischreste
8 gekochte Kartoffeln
1 große feingehackte Zwiebel
80 g Schmalz
Salz, Pfeffer

Die Rindfleischreste feinblättrig schneiden, mit der Zwiebel anrösten, die blättrig geschnittenen Kartoffeln dazugeben und gut durchrösten, salzen und pfeffern und mit Salat als Beilage servieren.

Spinatpudding

80 g Butter
4 Eier
500 g gekochter, ausgedrückter, passierter Spinat
gehackte Petersilie
1 altbackene Semmel
1/16 l saure Sahne
Salz
50 g Semmelbrösel

Butter flaumig rühren und nach und nach die Eidotter mit Spinat, Petersilie, der in Milch eingeweichten und ausgedrückten Semmel, saurer Sahne, Salz, dem festen Schnee der Eiweiß und den Semmelbröseln vermischen. Eine Puddingform mit Butter ausstreichen, mit Semmelbröseln ausstreuen, die Masse einfüllen und eine Stunde im Wasserbad im Ofen garziehen lassen.
Diesen Pudding kann man sehr gut als Beilage zu Braten reichen.

Labskaus

Labskaus ist ein Matrosengericht, das während der langen Schiffsreisen aus den zu Ende gehenden Vorräten in immer neuen Variationen zubereitet wurde. An Bord befand sich ja immer Pökelfleisch, es waren auch immer Salzheringe vorhanden, und diese beiden Dinge waren früher Hauptbestandteil des Labskaus. Heute wird es in vielen Variationen hergestellt. Hier sollen nur zwei aufgeführt werden:

Labskaus I

370 g gepökeltes Rindfleisch
150 g gepökeltes Eisbein (Schweinshaxe)
2 Gewürzgurken
650 g gekochte, durchgepreßte Kartoffeln
wenig Pökelbrühe
40 g Schmalz
2 würfelig geschnittene Zwiebeln
Salz, Pfeffer, Muskat
4 Spiegeleier
1/2 Knoblauchzehe
nach Belieben: marinierte Heringe und Gewürzgurken

Rindfleisch und Eisbein garkochen. Die Gewürzgurken durchdrehen und unter die gepreßten Salzkartoffeln ziehen. Diese Masse im Wasserbad mit einem Holzlöffel verrühren und dabei von der Pökelbrühe, in der das Fleisch gekocht wurde, jeweils wenig zusetzen, damit die Masse nicht zu dick ist. Das durchgedrehte Fleisch, die in Fett gedünstete Zwiebel, Pfeffer und Muskat hinzugeben. Zuletzt die Knoblauchzehe hineinpressen.

Beim Anrichten die Spiegeleier auf die Masse setzen. Als Beilage leicht marinierte Heringe und Gewürzgurken reichen – so man mag.

Labskaus II

1 kg Salzkartoffeln
400 g gekochtes Pökelfleisch
1 EL Tomatenmark
wenig heiße Milch
Salz, Pfeffer, 1/16 l Sahne
100 g gewürfelter Speck
100 g Zwiebelringe

Die Salzkartoffeln kochen, durchpassieren, feingewiegtes Pökelfleisch mit Tomatenmark dazugeben, mit Salz und Pfeffer abschmecken, etwas heiße Milch und Sahne hinzufügen, mit einem Schneebesen alles glattrühren.
Speck mit Zwiebelringen anrösten und über das angerichtete Labskaus geben.

Käsenockerln, gebacken

1/2 l kochendes Wasser, Salz
500 g Mehl
150 g geriebener Emmentaler
200 g Schmalz

Das kochende Salzwasser über das Mehl gießen, den Käse dazugeben und die Masse gut durcharbeiten. Dann mit einem Eßlöffel, den man vorher in heißes Schmalz taucht, Nokkerln abstechen und in heißem Schmalz goldgelb backen.
Beilage: Salatplatte oder Tomatensauce.

Würste

Eine der berühmtesten Würste ist die »Krainer« – in Graz bekommt man sie an den Würstelständen, und zahlreiche Fleischer liefern diese Spezialität vacuumverpackt in viele Länder Europas.
Der Kaiser der Hersteller von Krainer Würsten ist mein alter Jugendfreund Rudolf Ninaus, von dem ich sein Erfolgsrezept bekommen habe.

Krainer Würste

Für ungefähr 30 Stück:
3 kg Schweinefleisch, zum Teil fett
5–6 Meter Därme
Salz, Pökelsalz, Pfeffer, Majoran,
gestoßener Koriander

Man teilt das Fleisch in nicht zu große Stücke, die man mit Salz (das Salz wird mit Pökelsalz vermischt) abreibt. Das Fleisch läßt man zugedeckt einige Tage an einem kühlen Ort stehen. Das Fleisch darf nicht zu trocken sein, ca. 1/5 des Gewichtes kann Fett sein, oder man gibt frischen Speck dazu, sonst werden die Würste nach dem Räuchern zu trocken.
2/3 des Fleisches dreht man durch, 1/3 schneidet man in kleine Würfel. Das Gehackte würzt man mit Pfeffer, Koriander, etwas Majoran – diese Masse sehr gut durcharbeiten. Nun kommen die Fleischwürfel dazu, und dann füllt man die Masse in die Därme. Etwa eine Spanne lang zu Paaren abbinden.
Man kann diese Würste auch als Bratwürste braten. Aber ansonsten werden diese Krainer Würste in möglichst kaltem Rauch (das heißt, das Feuer soll nicht zu stark sein, damit sich nur wenig Hitze entwickelt) mehrere Tage geräuchert. Wenn Sie dazu keine Möglichkeit haben, wird Ihnen das sicher Ihr Fleischer machen.
Diese Würste sind dann, heiß gemacht, eine delikate »Jause« mit Meerrettich oder Senf und Bauernbrot oder auch ein Hauptessen mit Sauerkraut und Salzkartoffeln.

Schinken-Krainer

werden nach demselben Rezept wie »Krainer« hergestellt. Es werden $^{2}/_{3}$ des Fleisches gehackt, und für das dritte Drittel verwendet man würfelig geschnittenen gekochten Schinken.

Blutwurst

Für ca. 50 Stück:
3 kg Schweinefleisch
2 kg Semmelwürfel
500 g Schmalz
250 g Grammeln (Grieben, ausgelassener Speck)
1 große Zwiebel
5 Knoblauchzehen
Salz, Pfeffer, gestoßener Koriander, Neugewürz (Piment), Majoran
1 l Blut
evtl. etwas Fleischbrühe
10 m Därme

Zum Herstellen von Blutwurst eignet sich sehr gut Schweinskopf, man kann aber auch Schulter, Bein oder Haxen oder beliebiges anderes Schweinefleisch nehmen.
Der Schweinskopf wird weich gekocht, über Nacht aus der Brühe genommen, ausgekühlt. Man löst das Fleisch vom Kopf, hackt das magere Fleisch und schneidet das fette in kleine Würfel. Die Semmelwürfel im Schmalz goldgelb anrösten, abkühlen und mit Blut anweichen, die Grammeln und die in Schmalz angeröstete feingeschnittene Zwiebel dazugeben, mit den Gewürzen abschmecken und diese Masse (gehacktes Fleisch, Speckwürfel, Semmeln) mit den Händen gut durcharbeiten. Es soll ein dicker Brei entstehen. Wenn er zu dick ist, nimmt man etwas von der Brühe dazu.
Beim Fleischer gesalzene Därme besorgen, einige Male kalt gut waschen.
Für die meisten Fleischwölfe gibt es ein kleines Vorsatzgerät. Dieses ohne Messer und ohne Lochscheibe anbringen, die Masse nach und nach in die Maschine geben und auf diese Art die Därme füllen. In beliebig großen Stücken abbinden. In heißem Wasser, das nicht kochen darf, eine $^{3}/_{4}$ Stunde ziehen lassen, herausnehmen und auskühlen lassen.
Wegen der doch recht aufwendigen Herstellung ist zu empfehlen, einen Teil einzufrieren. Die gefrorenen Würste kann man noch gefroren in heißes Schmalz zum Braten legen, man muß langsam braten, damit die Blutwürste schön knusprig werden.

Leberwurst (nach Meister Rudolf Ninaus)

Die Leberwurst wird genauso hergestellt wie Blutwurst, nur nimmt man auf 3 kg Fleisch 1 kg Leber, kein Neugewürz (Piment), und natürlich kommt zur Leberwurst kein Blut. Man kann mit gestoßenem Ingwer würzen.

Breinwurst (Grützwurst)

Man kann anstelle der im »Leberwurst«-Rezept angegebenen Semmeln auch gekochte Rollgerste (Graupen) oder Reis nehmen – das Grundrezept bleibt das gleiche – und bekommt dann die sogenannte Breinwurst.

Bratwürstl im Netz

Für ca. 40 Stück:
2 kg Schweinefleisch
1 große Zwiebel, Knoblauch
Salz, Pfeffer, Majoran, gestoßener Koriander
6 Brötchen
1 EL Schmalz, 200 g frischer Speck
3 Schweinsnetze

Besorgen Sie sich beim Fleischer Schweinsnetze, wässern Sie sie gut, und waschen Sie sie vorsichtig, damit sie nicht einreißen.
Beliebiges Schweinefleisch, man kann es auch mit Kalb- oder Rindfleisch mischen, wird durchgedreht, die Zwiebelwürfel werden in Schweineschmalz goldgelb angeröstet. Knoblauch nach Geschmack. Die in Wasser eingeweichten, ausgedrückten Brötchen werden durchgedreht. Man würzt mit den angegebenen Gewürzen das Gehackte, gibt den kleinwürfelig geschnittenen Speck dazu und arbeitet die Masse sehr gut durch, damit sie Bindung bekommt.
Die Schweinsnetze vorsichtig ausdrücken, auflegen. Man beginnt an einem Ende ca. 50 bis 60 g von der Masse, die man zu einem Würstchen geformt hat, fest einzuwickeln. Etwa 2mal einrollen und das Bratwürstchen jetzt vom Netz abschneiden.
Diese Würstchen werden nicht gekocht. Sie lassen sich frisch gerollt schlecht braten, weil sie sich im heißen Fett auszuwickeln beginnen. Wenn man sie 1–2 Stunden in den Kühlschrank stellt, trocknet das Netz an der Masse fest. Man kann die Würstchen auch einfrieren, in sehr heißem Fett bekommen sie eine schöne Farbe und werden sehr knusprig.
Die ideale Beilage sind Sauerkraut und Röstkartoffeln oder im Sommer Salat.

Schweinemagen, gefüllt

400 g durchwachsenes Schweinefleisch oder
200 g mageres Fleisch, 200 g frischer Speck
2 gewürfelte Brötchen
2 große geschälte Kartoffeln
1 Zwiebel
1 EL Schmalz
1 zerdrückte Knoblauchzehe
Salz, Pfeffer
gestoßener Koriander
1 Schweinemagen
2 l Fleischbrühe oder Wasser
Wurzelwerk

Der gründlich gereinigte Schweinemagen wird über Nacht in kaltes Wasser, vor dem Herrichten eine Stunde in lauwarmes Wasser gelegt.

Das Fleisch wird grob durchgedreht.
Die gewürfelten Brötchen werden in Milch eingeweicht und ausgedrückt, die Kartoffeln und Zwiebeln in Würfel geschnitten und in Schmalz glasig gedünstet, den Knoblauch dazugeben.
Das Fleisch und alle anderen Zutaten werden gemischt und gut durchgearbeitet. Die Masse $1/2$ Stunde in den Kühlschrank stellen, danach, wenn nötig, noch einmal nachwürzen.
Den Schweinemagen innen und außen abtrocknen, mit Salz, Pfeffer und gestoßenem Koriander einreiben, die Masse einfüllen, den Magen zunähen und in einem genügend großen Topf mit Wasser oder Brühe zum Kochen bringen, den Sud salzen und Wurzelwerk beigeben und langsam 3 Stunden kochen.
Mit Sauerkraut oder weißen Rüben servieren.

Leberkäse

500 g Leber
1 mittelgroße Zwiebel
1 EL Schmalz, 250 g Butter
Salz, Pfeffer, Muskat
gestoßener Koriander
6 Eidotter, 1 TL Petersilie
4 Handvoll feine Semmelbrösel, 1 TL Mehl
1 EL Schmalz, 2 EL Semmelbrösel

Die kleinwürfelig geschnittene Zwiebel im Schmalz anlaufen lassen. Die Leber in schmale Streifen schneiden und zweimal durchdrehen, dann zu den Zwiebeln geben, kurz anrösten und die Masse durch ein Sieb streichen, salzen, pfeffern, eine Spur Muskat und Koriander hinzugeben.
Die Butter flaumig rühren, Petersilie und nach und nach Eidotter dazurühren und weiterrühren, bis die Masse glatt ist, dann Mehl, Semmelbrösel unterrühren und mit der Lebermasse glattrühren und gut durcharbeiten. Eine Form mit Schmalz ausfetten, bebröseln und die Masse einfüllen, gut ½ Stunde backen.
Warm servieren mit Cremespinat, Weinkraut oder Salat. Auch kalt ein delikates Gericht mit Brot und Senf.

Blut-Tommerl

½ l Blut
250 g Mehl
3 Eier
1 TL Schmalz
1 mittelgroße Zwiebel
Salz, Pfeffer
Majoran
feingehackte Petersilie
100 g Speck
1 EL Schmalz

Aus nicht gestocktem Blut, Eiern und Mehl bereitet man einen dickflüssigen Teig, ähnlich einem Palatschinkenteig, gibt angeröstete Zwiebeln, Petersilie dazu und würzt mit Salz, Pfeffer und Majoran.
Man brät in einer Pfanne den würfelig geschnittenen Speck aus, gibt etwas Schmalz dazu und schüttet den Teig nicht zu hoch in die Pfanne und backt im Ofen schön knusprig.
Man kann dazu Sauerkraut und Salzkartoffeln servieren.
Blut-Tommerl war ein richtiges Arme-Leute-Essen, denn das Blut konnte man beim Fleischer geschenkt bekommen, wenn man selbst nicht schlachtete.

Poularden und anderes Geflügel

Geflügel war schon vor der Jahrhundertwende so bekannt, daß es bei vielen festlichen Essen in prominenten Hotels und Restaurants nicht fehlte.
Es war üblich, daß die Martinigans vom Land in die Stadt gebracht wurde. Der Müller Oskar Hofer erinnert sich noch, was es für einen Auflauf gab, wenn die Bauern ihre Gänseherden in die Stadt trieben, und zwar meist in wochenlangen Märschen, denn Zeit spielte damals keine große Rolle, jede andere Transportart wäre zu teuer gewesen.

Brathuhn

2 Hühner zu je 750–1250 g
2 EL Schmalz
Salz
wenig Fleischbrühe zum Aufgießen
2 EL Weinbrand
Bratzeit: 30–40 Minuten

Die ausgenommenen und sauber gewaschenen Hühner werden innen und außen abgetrocknet, innen und außen gesalzen, die Brü-

ste mit Schmalz bestrichen und auf dem Rücken liegend in den heißen Ofen gestellt. Haben die Brüste Farbe, dreht man die Hühner um, die Brüste nach unten, und läßt sie unter öfterem Begießen weiterbraten. Wenn man mit einer Nadel in die Keule sticht und der austretende Saft klar ist, ist das Huhn fertig gebraten. Man kann die Hühner, wenn man sie gerne schön knusprig hat, die letzten 10 Minuten mit der Brust nach oben legen, mit Weinbrand bepinseln und bei starker Oberhitze fertig braten.
Das Bratfett abgießen, mit Brühe kurz aufgießen, aufkochen lassen, passieren und extra reichen.
Die beliebtesten Beilagen sind Reis oder Kartoffeln und eine schöne Salatplatte.

Brathuhn in Speck und Wein

2 Hühner zu 750–1250 g
Salz, Pfeffer, 1 Messerspitze Salbei oder Rosmarin
300 g Speck
1 EL Mehl
¼ l Weißwein
2 EL Weinbrand
Bratzeit: 30–40 Minuten

Die sauber ausgenommenen, gut gewaschenen Hühner abtrocknen, innen und außen salzen und pfeffern, innen zart mit Rosmarin oder Salbei einreiben. Den würfelig geschnittenen Speck mit den Hühnern im Ofen rasch braten, mit wenig Mehl bestäuben, das Mehl goldgelb werden lassen und mit Weißwein aufgießen, zudecken und das Huhn weich dünsten. Die letzten 10 Minuten die Hühner aus dem Topf nehmen und ohne den Saft trocken im Ofen mit der Brust nach oben braten, mit Weinbrand bepinseln, bis sie schön knusprig sind.
Dazu reicht man Kartoffelknödel und einen Salat.

Brathuhn mit feinen Kräutern

2 Hühner zu je 750–1250 g
Salz, Pfeffer, Rosmarin
2 Lorbeerblätter
2 EL gehackte Petersilie
2 kleine Knoblauchzehen
2 EL Schmalz 127
Bratzeit: 30–40 Minuten

Die sauber ausgenommenen, innen und außen abgetrockneten Hühner innen und außen salzen, pfeffern, in jedes der beiden Hühner Rosmarin, 1 Lorbeerblatt, einen Eßlöffel Petersilie und eine kleine Knoblauchzehe geben und wie vorher beschrieben braten.

Brathuhn in Aluminiumfolie

2 halbierte Hühner
Salz, Pfeffer
1 EL gehackte Petersilie
1 Messerspitze Paprika
4 Stücke genügend große Alufolie
2 EL Öl
Bratzeit: etwa 30 Minuten

Wer kein Fett verträgt, aber trotzdem saftiges Geflügel haben möchte, kann Huhn oder auch Geflügelteile in der Folie braten. Man benötigt aber eine stärkere Folie als üblich, denn die handelsübliche Folie reißt leicht ein. Die zurechtgeschnittene Folie ganz dünn mit Öl bepinseln, je ein gewürztes Geflügelteil darauflegen, mit Petersilie bestreuen und einwickeln. Auf dem Rost im Ofen braten.

Wiener Backhuhn

2 Hühner, jedes nicht schwerer als 1 kg
Salz
200 g Mehl
400 g Brösel
600 g Schmalz
2 Sträußchen Petersilie
2–3 Eier
Backzeit: ca. 15 Minuten

Zu Wiener Backhuhn verwendet man junge Hühner. Die Hühner ausnehmen, innen und außen gut waschen, abtrocknen, vierteln, die Haut abziehen, salzen, bemehlen, durch geschlagenes Ei ziehen und mit Semmelbröseln panieren.
In schwimmendem Fett langsam auf beiden Seiten goldgelb backen. Mit einem Sträußchen gebackener Petersilie servieren, dazu eine Salatplatte reichen.

Gänsebraten mit Äpfeln gefüllt

1 Gans
Salz, Pfeffer, Majoran
nach Größe der Gans 5–8 Äpfel
5–6 nußgroße Zwiebeln
30 g Schmalz
1 EL Weinbrand
Bratzeit je nach Größe 1 3/4 Stunden und mehr

Die innen und außen gewaschene Gans abtrocknen, innen und außen salzen, innen mit Pfeffer und Majoran leicht einreiben. Die Gans mit gut gewaschenen und abgetrockneten Äpfeln und den kurz in Schmalz angerösteten kleinen Zwiebeln füllen.
Die Gans zunähen und im heißen Ofen mit einigen Eßlöffeln Wasser auf dem Rücken liegend langsam anbraten, von Zeit zu Zeit drehen, damit sie auf allen Seiten eine schöne Farbe bekommt. Nach dem Anbraten die Hitze reduzieren und den großen Braten langsam unter häufigem Begießen garen.
In den letzten 10 Minuten der Bratzeit die Gans auf dem Rücken liegen lassen und Brust und Keulen mit Weinbrand bestreichen, damit die Haut schön knusprig wird. Mit einer Nadel eine Keule einstechen, wenn der Saft, der herauskommt, klar ist, ist die Gans fertig.
Die Gans aus der Pfanne nehmen, das Fett in ein Steinguttöpfchen schöpfen (es eignet sich hervorragend als Brotaufstrich und Bratfett), den Bratensatz angießen und aufkochen.
Als Beilagen: Weinkraut, Rotkraut, Speck-Kraut-Salat, Rosenkohl und Semmelknödel oder Bratkartoffeln.
Nach Belieben kann man als Fülle auch Kastanien nehmen, die man vorher abkochen

und schälen muß. Die Kastanien kann man mit Äpfeln und Zwiebeln mischen oder die Gans auch nur mit Kastanien füllen.

Steirisches Einmachgansl (Gänsefrikassee)

1/2 Gans
1 kleine Zwiebel
4 Gewürznelken
1 Karotte
1/2 Stange Lauch
1 Stückchen Sellerieknolle
1 Thymianzweig
3 Pfefferkörner
2 Knoblauchzehen
1 Stückchen Zitronenschale
Salz, Pfeffer, Rosenpaprika
1/8 l Weißwein
1/8 l Sahne
1 Eidotter
1 EL gehackte Petersilie
50 g Butter
70 g Mehl

Die geviertelte oder in noch kleinere Stücke geschnittene Gans wird in einem passenden Geschirr mit nur so viel Wasser, daß sie bedeckt ist, mit der mit Gewürznelken gespickten Zwiebel und den anderen angegebenen Gewürzen 1 Stunde lang langsam gekocht. Man nimmt das Gänsefleisch heraus, löst es noch warm von den Knochen, schneidet es in gleichmäßige Stücke, setzt es in eine Backschüssel, in der es später auch aufgetragen wird, begießt mit etwas Gänsefett von der Brühe, deckt zu und läßt am Herdrand ganz langsam dünsten.

Aus Butter oder Gänsefett mit Mehl macht man eine helle Einbrenne, das Mehl nur aufschäumen lassen und gleich mit der abgeseihten Brühe aufgießen, die Sauce eine Weile kochen, mit Pfeffer, Rosenpaprika, Wein und Salz abschmecken.
Nudelig geschnittener Porree wird in Gänseschmalz gedünstet.
Die Sauce vom Feuer ziehen, das Ei mit Sahne verrühren, die Sauce damit legieren, die Sauce über das Fleisch gießen, den Porree darüber verteilen und mit gehackter Petersilie bestreuen.
Dazu passen Reis, Nudeln oder Kartoffeln.

Gefüllter Gänsehals

Für 6 Personen:
2 Gänsehälse
Leber, Herz, Magen und Gänsefüße
Wurzelwerk
Salz, Ingwer
1 TL Rosenpaprika
400 g Gehacktes
2 EL Gänsefett oder Schmalz

Der Hals wird knapp am Körper mit möglichst langer Haut abgetrennt. Der Kopf wird abgeschnitten, der Hals sauber von allen Kielen befreit, die Haut wird abgezogen. Die Speise- und Luftröhre entfernen.
Die Haut in kaltem Wasser gut waschen und gut abtrocknen, weil sie dann beim Braten knusprig wird.
Hals und Gänseklein in Salzwasser zusammen mit dem Wurzelwerk ganz weich kochen.
Erkaltet wird das Gänseklein fein gehackt und mit Ingwer gewürzt. Das Gänseklein

mischt man unter das Gehackte, füllt diese Masse, die man noch einmal abschmeckt, in die Gänsehälse, die man vorher schon an einem Ende zugenäht hat, näht sie dann auch am anderen Ende zu und brät sie im Rohr mit Gänsefett oder Schweineschmalz.
Als Beilage Reis oder Kartoffeln.
Man kann den Gänsehals auch mit einer Masse wie bei »Gefüllter Kalbsbrust« angegeben füllen und noch nach Geschmack Schinkenwürfel, Erbsen oder Pökelzunge beimengen. Ingwer bleibt bei dieser Masse allerdings weg.

Gefüllte Ente auf Bauernart

1 Ente
Salz, Pfeffer, Majoran
2 Kartoffeln
1 Zwiebel
2 EL Schmalz
80 g Schinken
1 Entenleber
1 Ei
1 EL gehackte Petersilie
Bratzeit: 60 Minuten

Die vorbereitete Ente innen und außen gut waschen und abtrocknen, innen und außen salzen, innen mit wenig Pfeffer und Majoran einreiben.
Rohe geschälte Kartoffeln in kleine Würfel schneiden, waschen und abtrocknen, gehackte Zwiebel in Schmalz anrösten, ohne daß sie Farbe bekommt, den kleinwürfelig geschnittenen Schinken dazugeben, miteinander vermischen, dazu fein gewiegte Entenleber, Ei, Petersilie, Salz und Pfeffer geben, gut durchmischen, mit dieser Masse die Ente füllen und zunähen. Im Schmalz auf dem Rücken liegend im heißen Ofen braten.
Man kann eine Ente auch mit Kastanien füllen, wie beim »Gefüllten Gänsebraten« angegeben ist.
Auch eine Semmelfüllung wie bei »Gefüllter Kalbsbrust« mit gehackter Entenleber schmeckt sehr gut.

Gebratene Ente

1 Ente
Salz, Pfeffer
1 Prise gestoßener Kümmel
1 EL Schmalz
3 EL Fleischbrühe
Bratzeit: 35–40 Minuten

Die Ente ausnehmen, innen und außen gut waschen, abtrocknen, innen mit Salz und Kümmel einreiben, außen mit Salz einreiben. Mit Schmalz in den heißen Ofen geben, auf dem Rücken liegend braten. Wenn sie Farbe bekommen hat, umdrehen und öfter begießen. Beim Fertigbraten soll sie wieder auf dem Rücken liegen, damit die Brust schön knusprig wird.
Die Ente aus der Pfanne nehmen, den Saft mit wenig Brühe aufgießen.
Als Beilage passen Rotkraut, Rosenkohl, Salat und Apfelmus.
Man kann die Ente auch mit Äpfeln füllen oder aber in den letzten 10 Bratminuten Apfelscheiben, aus denen das Kerngehäuse ausgestochen ist, mitdünsten.

Truthahn

in der Steiermark »Janisch« oder »Indian« genannt.
Der Truthahn ist am schmackhaftesten, wenn er jung ist. Ein 8 Monate alter Truthahn ergibt ein Essen für 8–10 Personen. Früher züchtete jeder Bauer einige Truthähne, heute sind es meistens Zuchtbetriebe, von denen die Truthähne kommen. Ein Truthahnessen ist sehr beliebt, wenn man Gäste hat. Wenn man keinen ganzen Truthahn verwenden kann, sollte man sich beim Geflügelhändler Truthahnteile besorgen.

Gefüllter Truthahn

Für 8–10 Personen:
1 Truthahn von ca. 4 kg
Salz, Pfeffer, Majoran, Rosmarin, Kümmel, Muskat
2 Brötchen
2 EL trockener Weißwein
500 g gebratene Kastanien
150 g Sellerie
1 Zwiebel
2 EL Schmalz
1 Truthahnleber
1 Eidotter
Bratzeit: 3 Stunden und mehr

Aus den Keulen des Truthahns die starken Sehnen entfernen, indem man hinten an den Beinen die Haut aufschneidet und die Sehnen einzeln herauszieht.
Den Truthahn innen und außen gut waschen, abtrocknen, innen und außen salzen, innen mit Pfeffer, Majoran, Rosmarin oder gehacktem Kümmel einreiben.
Die altbackenen Brötchen halbieren, innen mit Weißwein beträufeln, und zwar mit so viel, wie die Semmeln aufnehmen. Die Kastanien braten, schälen und fein hacken. Rohe Sellerie reiben. Feingehackte Zwiebel in Schmalz anlaufen lassen, ohne daß sie Farbe bekommt, weiter Schmalz dazugeben und die Leber hacken. Alle zuvor angegebenen Zutaten miteinander vermischen, die angeweichten Semmeln mit der Hand zerkleinern und ebenfalls untermischen, mit Salz, Pfeffer, Muskatnuß würzen, das Eidotter unterarbeiten.
Die Brusthaut zurückschieben, um sie dadurch vom Brustfleisch zu lösen und so eine Tasche freizubekommen, in die man die Füllung schiebt. Die Haut zunähen.
Sollte etwas von der Masse übrig bleiben, kann man es extra mitbraten. Den Truthahn mit einem Eßlöffel Schmalz ins Rohr stellen und ihn wie beim »Gänsebraten« beschrieben braten.

Man kann den Truthahn auch mit einer Fleischmasse füllen, und zwar würzt man halb Schweine- und halb Kalbfleisch (durchgedreht) pikant. Auch darunter kann man gehackte Kastanien geben.
Als Füllung sind auch Äpfel möglich oder Äpfel mit Zwiebeln oder Äpfel und Kastanien mit und ohne Zwiebeln. Äpfel geben dem Braten ein ganz besonders feines Aroma.

Truthahn nach Theresia Kernmayr

Für 8–10 Personen:
1 Truthahn von ca. 4 kg
3 EL Apfelschnaps
50 g Schmalz
1 gehackte Zwiebel

Maisbrot:
500 g Polenta-Grieß
200 g Weizenmehl
1 Päckchen Backpulver
4 Eier
300 g Schmalz
knapp 1 l Milch
Salz
20 g Schmalz für die Form

Fülle:
100 g Schmalz
1 große gehackte Zwiebel
500 g Gehacktes
1 Truthahnleber
6 Kaffeetassen Maisbrotbrösel
Salz, Pfeffer, Thymian, Koriander
3 EL Sahne
3 EL Schilcherwein (Rosé)
4 Äpfel
gehackte Petersilie
1 EL Mehl
wenig Fleischbrühe

Man bereitet einige Tage vor dem Festtag Maisbrot, und zwar wie folgt:
Grieß und Weizenmehl und Backpulver werden miteinander vermischt, man gibt eine Prise Salz dazu, die Eier, zerlassenes, abgekühltes Schmalz und die Milch. Man vermischt alles miteinander und rührt so lange, bis ein glatter Teig entstanden ist. Möglichst nur kurz rühren!
Zum Backen verwendet man eine gefettete, große, flache Form, denn das Brot soll nicht zu hoch gebacken werden. Man backt, bis sich der Teig vom Rand löst und goldbraun ist, bei der Nadelprobe muß man die Nadel trocken herausziehen können.
Dieses Brot benötigt man als Brösel für die Fülle des Truthahns.

Fülle: Die Zwiebel im Schmalz hellgelb anlaufen lassen und sie dann ohne das Schmalz in eine große Rührschüssel geben. In die noch heiße Pfanne mit dem verbliebenen Fett gibt man das Gehackte, das wie beim »Faschierten Braten« zubereitet wurde, zerdrückt es mit der Gabel und röstet das Fleisch durch. Dann kommt das Fleisch zu den Zwiebeln in die Rührschüssel.
In der Pfanne die Truthahnleber 3 Minuten braten, wenn sie abgekühlt ist, grob hacken und ebenfalls in die Rührschüssel geben.
Das Maisbrot zu groben Bröseln in die Rührschüssel reiben, mit wenig Salz, Pfeffer, Thymian, gehackter Petersilie, Sahne und Wein würzen und die Masse mit der Hand gut durcharbeiten.
Der gut gewaschene und abgetrocknete Truthahn wird innen gesalzen und mit ein wenig gestoßenem Koriander eingerieben, dann wird die Masse eingefüllt und der Truthahn zugenäht.

Außen wird der Truthahn mit Schmalz bestrichen und mit Salz bestreut, in die Pfanne gibt man die große gehackte Zwiebel, legt den Truthahn darauf und stellt ihn in den heißen Backofen. Unter ständigem Begießen wird er nicht zu rasch gebraten.

Wenn das Fett zu heiß wird, kann man einige Äpfel in die Pfanne legen, sie verfeinern den Geschmack von Fleisch und Saft.
In der letzten Viertelstunde muß der Truthahn mit der Brust nach oben liegen. Um ihn knusprig zu machen, bestreicht man ihn mit Apfelschnaps.
Der fertige Truthahn wird herausgehoben. Das überflüssige Fett wird abgeschöpft und nur so viel zurückgelassen, daß man daraus eine Sauce herstellen kann. Das Fett mit Mehl anstäuben, durchrühren, mit Brühe auffüllen, mit Salz und Pfeffer abschmecken, verkochen lassen und den Bratsatz aus der Pfanne lösen und passieren, auch die mitgebratenen Äpfel durchpassieren.
Meine Mutter bereitete diesen »Indian« an hohen Festtagen, bei uns gab es dazu immer Preiselbeersauce und Bratkartoffeln, aber natürlich passen auch viele andere Beilagen.

Gefüllte Truthahnbrust

1 Truthahnbrust mit Flügel
Hals, Magen und eventuell Leber
200 g Kalbfleisch
1 kleine angeschwitzte Zwiebel
1 Brötchen
1 Ei
Salz, Pfeffer, Muskat
Petersilie und wenig Ingwer
30 g Pistazien
100 g Schinkenwürfel, 80 g Speckwürfel
1 EL Schmalz

Man löst das Brustfleisch vom Gerippe. Das Gerippe mit Flügel, Hals und Innereien ohne Leber kocht man weich und löst das Fleisch von den Knochen. Man dreht das erkaltete Fleisch mit dem Kalbfleisch durch, gibt Zwiebel, Petersilie, eingeweichtes und ausgedrücktes Brötchen dazu und vermischt die Masse gut. Würzen mit Salz, Pfeffer, Muskat, wenig Ingwer, das Ei dazugeben und noch einmal gut durcharbeiten. Jetzt blättrig geschnittene Pistazien, Schinkenwürfel und Speckwürfel von durchwachsenem Speck und die geschabte Leber darunterarbeiten. Die Brust so aufschneiden, daß ein großes Schnitzel entsteht, das an einer Seite zusammenhängend bleibt, aufklappen und leicht klopfen, salzen und aus der Fülle einen Wekken formen, den man in das Brustfleisch einrollt, mit einer Schnur umwickelt und bindet. Mit Schmalz ins Rohr stellen und unter häufigem Begießen goldbraun braten.
Als Beilage passen alle Kartoffelarten sowie Gemüse auf englische Art oder Salate der Saison.

Geflügelleber mit Zwiebeln und Madeira

600 g Geflügelleber
2 EL Mehl
80 g Gänsefett oder Schmalz
2 mittelgroße Zwiebeln
1/8 l Madeira

Ganz besonders die Gänseleber hat viele Liebhaber. Es lassen sich von der Leber herrliche Gerichte machen, die meistens nicht einmal viel Zeit in Anspruch nehmen. Man rechnet pro Person 150 g Geflügelleber.

Man schneidet die Geflügelleber würfelig und bestäubt sie mit Mehl. Die feingeschnittenen Zwiebeln im Fett goldgelb anrösten,

die Leber dazugeben, rasch bei starker Hitze durchrösten, damit sich keine Flüssigkeit bildet. Am besten ist die Leber, wenn sie innen noch zartrosa ist.
Die Leber auf einen vorgewärmten Teller legen und warm stellen.
Den Saft in der Pfanne mit Madeira aufgießen, einmal aufkochen und über die Leber gießen, die man jetzt erst salzt und pfeffert, weil sie sonst hart wird.
Als Beilage reicht man Reis oder Kartoffeln und Salat.

Gänseleber mit Blut

Beim Abstechen der Gans wird das Blut aufgefangen. Man läßt es stocken.

500 g Gänseleber
das Blut einer Gans
3 feingeschnittene Zwiebeln
3 EL Gänseschmalz
Salz, Pfeffer

Das gestockte Blut und die Gänseleber fein hacken. Die feingeschnittenen Zwiebeln im Gänseschmalz hellgelb anrösten, das Gehackte kurz mitrösten, mit Salz und Pfeffer würzen und sofort servieren.
Sehr gut paßt als Beilage Reis.

Hühnerleber am Spieß

600 g Hühnerleber
2 EL Mehl
80 g Gänsefett oder Schmalz
4 Scheiben Speck
4 Champignonköpfchen
Salz, Pfeffer
50–60 g Butter

Das Schmalz in einer Pfanne heiß werden lassen und die abgetrockneten, bemehlten und abgeklopften Hühnerlebern in das heiße Fett geben, einige dünne Scheiben Speck mitbraten und für jeden Spieß einen Champignonkopf von allen Seiten braun braten.
Nun auf jeden Spieß abwechselnd ein Stück Leber und Speck geben, zum Schluß den Champignonkopf. Erst jetzt die Leber salzen und pfeffern, sonst wird sie hart.
Nun ein Stück Butter in die Pfanne geben, die Butter braun werden lassen, mit etwas Wasser aufgießen, kurz aufkochen und extra servieren.
Legen Sie den Spieß auf Curryreis oder Erbsenreis, und reichen Sie Salat dazu.
Wenn Sie einen Grill haben, spießen Sie die Leber roh und den Speck ungebraten auf den Spieß, zum Schluß wieder den Champignonkopf, braten Sie unter dem Grill, und würzen Sie wie oben beschrieben.

Gebratene Poularde, garniert mit Weinbeeren und Speckwürfeln →

1970er

Gänseleber mit Champignons

600 g Gänseleber
2 EL Mehl
80 g Gänsefett
2 kleine Zwiebeln
Salz, Pfeffer
120 g Champignons
1/8 l Rotwein

Man röstet die feingehackten Zwiebeln im Schmalz hellgelb an, gibt die bemehlten Gänseleberscheiben dazu und brät sie auf beiden Seiten rasch an.
Man legt die Leber auf einen vorgewärmten Teller, gibt die blättrig geschnittenen Champignons in die Pfanne, röstet kurz durch, gießt mit Rotwein auf, würzt mit Salz und Pfeffer, läßt einmal durchkochen und gießt alles über die Leber.
Man reicht dazu Weißbrot oder Reis und Salat.

Feiner Brotaufstrich von Gänseleber

200 g Gänseleber
1 EL Gänsefett oder Schmalz
1 EL trockener Weißwein oder Apfelschnaps
Salz, Pfeffer
200 g Gänsefett oder Schmalz

Die Gänse- oder Geflügelleber wird abgetrocknet und in heißem Fett von beiden Seiten schön braun gebraten. Man löscht mit trockenem Weißwein oder Apfelschnaps, salzt und pfeffert, läßt die Leber noch ein bißchen durchziehen, nimmt sie heraus, kühlt sie ab und streicht sie durch ein Sieb. Man vermischt den Rückstand in der Pfanne mit gleichen Teilen Gänsefett und Schmalz und fügt dann die Leber darunter. Man hebt diesen Brotaufstrich in einem Tongeschirr zugebunden am besten im Kühlschrank auf.

– Palatschinken mit Geflügelfülle, gratiniert

Tauben

werden von Kennern und Liebhabern sehr geschätzt. Zum Braten nur junge Tauben verwenden, ältere Tauben verwendet man besser für Suppen, als Fülle und für Ragouts. Tauben werden gerupft, ausgenommen und gut ausgewaschen.
Pro Person rechnet man 1 Taube. Darum sind die Taubenrezepte auch nur für jeweils 1 Person berechnet.

Eingemachte Taube (Taubenfrikassee)

1 Taube
3/4 l Fleischbrühe oder Wasser
Wurzelwerk und 1 kleine Zwiebel
30 g Schmalz
1 EL Mehl
Salz, Pfeffer, Muskat
30 g Champignons
1/8 l Sahne
1 Eidotter
Petersilie

Dieses Gericht kann man auch aus nicht mehr ganz jungen Tauben herstellen.
Man kocht die Tauben in Fleischbrühe oder Wasser mit Wurzelwerk und Zwiebel weich. Man macht eine helle Einbrenne aus Schmalz und Mehl, gießt mit der Brühe auf, würzt mit Salz, Pfeffer, Muskat, gibt die blättrig geschnittenen Champignons und die geviertelte Taube dazu, läßt kurz aufkochen, nimmt alles vom Feuer und legiert mit Sahne, der man ein Eidotter unterzieht. Mit reichlich gehackter Petersilie servieren.
Als Beilage Butterreis.

Taube auf Winzerart

1 Taube
1 Apfel
40 g Butter
Salz, Pfeffer
1/16 l Weißwein

Die ausgenommene Taube wird mit Salz und Pfeffer leicht gewürzt, mit in Scheiben geschnittenem geschältem Apfel in nicht zu wenig Butter langsam gebraten. Die gebratene Taube herausnehmen, die nun weichen Apfelscheiben und den Bratensatz mit Weißwein ablöschen und passieren, zu dem Täubchen servieren.

Taube mit feinen Kräutern

1 Taube
1 EL Schmalz
1 Schalotte
1 EL Pilze
1 EL Schnittlauch
Petersilie und Estragon
1/8 l Weißwein, 3 EL Fleischbrühe
Salz, Pfeffer

Die ausgenommene junge Taube wird am Rücken aufgeschnitten, gesalzen, auf beiden Seiten in Schmalz angebraten und in ein flaches Geschirr gelegt.
Im Bratenfett dünstet man die gehackte Schalotte, die Pilze und gibt Schnittlauch, Petersilie und Estragon dazu, löscht mit Weißwein und Brühe ab, gibt die Sauce über die Taube und läßt sie darin weich dünsten. Bei einem jungen Täubchen dauert das jetzt nur noch wenige Minuten.

Gefüllte Taube

Für 1 Person:
1 Täubchen
1 Brötchen
1 TL Schinken
1 TL Schalotten
gehackte Petersilie
1 Ei, 1 EL Sahne
1 TL Apfelwürfel
Salz, Pfeffer, Muskat
1 EL Schmalz

Der jungen ausgenommenen Taube lockert man die so lang wie möglich belassene Brusthaut und reibt sie von innen und außen mit Salz ein.

Das Brötchen ohne Rinde in kleine Würfel schneiden, dazu den gehackten Schinken, die kleingeschnittenen, in Butter angeschwitzten Schalotten, die gehackte Petersilie, das Ei und, so man hat, die Sahne, die roh gehackte Taubenleber und Apfelwürfel. Mit Salz, Pfeffer und Muskat würzen, die Masse gut durcharbeiten, in die Taube füllen, mit einigen Stichen zunähen, in einer Pfanne mit Schmalz in den heißen Ofen schieben und braten.

Die Bratzeit beträgt je nach Alter der Taube 20–30 Minuten.

Wild

Buttermilchbeize

Den reinen Wildgeschmack erhält man am besten in einer Buttermilchbeize. Man legt das Fleisch in eine Schüssel aus Steingut oder Porzellan und gießt so viel frische Buttermilch darüber, bis es ganz bedeckt ist. Im Winter muß man die Beize jeden zweiten Tag, im Sommer täglich erneuern.

Man kann das Fleisch entweder nach dem Herausnehmen kurz abtrocknen, enthäuten und sofort braten. Will man es als Rahmfleisch bereiten, kann man es einige Stunden vor dem Braten in reine saure Sahne legen und sie später zur Sauce verwenden.

Rotweinbeize

Sie gibt dem Wild den raffiniertesten und zugleich abgerundetsten Geschmack und konserviert ebenso lange wie die Essigbeize.

Petersilienwurzeln, Karotten, Sellerie und Zwiebeln in kleine dünne Blättchen schneiden, ein paar ganze Pfefferkörner, ein wenig gemahlenen Piment und Thymian, einige Wacholderbeeren, 1 zerschnittenes Lorbeerblatt miteinander gut vermengen, einige Korianderkörnchen zufügen, ein Stückchen Ingwer und etwas Zitronenschale, je $1/2$ Liter Wasser und Rotwein, von guter Qualität.

Wenn es sich um Schwarzwild handelt, noch

einige Wacholderbeeren, ein Sträußchen getrockneter Kräuter wie Rosmarin, Basilikum – kein Salbei! – hinzufügen.
Alles zusammen aufkochen und langsam 10 Minuten weiterkochen lassen. Das Fleisch in einen irdenen Topf legen und die kalte Beize über das Fleisch gießen. Das Fleisch muß täglich gewendet werden und immer vollständig von der Beize bedeckt sein.

Essigbeize

Sie hält das Fleisch ungefähr 2 Wochen lang frisch.
Petersilienwurzeln, Karotten, Sellerie und Zwiebeln in kleine dünne Blättchen schneiden, Pfefferkörner, wenig gemahlenen Piment und Thymian, ein paar Wacholderbeeren, ein zerschnittenes Lorbeerblatt und eine Zehe Knoblauch miteinander mischen. Wasser zu gleichen Teilen mit Essig mischen, die Zutaten darin aufkochen lassen und noch 10 Minuten weitersieden. Man verfährt dann wie zuvor angegeben.

Rehrücken

1,5 kg Rehrücken
Salz
Pfeffer
wenig Zitronenschale
150 g Butter
evtl. 1/16 l Weißwein

Der edelste Körperteil vom Reh ist der Rükken. Mit Recht gilt er als das beste unter allen Wildgerichten. Aber er verlangt auch einen erstklassigen Koch.
Der Rehrücken muß wirklich auf den Punkt gebraten werden, das heißt, er darf keinesfalls blutig, aber er muß rosa sein. Dieses einmalige Rosa kehrt bei keiner anderen Fleischart wieder. Ist er nur einen Augenblick zu lange gebraten, hat er Farbe wie jedes andere Wildbret auch, und der feine Geschmack geht verloren.
Sie lassen den Rehrücken nicht länger als zwei Tage abhängen. Wenn Sie ihn gesalzen, gepfeffert und gespickt haben, legen Sie ihn in eine große Pfanne, und zwar mit der Rundung nach oben, und braten ihn in reinem Butterfett ohne weitere Zutaten, höchstens ein wenig Zitronenschale, denn der Eigengeschmack soll nicht beeinträchtigt werden.
Begießen Sie den Rücken immer wieder mit Butter, und – das ist die Kunst! – nehmen Sie ihn im genau richtigen Moment aus dem Ofen.
Ein junger zarter Rehrücken ist in maximal 30 Minuten gar, die genaue Zeit kann ein guter Koch »erfühlen«. Der Ofen muß heiß sein, und nach 10 Minuten wird die Hitze gedrosselt.
Nach dem Herausnehmen den Rücken etwas ruhen lassen, ehe man ihn aufschneidet, damit sich der Saft innen »setzen« kann.
Ist es dann soweit, lösen Sie die Rückenfilets vom Knochen. Schneiden Sie die Filets in schräge, dicke Scheiben, fügen Sie die Filets wieder auf dem Knochen zusammen und servieren Sie den Rehrücken im Ganzen, mit dem Bratensaft überglänzt. Eine Rahmsauce wäre zuviel.
Als Beilage: Kartoffelknödel, Rotkohl und gedünstete Birnenhälften, gefüllt mit Preiselbeerkompott.

Gefüllte Rehschulter

800 g Rehschulter
150 g Wildfleisch
150 g Schweinefleisch
2mal 1 EL Schmalz
1 kleingehackte Zwiebel
1 TL gehackte Petersilie
1/16 l Milch
1 Brötchen
1 Ei
Salz, Pfeffer, Muskat, Majoran
1 kleine Knoblauchzehe
150 g Wurzelwerk
5 zerdrückte Pfefferkörner
1 Lorbeerblatt
1 EL Mehl
1/4 l Fleischbrühe
1/8 l saure Sahne
1/8 l Rotwein

Die ausgelöste, gebeizte Rehschulter abtrocknen, die Haut abziehen und so aufschneiden, daß die Schulter ein möglichst gleichmäßiges Stück ergibt. Vorsichtig klopfen, mit Salz und Pfeffer würzen und mit folgender Fülle bestreichen:
Wild- und Schweinefleisch durchdrehen, das Brötchen in der Milch einweichen, ausdrükken und mit durchdrehen. Zwiebel und Petersilie in Schmalz anschwitzen, mit Salz, Pfeffer, Knoblauch, Muskat und Majoran würzen, mit einem Ei gut durcharbeiten. Diese Masse in die Mitte des Fleisches geben, die Schulter zusammenrollen und binden. In wenig Schmalz das Wurzelwerk, die Pfefferkörner und das Lorbeerblatt braten. Wenn das Gemüse braun ist, einen Eßlöffel Mehl darüberstäuben und mit Brühe begießen. Die Rehschulter so lange darin garen, bis sie weich ist, dann saure Sahne und Rotwein zugeben, noch einmal durchkochen. Die Sauce passieren und extra reichen.

Hirschrouladen

4 Hirschschnitzel zu je 200 g
2mal 1 EL Schmalz
1 feingehackte Zwiebel
300 g Pilze
1 EL gehackte Petersilie
Salz, Pfeffer
5 gehackte Wacholderbeeren
150 g Schinkenwürfel oder 100 g Speck in Streifen
1/8 l Rotwein oder Madeira
1 TL Mehl
1/8 l Fleischbrühe

Vom Wildbrethändler lassen Sie sich die Hirschschnitzel aus der Keule schneiden. Salzen Sie sie vorsichtig. Klopfen und bestreichen Sie die Schnitzel wie folgt:
Die Zwiebel im Schmalz anrösten, dann die feingeschnittenen Pilze und die Petersilie dazugeben, mit Salz und Pfeffer würzen.
Die abgekühlte Masse auf die Schnitzel streichen, Schinkenwürfel darübergeben oder die Rouladen mit Speckstreifen belegen. Die Schnitzel zusammenrollen, binden oder fixieren, in einer Kasserolle von allen Seiten in Schmalz anbraten, dann mit Rotwein begießen, weich schmoren.
Wenn die Rouladen weich sind, mit Mehl bestäuben, mit Brühe aufgießen und noch einmal durchkochen.

Wildschwein

schmeckt am besten zu Beginn des Winters. Die schönsten und besten Stücke sind Rükken, Schulter und Keulen.
Jeder Braten gerät um so besser, je größer das verwendete Stück Fleisch ist. Man bereitet das Wildschwein zu wie die meisten anderen Wildgerichte, die Sauce kann man mit Hagebuttenmarmelade oder Sahne verbessern.
Mit Wildschweinfleisch läßt sich sehr gut der »Altsteirische Wurzelfleischeintopf« zubereiten, indem man statt des Schweinefleisches Wildschweinfleisch nimmt.

Hase

Leider läßt sich das Alter eines Hasen nur sehr schwer feststellen. Eine sichere Methode ist das Einreißen der Löffel, das Brechen des vorderen Laufes: Je leichter sie sich einreißen bzw. brechen lassen, desto jünger ist der Hase.
Bei jungen Hasen kann man darauf verzichten, sie in eine Beize zu legen, ältere Hasen sollten immer 2–3 Tage in einer Beize liegen. Wichtig ist, daß die Haut des Wildes immer erst nach der Beize abgezogen wird.

Kaninchen

ist leicht verdaulich und gut verträglich. Man kann es zubereiten wie alle Kalbfleischgerichte, doch muß das Fleisch von Haut und Sehnen befreit werden.
Besonders gut schmeckt es, wenn man das Kaninchenfleisch eine Stunde vor dem Verarbeiten in Weißwein legt, so daß es knapp bedeckt ist. Den Wein kann man später zum Kochen verwenden.

Kaninchenbraten

Rücken und Keulen des Kaninchens
150 g Speck zum Spicken
1 EL Schmalz
Salz, Pfeffer, etwas Zitronensaft
1/8 l Wein
1/8 l saure Sahne
Bratzeit: 45 Minuten

Rücken und Keule spicken, salzen, mit Schmalz saftig braten, den Bratensatz mit Wein und saurer Sahne ablöschen, aufkochen, mit Zitronensaft und etwas Pfeffer würzen und über den Braten seihen.

Eingemachtes Kaninchen (Kaninchenfrikassee)

1 ganzes Kaninchen
1/2 l trockener Weißwein
1 Kräutersträußchen, 1/2 Lorbeerblatt
Salz, Pfeffer
50 g Butter, 1 EL Mehl
100 g Pilze
1/8 l süße Sahne
1 Eidotter
1 EL gehackte Petersilie
evtl. etwas Zitronensaft

Das Kaninchen in Stücke zerteilen und eine Stunde in trockenen Weißwein einlegen.
Das Fleisch mit dem Wein und derselben

Menge Wasser im Topf kochen, salzen, ein Kräutersträußchen und das halbe Lorbeerblatt dazugeben und langsam weich kochen. Aus Butter und Mehl macht man eine helle Einbrenne, gießt mit Brühe auf und kocht eine sämige Sauce. In diese gibt man die Kaninchenstücke und die Pilze, läßt das Fleisch noch 5 Minuten dünsten und legiert, nachdem man das Gericht vom Feuer genommen hat, mit der süßen Sahne, in die man das Eidotter gequirlt hat. Nach Geschmack mit Zitronensaft abschmecken, mit reichlich gehackter Petersilie bestreuen.
Als Beilage empfehle ich Bröselknödel oder Butterreis.

Gebackenes Kaninchen

1 ganzes Kaninchen
½ l trockener Weißwein
Salz
100 g Mehl, 2 Eier
200 g Brösel
300 g Schmalz
1 Sträußchen Petersilie
Backzeit: 25 Minuten

Das in Stücke zerteilte Kaninchen eine Stunde im Wein durchziehen lassen. Dann abtrocknen, salzen, in Mehl wenden, durch geschlagenes Ei ziehen, in Semmelbrösel drücken und leicht abklopfen, in heißem Schmalz langsam wie ein »Wiener Backhuhn« backen.
Von der Petersilie die Stiele entfernen, unter fließendem Wasser abwaschen, auf einem Tuch abtrocknen und nach dem letzten Stück Fleisch die Petersilie in einem Korb kurz ins heiße Fett eintauchen, so daß die Petersilie grün bleibt, und das Fleisch damit garnieren. Dazu eine Salatplatte nach Saison.
Kaninchen kann man auch wie »Paprikahuhn« oder Kalbs-»Pörkölt« zubereiten.

Rehleber auf Jägerart

600 g Rehleber in Scheiben
120 g Speck in dünnen Streifen
40 g Schmalz 100 g Zwiebelringe
50 g Mehl ⅛ l Blut 1 TL Essig
Salz, Pfeffer
evtl. wenig Fleischbrühe

Die Rehleberscheiben mit dem Speck spikken. Zwiebelringe in heißem Fett anbraten, die gespickte und bemehlte Leber dazugeben, rasch braten, damit sie eine schöne Farbe hat.
Das Blut mit dem Essig verrühren und die Leber damit aufgießen, erst jetzt mit Salz und Pfeffer würzen, die Leber aus der Pfanne nehmen, den Fond kurz aufkochen, wenn nötig mit etwas Brühe aufgießen und dann zu der Leber geben.

Rehleber, geröstet

500 g Rehleber
40 g Schmalz
1 Zwiebel
80 g Speck in Würfeln
Salz, Pfeffer, 1 Prise Majoran
evtl. 1 TL Essig

Die Rehleber kleinblättrig schneiden. Im Schmalz die würfelig geschnittene Zwiebel und die Speckwürfel anlaufen lassen, die Leber dazugeben, durchrösten, salzen, pfeffern, mit einer Prise Majoran würzen und anrichten. Kurz vor dem Anrichten kann man die Leber mit dem Essig spritzen, muß dann aber sofort servieren.

Wildgeflügel

muß immer einige Zeit in den Federn abhängen. Man zieht eine Schnur durch die Nasenlöcher und hängt die Tiere daran auf. Junge Feldhühner haben gelbe oder gelbliche Beine, die äußeren Flügelfedern laufen spitz zu, bei älteren Tieren sind sie rund, die Füße blaugrau.
Bei jungen Fasanen sind die Sporen kaum vorhanden, bei alten Fasanen sind sie lang und spitz.
Bei jungen Wildenten läßt sich das Ende des Brustbeins noch umbiegen.

Fasan, gebraten

Für 2 Personen:
1 Fasan
80 g Speck in Streifen
1 Speckscheibe
Salz, Pfeffer
1 Lorbeerblatt
Wurzelwerk
4 Wacholderbeeren
5 EL Fleischbrühe
1 EL Schmalz
Bratzeit: 30–40 Minuten

Nur junge Tiere eignen sich zum Braten. Der gerupfte, abgesengte und ausgenommene Fasan (der vorher mindestens 8 Tage abgehangen ist) wird unter fließendem Wasser innen gut ausgewaschen, abgetrocknet, gesalzen, gepfeffert, die Brust mit Speck umwickelt.
In eine Kasserolle gibt man Schmalz, die Speckscheibe, Lorbeerblatt, Wacholderbeeren und Wurzelwerk und brät im heißen Ofen den Fasan von allen Seiten. Öfter begießen. Wenn er fast gar ist, mit etwas Brühe aufgießen, die Jus abseihen, ohne das Gemüse. Jetzt den Speck vom Fasan abnehmen und ihn noch einmal in den Ofen schieben, bis die Brust Farbe bekommt.
Zum Fasan reicht man gern Rotkraut, Linsen oder Rosenkohl und Kartoffelkroketten.

Gedünsteter Fasan

Für 2 Personen:
1 Fasan
1 Zwiebel, 80 g Fett
Wurzelwerk
20 g Mehl
5 Wacholderbeeren
1 Lorbeerblatt
Salz, Pfeffer, 1/4 l Fleischbrühe
1/8 l saure Sahne
Schmorzeit: je nach Größe 60–75 Minuten

Zum Schmoren kann man auch einen älteren Fasan nehmen, wenn er gut abgehangen ist. Der Fasan wird wie beschrieben gerupft und vorbereitet, gesalzen und gepfeffert, mit Zwiebeln und Wurzelwerk kurz angebraten. Das Wurzelwerk wird mit Mehl überstäubt, man gibt Lorbeerblatt und Wacholderbeeren zu, gießt mit Brühe auf und dünstet zugedeckt weich.

Die Sauce mit dem Wurzelwerk passieren und mit saurer Sahne vollenden.
Hat man einen zerschossenen oder alten Fasan, der nicht weich zu bekommen ist, kann man daraus eine Fasanenpastete herstellen.

Fasanenpastete nach Frieda Juza

$1/2$ gebratener Fasan
Wurzelwerk
$1/4$ l Bratensaft
5 Blatt Gelatine
1 angebratene Scheibe Speck
1 Schalotte
$1/2$ Knoblauchzehe
$1/2$ TL feinstgehackte Wacholderbeeren
1 EL trockener Sherry
einige Tropfen Cognac
80 g Schinkenwürfel
20 Pistazien
$1/4$ l steifgeschlagene Sahne
Zum Auskleiden der Form:
$3/16$ l Brühe oder Wasser (ca. 200 ml)
1 Zwiebelschale, Salz
4 Blatt Gelatine
1 TL Weinessig, Salz
1 hartgekochtes Ei
Paprikastreifen, Trüffel, Petersilienblättchen

Bevor man mit der Zubereitung der Pastete beginnt, präpariert man am zweckmäßigsten die Pastetenform bzw. die entsprechend kleineren Förmchen.
Man benötigt entfettete Fleischbrühe. Wenn man diese nicht zur Hand hat, kann man auch Wasser nehmen. Brühe oder Wasser mit der Zwiebelschale zum Kochen bringen und salzen. In diese Flüssigkeit gibt man den Weinessig und die eingeweichte und ausgedrückte Gelatine und verrührt so lange, bis sich die Gelatine aufgelöst hat, und stellt die Flüssigkeit dann kalt.
Eine Pastetenform oder mehrere kleine Pastetenförmchen stellt man 1 Stunde in den Kühlschrank, nimmt sie dann wieder heraus und schüttet die Formen mit dem erkalteten, aber noch nicht gestockten Aspik aus. Das Aspik soll nicht nur den Boden, sondern auch die Innenwände der Form(en) bedecken. Man schüttet also das Aspik von einer Form in die andere. Die so ausgekleideten Formen werden wieder kalt gestellt.
Wenn das Aspik fest ist, kann man es durch ein Muster dekorieren, zum Beispiel mit Streifen von Eiweiß oder Eigelb, Paprikastreifen, Petersilienblättchen, gekochten Karottenscheibchen usw. Jedes einzelne Stück des Dekorationsmaterials muß aber mit einem Tropfen Aspik fixiert werden.
Für die Pastete das Fleisch des halben Fasans von den Knochen lösen und ein etwa daumengroßes schönes Stück von der Brust zurücklassen.
Man brät mit dem Speck die Schalotte und dreht dann das Fasanenfleisch, den Speck, die Schalotte und den Knoblauch dreimal durch den Wolf.
Sollte man nicht genug Bratensaft haben, kocht man die Knochen des Fasans mit Wurzelwerk in so viel Brühe aus, daß man zusammen mit dem aufgehobenen Bratensaft $1/4$ l Flüssigkeit erhält. Knochen und Wurzelwerk abgießen und die Brühe mit dem Bratensaft zusammen erhitzen.
Man weicht die Gelatine in kaltem Wasser ein, drückt sie aus und verrührt sie mit dem Schneebesen unter die Flüssigkeit. Nun rührt man nach und nach das durchgedrehte

Fleisch unter die Flüssigkeit, und zwar so gut, daß die Masse eine innere Bindung bekommt. Man würzt mit feingehackten Wacholderbeeren, etwas Salz und Pfeffer, schmeckt mit trockenem Sherry und Cognac ab. Diese Masse streicht man durch ein Haarsieb.
Das zurückgelassene Bruststück des Fasans und den Schinken schneidet man in kleine Würfel, die geschälten Pistazien blättrig und schlägt die süße Sahne steif. Bevor die durch das Haarsieb gestrichene und erkaltete Masse zu stocken beginnt, rührt man vorsichtig die Schlagsahne, die Pistazien und die Fleischstückchen unter.
Sollte die passierte Masse stocken, kann man sie für Sekunden ins Wasserbad tauchen und mit dem Schneebesen verrühren, bevor man die anderen Zutaten vorsichtig einarbeitet.
Die Masse nun in die Formen füllen, leicht auf dem Tisch anklopfen, damit keine Hohlräume entstehen und die Formen richtig gefüllt sind, und sie in den Kühlschrank stellen.
Am nächsten Tag kurz vor dem Gebrauch die Pastete aus der Form stürzen, vorher sekundenlang in warmes Wasser tauchen.
Dazu reicht man Butter und Toast. Die Pastete kann man mit Essigpilzen, Zierpetersilie und Preiselbeeren garnieren oder Cumberlandsauce dazu reichen.
Das Rezept erfordert eine gewisse Sorgfalt in der Ausführung, dafür ist die fertige Pastete aber auch ein Hochgenuß.

Rebhuhn

ist ein besonders delikates Wildgeflügel, das einen sehr guten Eigengeschmack hat, darum braucht man außer Salz kaum ein Gewürz. Ein junges Rebhuhn ist in zwanzig Minuten zubereitet. Aus älteren Rebhühnern lassen sich auch schmackhafte Gerichte machen, nur dauert die Bratzeit natürlich entsprechend länger. Man erkennt das Alter der Rebhühner an den gelben bis bräunlichen Füßen. Alte Tiere haben schiefergraue Füße. Das Rebhuhn wird gerupft, ausgenommen und abgesengt.

Rebhuhn auf Burgegger Art

4 junge Rebhühner
1 EL Schmalz
150 g Schalotten
150 g vorgekochte geschälte Kastanien
2 EL Butter
1 TL Zucker
150 g Pilze oder Champignons
40 g Butter
1/8 l Schilcherwein (Rosé)

Die Rebhühner in Schmalz im heißen Ofen braten und in der Servierschüssel warm stellen.
Die Schalotten und die Kastanien mit etwas Zucker glasieren, zum Rebhuhn geben. Blättrig geschnittene Pilze in Butter sautieren, den Bratensatz mit einem Rosé ablöschen, über das Rebhuhn gießen und alles zusammen zugedeckt 10 Minuten dünsten lassen.
Ältere Rebhühner dünstet man am besten mit Gemüse.

Rebhuhn auf Gutsherrenart

4 Rebhühner
10–12 Weinblätter
8 Scheiben Speck
Salz
1/8 l Fleischbrühe

Die jungen Rebhühner werden gesalzen, mit Weinblättern und Speck umwickelt und in Schmalz ohne andere Zutaten im Ofen gebraten. Den Bratensatz mit wenig Brühe aufkochen.
Wie zu allen Wildgeflügeln passen Linsen mit Speckwürfeln, Rot- oder Sauerkraut sehr gut als Beilage.

Rebhuhn in Kohl

2 Rebhühner
1 mittelgroßer Kohlkopf
80 g Speck
1 mittelgroße Zwiebel
1 EL Schmalz
Salz, Pfeffer, 1 Knoblauchzehe
3/10 l Fleischbrühe

Den Kohlkopf von den Außenblättern und den zu groben Rippen befreien, vierteln, mit kochendem Wasser überbrühen.
Zwiebel fein hacken und mit würfelig geschnittenem geräuchertem Speck anschwitzen.
In eine feuerfeste Schüssel, in der man das Gericht auch gleich servieren kann, Schmalz und die Hälfte des Kohls geben, darauf die kurz und rasch angebratenen halbierten Rebhühner, den Speck mit den Zwiebeln darübergeben und den Rest des Kohls.
Die Fleischbrühe mit Salz, Pfeffer und Knoblauch würzen, einen Hauch Muskat dazugeben und das Gericht damit übergießen, zugedeckt im Ofen weich dünsten.

Rebhuhn in Linsen

4 Rebhühner
1 Kaffeetasse Linsen
200 g Speck, in Würfel geschnitten
1 große Zwiebel, in Würfel geschnitten
1 EL Schmalz
1 EL Mehl
1 l Fleischbrühe oder Wasser
Salz, Pfeffer
1 Lorbeerblatt
1 Knoblauchzehe

Speck und Zwiebeln anschwitzen, Mehl dazugeben und die am Tag vorher eingeweichten Linsen. Mit Fleischbrühe oder Wasser auffüllen. Sobald die Suppe kocht, die vorher angebratenen Rebhühner dazugeben, mit Lorbeerblatt, Salz, Pfeffer und zerdrücktem Knoblauch würzen, alles weich kochen.
Mit Salzkartoffeln ein schmackhaftes Gericht.

Wildente

darf auf keinen Fall abhängen, sie muß so frisch wie möglich gebraten werden. Da sie zuweilen tranig schmeckt, was man aber im rohen Zustand nicht riecht, sollten Sie nach dem Rupfen und Ausnehmen ein Stückchen Haut von der Bauchöffnung ablösen und in eine trockene, sehr heiße Pfanne legen. Rie-

chen Sie den intensiven Trangeruch, ziehen Sie die Haut lieber ganz ab.
Wildenten trocken tupfen, absengen, ausnehmen und mit einem trockenen Tuch auswischen, einsalzen oder mit zerdrückten Wacholderbeeren einreiben.
Alte Wildenten zwei Tage in eine Weinessigbeize legen und schmoren.
Eine Wildente reicht für 2–3 Personen.

Wildente Waldschacher Art

Für 2–3 Personen:
1 Wildente
100 g Speckstreifen
60 g Speckwürfel
1 Speckschwarte
1 kleine mit 4 Gewürznelken gespickte Zwiebel
80 g geschnittene Petersilienwurzel, Karotten und Sellerie
3 Wacholderbeeren
3 Pfefferkörner
50 g Pilze
1 EL Mehl
¼ l Fleischbrühe
5 gehackte Kapern
⅛ l saure Sahne
Beize:
1 l Wasser
¼ l guter Weinessig
150 g blättrig geschnittenes Wurzelwerk (Karotten, Sellerie und Zwiebel)
1 Lorbeerblatt
3 Pfefferkörner, 3 Wacholderbeeren

Aus den angegebenen Zutaten eine Beize herstellen und die Ente in die erkaltete Beize legen und 2 Tage darin liegen lassen (man kann also eine nicht mehr ganz junge Wildente verwenden).
Die Wildente abtrocknen, mit Speckstreifen umwickeln, salzen und pfeffern. In einer Kasserolle mit Speckwürfeln, Speckschwarte, Zwiebel, Wurzelwerk, Pfefferkörnern, Wacholderbeeren, Lorbeerblatt und Pilzen braten. Wenn das Gemüse und die Ente Farbe bekommen, das Mehl über das Gemüse stäuben und durchrösten, mit Brühe aufgießen, Kapern dazugeben und die Ente weich schmoren.
Die Sauce wird passiert und mit saurer Sahne verfeinert.

Junge Wildente gebraten

Für 2–3 Personen:
1 Wildente
1 l Milch
Salz, Pfeffer
2 Scheiben Speck
1 EL Schmalz
4 Pfefferkörner
1 kleine Zwiebel, 1 Karotte
wenig Fleischbrühe
Bratzeit: je nach Größe 30–40 Minuten

Die Wildente 2 Tage in Milch einlegen, dann innen und außen abtrocknen, salzen, mit Speck umwickeln, mit Schmalz, Karotten, Zwiebel und Pfefferkörnern im Ofen braten. Den Bratensatz mit Brühe aufkochen und zur Ente reichen.
Als Beilage Weinkraut, Linsen oder Rotkraut und halbe geröstete Kartoffeln.

Wildragout

800 g Wildfleisch
100 g Schmalz
1 große feingehackte Zwiebel
100 g nudelig geschnittenes Wurzelwerk
3 zerdrückte Wacholderbeeren
1 Lorbeerblatt
2 EL Mehl
etwas feingewiegte Zitronenschale
Salz, Pfeffer
1/16 l Rotwein
1/4 l Wasser und 1/8 l Wasser
1/8 l saure Sahne

Die Zwiebel im Schmalz hellgelb anrösten, Wurzelwerk, Wacholderbeeren, Lorbeerblatt und das gesalzene, gepfefferte, würfelig geschnittene Wildfleisch (Schulter von Hasen, Reh oder Hirsch) dazugeben, mit Rotwein und Wasser aufgießen und weichdünsten.
Wenn das Fleisch weich ist, nimmt man es heraus, rührt Mehl in Wasser ein und läßt es in die noch kochende Brühe einlaufen. Die Sauce passieren, das Fleisch wieder hineingeben und mit saurer Sahne vollenden.
Als Beilage passen Semmelknödel und Preiselbeeren.

Wildgulasch

800 g Wildfleisch ohne Knochen
100 g Schmalz
2 große feingehackte Zwiebeln
1 gehäufter EL Rosenpaprika
4 gewiegte Kapern
4 Wacholderbeeren
1 Knoblauchzehe
1 Lorbeerblatt
1 Stück feingewiegte Zitronenschale
wenig Majoran
Salz, Pfeffer
1 EL Mehl
1/2 l Fleischbrühe oder Wasser

Die Zwiebeln im Schmalz hellgelb anrösten, in Würfel geschnittenes Wildfleisch rasch durchrösten, Paprika dazugeben und mit Brühe oder Wasser aufgießen. Kapern, Wacholderbeeren, Knoblauch, Zitronenschale, Lorbeerblatt und Majoran zum Gulasch geben, salzen und pfeffern. Wenn das Fleisch weichgedünstet ist, ein wenig Mehl in kaltem Wasser glattrühren, in das Gulasch einrühren und durchkochen.
Wie zu den meisten Wildgerichten passen auch hier Semmelknödel, aber auch Teigwaren und Kartoffeln passen zum Gulasch.

Rebhühner auf Weinkraut –

Wildhaschee

500 g Wildfleisch
50 g Schmalz
Salz, Pfeffer, 1 Lorbeerblatt
5 zerdrückte Wacholderbeeren
100 g Wurzelwerk
wenig Fleischbrühe
60 g Schmalz
40 g Mehl
1 EL feingehackte Zwiebel
1/4 l Fleischbrühe oder Wasser
2 EL Rotwein
1/8 l saure Sahne

Reste von Wildbraten oder billiges Wildfleisch, das als Gulaschfleisch ab und zu beim Wildbrethändler angeboten wird, verwenden. Bratenreste hacken.
Wenn man frisches rohes Fleisch verwendet, das Fleisch gut mit Salz, Pfeffer, Wacholder, Lorbeerblatt würzen und in Schmalz anbraten. Wurzelwerk mitrösten, mit Brühe oder Wasser angießen und weichdünsten. Das Fleisch erkaltet hacken.
Aus Schmalz, Mehl und Zwiebel eine helle Mehlschwitze bereiten, mit Brühe aufgießen, den Saft des Wildfleisches dazunehmen, das gehackte Fleisch hineingeben, würzen, mit Rotwein abschmecken und die saure Sahne unterrühren.
Als Beilage Semmelknödel oder Salzkartoffeln, man kann das Haschee sehr dekorativ mit einem Spiegelei servieren.

Wildkroketten

500 g Bratenreste von Wildfleisch
40 g Butter, 40 g Mehl, 1/8 l Milch
1/16 l saure Sahne, 2 Eidotter
2 Eier
80 g Mehl
150 g Brösel
200 g Schmalz
Pfeffer, Salz
4 feinstgehackte Wacholderbeeren

Bratenreste feinhacken oder durchdrehen. Aus Butter, Mehl und der Milch eine Béchamelsauce bereiten, Eidotter und saure Sahne hineinrühren, salzen und die Bratenreste damit vermengen. Mit Pfeffer und Wacholderbeeren würzen. Sollte die Masse zu weich geraten sein, kann man mit Semmelbröseln die gewünschte Konsistenz erzielen. Röllchen formen, in Mehl, Ei und Bröseln panieren und in heißem Fett ausbacken.
Im Sommer kann man dazu Salat und Preiselbeeren reichen, im Winter passen alle Gemüse dazu, besonders Rotkraut oder Linsen.

– Als steirische Spezialität geschätzt: Lamm- und Hammelgerichte

Schnepfen

Als einer der delikatesten Wildvögel ist sie nur ganz selten im Handel erhältlich. Kommt man aber doch in den Besitz einiger Schnepfen, so werden sie genauso vorbehandelt wie Fasan und Rebhuhn, also gut abgehangen, trocken gerupft und ausgenommen, wobei Eingeweide ohne Magen und unteren Darmteil aufbewahrt werden.
Schnepfen werden so dressiert, daß der lange Schnabel von vorn durch die Beine gesteckt wird. Im übrigen brät man die Schnepfe wie den Fasan mit Speck umwickelt, sie ist bereits nach 20 Minuten gar und soll am Knochen noch rosa sein.
Der Bratensaft wird mit Cognac abgelöscht.

Schnepfendreck

Eingeweide, Herz und Leber der Schnepfen
1 kleingehackte kleine Zwiebel
80 g Butter
gehackte Petersilie
4 Weißbrotscheiben
1 EL Parmesankäse

Die Eingeweide mit Herz und Leber fein hacken, ganz kurz mit der Zwiebel in Butter braten, die Petersilie dazugeben. Die Weißbrotscheiben in Butter anbraten, den Schnepfendreck daraufstreichen, mit Butter beträufeln, Parmesan überstreuen und ganz kurz im Ofen überbacken.

Fische, Schnecken und der Amur

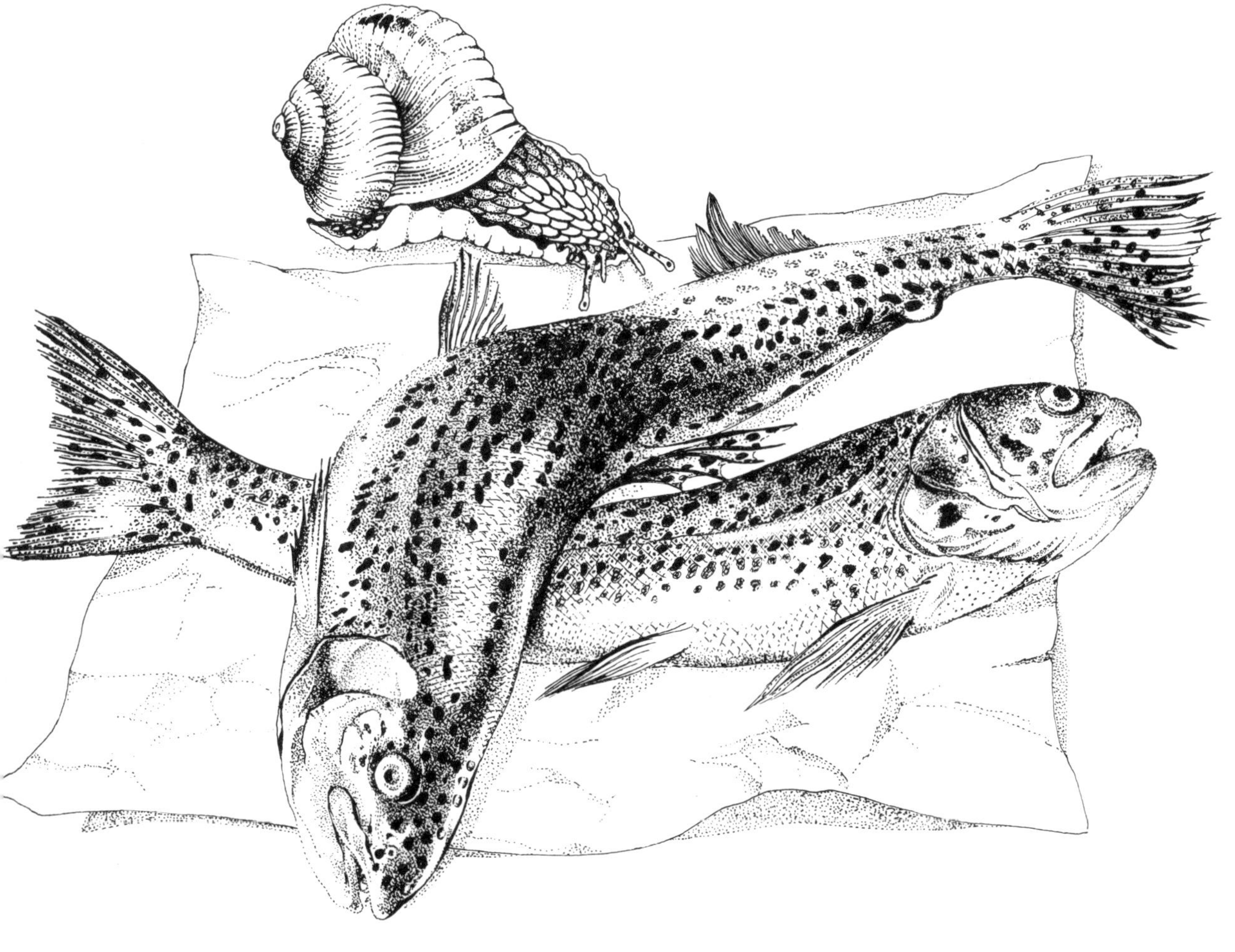

Ich habe ein interessantes Büchlein gefunden, es stammt aus dem Jahre 1900 und wurde in großen Fischgeschäften an die Kunden verteilt. Neben interessanten Rezepten wurde darum geworben, mehr Fisch zu essen. Darin steht wie folgt zu lesen:
»Zur heutigen wirtschaftlichen Lage: Fleisch-Ersatz! Angesichts der hohen Fleischpreise ist die Frage nach einem Ersatz für Fleisch in den mittleren und unteren Schichten der Bevölkerung allmählich zu einer Lebensfrage geworden. Der heutige allgemeine Lebensunterhalt stellt immer mehr Ansprüche an die Kasse jedes einzelnen, so daß das Haushaltsgeld der Frauen gedrückt wird. SPAREN! wird mancher Frau vom Eheherrn gepredigt. Aber wie können Sie das, wenn Sie zugleich den Ansprüchen, die der Körper an unsere Ernährung stellt, gerecht werden sollen? Zu unserer Ernährung bedürfen wir bekanntlich dreier Dinge: des Eiweißes, des Fettes und der Kohlenhydrate.«
Wie gesagt, das Buch stammt aus dem Jahre 1900.
Auch heute spielt der Fisch eine große Rolle in der Ernährung, denn er enthält sehr viel Eiweiß. Und die Fische enthalten mehr muskelbildende Substanz als das Fleisch. Man kann also Geld sparen und gleichzeitig hochwertige Speisen schaffen, die für den Aufbau des menschlichen Körpers dringende Abwechslung in der Ernährung mit Fisch erreichen.
Eine kochkundige Hand versteht es, Fischgerichte in unzähligen Variationen herzustellen, die alle schmack- und nahrhaft sind. Aber auch für die ungeübte Hausfrau ist es anhand eines guten Rezeptes und mit etwas Aufmerksamkeit leicht, Fisch zuzubereiten. Früher, in meiner Jugend, konnte man Fisch nur im Winter essen, weil er sich im Sommer nicht ins Innere des Landes transportieren ließ. Heute braucht man auch im Sommer dank der Kühlwagen nicht mehr auf Fisch zu verzichten.

Forelle blau

4 Forellen zu je 250–300 g
Salzwasser
200 g Butter

Für Forelle blau braucht man Fische, die noch bis kurz vor der Zubereitung gelebt haben, denn eine tiefgekühlte Forelle wird beim Kochen nicht blau.
Gebirgsforellen haben einen so hervorragenden Geschmack, daß man sie am besten nur in Salzwasser kocht.
Die getötete Forelle wird in kaltem Wasser aufgeschnitten, vorsichtig ausgenommen und so gereinigt, daß möglichst viel von dem anhaftenden Schleim an der Forelle bleibt.
Man legt die Forellen in das kochende Salzwasser und zieht den Topf vom Feuer, denn die Forellen dürfen nun nur noch ziehen. Wenn die Augen aus den Höhlen treten, sind die Forellen fertig.
Die Butter zerlassen, leicht anbräunen und zu den Forellen reichen.
Dazu passen am besten Salzkartoffeln.

Forelle gebacken

4 Forellen zu je 250–300 g
Salz
125 g Mehl
200 g Brösel
2 Eier
400 g Schmalz

Für dieses Gericht kann man Forellen nehmen, die man nicht lebend bekommen hat. Die Forellen ausnehmen, waschen, auf beiden Seiten alle 2 cm mit dem Messer die Haut einschneiden, salzen und 1/2 Stunde kaltstellen. Dann die Forellen abtrocknen, in Mehl, Ei und Bröseln wenden und im heißen Schmalz backen.
Beim Anrichten Zitronenviertel dazulegen und mit Salat der Saison servieren.

Forelle nach Müllerinnenart

4 Forellen zu je 250–300 g
Salz
120 g Mehl
150 g Butterfett und 40 g Butter
1/2 Zitrone
1 EL gehackte Petersilie

Die ausgenommenen Forellen waschen, auf beiden Seiten mit dem Messer die Haut einschneiden, salzen, in Mehl wenden, in Butter braten, die Forellen herausnehmen, mit Zitronensaft beträufeln und mit gehackter Petersilie bestreuen.
Dann noch die Butter zur Bratenbutter geben, bräunen und die Forellen beim Anrichten damit übergießen.
Beilage: Salzkartoffeln und Salat

Forelle vom Rost

4 Forellen
Salz
1 Zitrone
Öl

Forellen ausnehmen, waschen, mit einem Messer auf beiden Seiten die Haut einschneiden, mit Zitrone beträufeln und salzen, auf eine Porzellanplatte legen und mit

Öl beträufeln, 1 Stunde liegen lassen, einige Male wenden.
Am nicht zu heißen Holzkohlengrill braten, während des Röstens mit dem Öl von der Platte bepinseln.
Mit einer Salatplatte servieren.

Forellen »Stainzer Chorherrenart«

4 Forellen
Salz, Pfeffer
150 g Butter
200 g kleingehackte Zwiebeln
200 g Champignons
¹/₄ l Schilcherwein (Rosé)

Die Forellen auf beiden Seiten einschneiden, salzen, pfeffern und mit Butter in eine Pfanne legen, dazu Zwiebel und geschnittene Champignons geben und bei gelinder Hitze im Ofen braten. Wenn die Forellen durch sind, Butter dazugeben, bräunen lassen und mit Rosé aufgießen.
Die Forellen anrichten und den Saft darübergießen.

Forellen mit Kräutern, in Weißwein gedünstet

4 Forellen
Salz
4 EL verschiedene gehackte Kräuter
200 g Butter
¹/₄ l trockener Weißwein

Die ausgenommenen Forellen waschen, auf beiden Seiten die Haut einschneiden, salzen, die Forellen mit frischen Kräutern (Petersilie, Schnittlauch, Kerbelkraut, Basilikum und wenig Minze) füllen, die so gefüllten Fische in Butter braten. Wenn sie auf beiden Seiten eine schöne Farbe haben, mit Weißwein aufgießen und zugedeckt fertig dünsten. Den Saft mit wenig Salz abschmecken und über die angerichteten Forellen gießen.
Dazu reicht man Salzkartoffeln.

Schleie

kann man genauso wie Forellen zubereiten.

Karpfen

Wenn Sie einen lebenden Karpfen bekommen, ist es am besten, wenn Sie ihn in fließendem Wasser wässern können. So geht der vielleicht vorher noch vorhandene dumpfige Geruch und Geschmack verloren.
Milcher, Rogen und Leber vom Karpfen gelten als Delikatesse.

Karpfen blau

1 Karpfen
1 l Wasser, Salz
100 g Zwiebelringe
2 Lorbeerblätter
3 Pfefferkörner
4 EL Essig

Der ausgenommene Karpfen wird in der Mitte gespalten und dann in Portionsstücke geschnitten.
Man salzt das Waser, gibt Zwiebelringe,

Lorbeer, Pfefferkörner und Essig dazu. Wenn der Fischsud kocht, legt man die Karpfenteile ein, nimmt den Topf vom Feuer und läßt den Fisch nur noch ziehen.
Wenn man den Karpfen im Ganzen kocht, legt man den Fisch in kaltes Wasser und bringt ihn dann darin zum Kochen.
Wenn der Fisch gar ist, richtet man ihn mit Zitronenvierteln und krauser Petersilie an, reicht dazu Salzkartoffeln und zerlassene Butter, nach Belieben auch Sahnemeerrettich.

Steirischer Wurzelkarpfen

1 Karpfen
1½ l Wasser
Salz
3 EL Weinessig
1 Lorbeerblatt
3 Wacholderbeeren
3 Pfefferkörner
je 50 g Karotten, Sellerie, Zwiebel
1 EL gehackte Petersilie
1 EL geriebener Meerrettich

Man bereitet einen Sud aus Wasser, Weinessig, Lorbeerblatt, Salz, Wacholderbeeren und Pfefferkörnern. Dazu gibt man das Wurzelwerk, läßt es 10 Minuten kochen und legt dann den gesäuberten portionierten oder halbierten Karpfen in den Sud.
Jetzt nicht mehr kochen, sondern nur ziehen lassen.
Wenn der Karpfen gar ist, aus dem Sud nehmen, das Wurzelwerk herausnehmen und über den Karpfen geben, mit gehackter Petersilie und Meerrettich bestreuen.
Dazu Salzkartoffeln.

Karpfen gebacken

1 Karpfen
Salz
150 g Mehl
1 Ei
200 g Brösel
1 Zitrone
500 g Schmalz

Den gesäuberten Karpfen in Portionsstücke teilen, salzen, mit Zitronensaft beträufeln, mit Mehl, geschlagenem Ei und Bröseln panieren, in schwimmendem Schmalz langsam goldgelb ausbacken.

Karpfen, auf herrschaftliche Art gebacken

1 Karpfen
Salz
1 Zitrone
¼ l Weißwein
4 EL Mehl
500 g Schmalz

Den gesäuberten Karpfen in Portionsstücke schneiden, salzen, mit Zitronensaft beträufeln.
Man stellt einen dünnflüssigen Teig her, aus Weißwein, Salz und Mehl. Den gesalzenen Karpfen in Mehl wenden, vorsichtig abklopfen, durch den Teig ziehen und in heißem Schmalz langsam goldgelb ausbacken.
Man kann in den Teig auch ein Ei geben, ohne Ei ist der Teig aber knuspriger.
Dazu Kartoffelsalat mit Mayonnaise oder Salate der Saison.

Gesulzter Karpfen

1 Karpfen
1 l Wasser
2 EL Weinessig
1 Lorbeerblatt
Salz
2 Pfefferkörner
2 Wacholderbeeren
200 g Wurzelwerk
7 Blatt Gelatine
1 hartgekochtes Ei
10 Pistazien
½ l Fischsud

Vom Karpfen werden die Flossen weggeschnitten, er wird geschuppt und in Portionsstücke zerteilt.
Wir stellen einen Sud aus Wasser, Weinessig, Salz, Lorbeerblatt, Pfefferkörnern, Wacholderbeeren und Wurzelwerk auf. Das Gemüse fast weich kochen, dann den Fisch dazu geben und langsam ziehen lassen, bis er weich ist, wegstellen und im Sud erkalten lassen.
Die Karpfenstücke vorsichtig herausnehmen, den Fischsud abseihen, noch einmal aufs Feuer stellen und die eingeweichte und ausgedrückte Gelatine (in kaltem Wasser einweichen!) in den Sud geben, gut umrühren und ihn vom Feuer nehmen. Jetzt noch einmal abseihen, damit sich keine Klümpchen bilden.
1 Stunde vorher eine entsprechend große oder mehrere kleine Portionsförmchen kalt stellen, nach Möglichkeit Blechförmchen, denn Glas läßt sich schlecht stürzen. In diese gekühlten Förmchen gießt man das Aspik, so daß es ungefähr 2 mm hoch steht. Noch einmal kalt stellen, und wenn das Aspik gestockt ist, den Boden mit Eischeiben, geschnittenem Wurzelwerk aus dem Sud, Petersilienblättern und Pistazien belegen. Die Dekoration mit etwas Aspik beträufeln und nochmals kalt stellen. Wenn die Fischstücke ganz kalt sind, sie sauber in die Förmchen ordnen, das verbleibende Wurzelwerk feinnudelig schneiden und es in das übriggebliebene Aspik geben. Bevor das Aspik zu stokken beginnt, über den Karpfen geben, so daß er bedeckt ist. Kalt stellen, erst am nächsten Tag auf die vorgesehene Platte stürzen. Dies wird erleichtert, wenn man die Form für Sekunden in warmes Wasser taucht.

Karpfen auf polnische Art

1 Karpfen
80 g Schmalz
100 g Schalotten
Salz, feingehackter Kümmel
½ l dunkles Bier
¼ l Fleischbrühe
40 g Schwarzbrot
80 g Lebkuchen
8 Mandeln
1 TL Rosinen
½ Zitrone
1 EL Rotwein
20 g frische Butter

Die Flossen werden vom Karpfen abgeschnitten, er wird geschuppt und in Portionsstücke geteilt.
Die feingeschnittenen Schalotten goldgelb anrösten, den gesalzenen Karpfen in die Pfanne legen, mit Brühe bedecken, das Bier, Kümmel, Schwarzbrot und Lebkuchen dazugeben. Den Topf zudecken und langsam im Ofen weichdünsten.

Wenn der Fisch weich ist, hebt man ihn vorsichtig heraus, passiert die Sauce ab, gibt die feingeschnittenen abgezogenen Mandeln und die Rosinen in die Sauce, schmeckt mit Zitronensaft und Rotwein ab, läßt noch einmal durchkochen, gibt ein Stück frische Butter dazu und gießt die Sauce über den Fisch. Dazu reicht man am besten Salzkartoffeln.

Hecht

Hecht ist am wohlschmeckendsten, wenn er nicht schwerer als 3 kg ist. Hecht blau wird genauso zubereitet wie Karpfen blau.
Das Fleisch des Hechtes ist wohlschmeckend, aber trocken. Zum Braten spickt man den Hecht am besten mit Räucherspeck.

Hecht mit feinen Kräutern

1 kg Hecht
Salz, Pfeffer
100 g Speck
100 g Butter
1 EL Mehl
1/8 l Weißwein
3 EL gehackte frische Kräuter
Bratfett

Der ausgenommene, geschuppte Hecht wird gründlich gewaschen, gesalzen, gespickt, in Portionsstücke geteilt und in heißem Fett goldgelb gebraten.
Man gibt Butter dazu, läßt das Mehl darin braun werden, gießt trockenen Weißwein dazu, kocht ordentlich auf, schmeckt mit Pfeffer aus der Mühle ab und gibt die Kräuter dazu. Die Sauce über dem Fisch anrichten.

Hecht in Rahmsauce

1 kg Hecht
Salz, Pfeffer
1/2 Zitrone
120 g Schmalz, 120 g Butter
120 g Schinken
1/8 l Weißwein, 1/8 l saure Sahne
3 EL gehackte Petersilie

Den ausgenommenen, geschuppten Hecht gut waschen, salzen, spicken und in Portionsstücke teilen. Den Fisch in Fett schön anbraten, Butter und gewürfelten Schinken dazugeben, mit Weißwein und saurer Sahne aufgießen, ein wenig dünsten, mit Pfeffer und Zitrone abschmecken.
Beim Anrichten die Sauce über den Fisch gießen, mit gehackter Petersilie bestreuen.

Hecht in Rahmsauce mit Sardellen

1 kg Hecht
Salz, Pfeffer
1/2 Zitrone
12 Sardellenfilets
120 g Schmalz, 60 g Butter
1/8 l Weißwein
1/8 l saure Sahne
4 EL gehackte Petersilie

Den ausgenommenen, geschuppten Hecht waschen, salzen, mit Sardellenfilets spicken, in Portionsstücke teilen, im Schmalz auf beiden Seiten anbraten. Butter dazugeben, mit Weißwein und Sahne aufgießen, dünsten, mit Pfeffer und Zitronensaft abschmecken, mit Petersilie bestreuen und etwas ziehen lassen.

Waller (Wels)

hat ein sehr schönes weißes Fleisch von besonderer Zartheit, keine Gräten, nur das Rückgrat und einen großen Kopf.
Der Waller ist blau gekocht, auf Müllerinnenart oder in einer Dill-Rahmsauce am besten.

Da man nicht immer Edelfische zur Hand hat, kann man auf die tiefgekühlten Fische – auch Seefische – ausweichen. Die abgepackten, entgräteten Portionen lassen sich sehr gut weiterverarbeiten und sparen viel Zeit, da das Säubern des Fisches wegfällt.
Zum Braten und Backen sind sie fast alle hervorragend geeignet, zum Kochen im Sud weniger zu empfehlen, da sie bei dieser Zubereitung oftmals zu trocken sind.

Seezunge mit Speck und Champignons

4 Seezungen
Salz, Pfeffer
1 Zitrone
120 g durchwachsener Speck
200 g Zwiebeln
120 g Champignons
40 g Mehl
1/4 l Weißwein
1/4 l saure Sahne
1 Salbeiblatt
4 EL gehackte Petersilie

Die Seezungen salzen, mit Zitrone beträufeln und 1/2 Stunde stehenlassen.
Würfelig geschnittenen Speck mit der Zwiebel goldgelb anrösten, grobgehackte Champignons dazugeben und zu der bemehlten und hell gebratenen Seezunge geben. Mit Wein und saurer Sahne aufgießen, das Salbeiblatt zugeben, salzen, pfeffern, mit feingehackter Petersilie kurz durchziehen lassen. Dazu am besten Salzkartoffeln servieren.

Neusiedler Fischsuppe

1000 g beliebige Fischstücke
1 EL Rosenpaprika
1 1/2 l Wasser
Wurzelwerk
1 kleine Zwiebel
1 Lorbeerblatt
3 Wacholderbeeren
3 Pfefferkörner
Salz
2 EL Weinessig
100 g Speck
200 g Zwiebeln
2 Paprikaschoten (1 rot und 1 grün)
4 Tomaten
1/8 l saure Sahne
1 Eidotter
2 EL gehackte Petersilie

Eine vorzügliche Suppe, die man auch als Hauptgericht reichen kann. Man besorgt sich in der Fischhandlung möglichst Stücke von verschiedenen Fischen, auch Kopf, Schwanz und Flossen.
Man kocht Kopf, Schwanz und Flossen 1/2 Stunde in einem würzigen Sud aus Wurzelwerk, Zwiebeln und Lorbeerblatt, Wacholderbeeren, Pfefferkörnern, Salz und einem guten Weinessig.
Man schneidet die Fische in Stücke, salzt und

bestreut sie gut mit Rosenpaprika und läßt sie 1 Stunde stehen.
Man läßt in einem Topf feingeschnittenen Speck aus, dünstet darin die Zwiebel glasig, gibt in Streifen geschnittenen Paprika und geschälte, ausgedrückte, geviertelte Tomaten dazu. Die Tomaten und Paprikaschoten läßt man mitdünsten, gibt die Fischstücke hinein und füllt mit dem abgeseihten Fischsud auf, läßt aufkochen und 20 Minuten garziehen. Die Fleischstücke sollen ganz bleiben.
Man legiert mit einem in saurer Sahne verquirlten Eidotter und bestreut mit reichlich gehackter Petersilie.
Zu dieser Suppe reicht man Weißbrot. Falls die Suppe als Hauptgericht serviert wird, kann man Salzkartoffeln dazu reichen.

Rotbarsch, gratiniert

800 g Rotbarsch
Salz, Muskat
1 Zitrone
120 g Schmalz, 50 g Butter
3 EL Fleischbrühe
40 g Mehl
1/4 l Milch, 1 Eidotter
2 EL Parmesan

Rotbarsch salzen, mit Zitrone beträufeln, 1/2 Stunde stehenlassen, bemehlen und in heißem Fett goldgelb braten. Den Fisch in eine Gratinierschüssel legen.
Den Bratensatz mit Brühe aufkochen und über den Fisch geben, eine Mornaysauce (aus Mehl, Milch und Eidotter) darüberziehen, mit geriebenem Parmesan bestreuen und im Ofen goldgelb überbacken.

Rotbarsch mit braunen Mandeln

800 g Rotbarsch
Salz
1 Zitrone
80 g Schmalz
100 g Butter
200 g Mandeln
1 EL Rosenpaprika (zum Bestäuben)
1 EL gehackte Petersilie

Den Rotbarsch salzen, mit Zitrone beträufeln, 1/2 Stunde stehenlassen, in heißem Fett hell braten. In einer anderen Pfanne Butter zerlassen und darin geschälte und gehobelte Mandeln goldgelb anrösten, mit der Butter auf dem gebratenen Fisch verteilen, mit Zitrone beträufeln, mit Rosenpaprika und gehackter Petersilie bestreuen und mit Salzkartoffeln servieren.

Rotbarsch Hamburger Lotsenart

800 g Rotbarsch
Salz, Rosenpaprika
1 Zitrone
120 g Schmalz
1 große gehackte Zwiebel
4 Tomaten
120 g Schinken
1 rote und 1 grüne Paprikaschote
1/8 l Fleischbrühe

Den Rotbarsch salzen, mit Zitrone beträufeln, eine halbe Stunde stehen lassen, in heißem Fett anbraten. Wenn der Fisch fast fertig ist, Zwiebeln mitrösten, geschälte, ausgedrückte und geviertelte Tomaten, Streifen von rotem und grünem Paprika, in Streifen geschnittenen Schinken dazugeben, mit Salz und Pfeffer und etwas mildem Paprika würzen und alles noch einige Minuten dünsten lassen. Wenn nötig, mit Brühe aufgießen. Dazu passen am besten Salzkartoffeln.

Scholle mit Dill

4 mittelgroße Schollen
100 g Zwiebeln
100 g Champignons
1/4 l Weißwein
Salz
2 EL Dill
2mal 20 g Butter
20 g Mehl
1 Eidotter
5 EL süße Sahne

Eine Kasserolle mit Butter ausstreichen, Zwiebelwürfel hineinstreuen, die Schollenfilets darauflegen, Weißwein dazugießen, blättrig geschnittene Champignons hineingeben, salzen und 10 Minuten dünsten. Die Schollenfilets herausnehmen, den Sud einkochen lassen, Butter mit Mehl verkneten, dazugeben und aufkochen lassen, Eidotter mit süßer Sahne verquirlen, dazurühren und vom Feuer nehmen, nicht mehr kochen lassen! Gehacktes Dillkraut in die Sauce geben und über die Schollenfilets gießen.
Dazu Salzkartoffeln.

Fischbällchen

750 g Fisch
4 Pfefferkörner
1 Lorbeerblatt
Salz, Pfeffer
1 EL Essig
1/2 kleine Zwiebel
1/8 l Béchamelsauce
1 EL Schmalz
1 kleine Zwiebel
1 TL gehackte Petersilie
2 Eidotter
eventuell gehackte Sardellenfilets
eventuell Semmelbrösel, falls die Masse zu weich ist

Zum Panieren:
150 g Semmelbrösel
200 g Schmalz
80 g Mehl
2 Eier

Den beliebigen Fisch in einem Sud aus 1 1/2 l Wasser, Pfefferkörnern, Lorbeerblatt, Zwiebel, Salz, Essig, garen. Wenn der Fisch gar ist, nicht im Sud erkalten lassen, sondern sofort herausheben. Den Fisch entgräten, fein hacken oder durchdrehen und in eine dicke Béchamelsauce geben.
Zwiebeln in Schmalz anrösten, Petersilie dazugeben, salzen, pfeffern und Eidotter und nach Geschmack Sardellenfilets in die Masse einarbeiten. Sollte die Masse zu weich geraten, Semmelbrösel untermischen. Die Masse wird zu Bällchen geformt, in Mehl, Ei und Bröseln paniert und in heißem Schmalz gebacken.
Zu diesem delikaten Gericht passen Salate der Saison und eine Tatarensauce.

Fischtopf »Wittekind«

200 g Steinbutt
200 g Tiefseemuscheln
200 g Stör
4 Seezungenfilets
20 Stück Shrimps
1/2 l Wasser
1/2 l Weißwein
4 Scampi
1/2 gespickte Zwiebel (mit 1 Lorbeerblatt und 3 Gewürznelken) Salz

Steinbutt, Seezunge und Stör in mundgerechte Stücke schneiden und mit den Muscheln, Shrimps und Scampi mischen.
Das Wasser mit dem Wein und den Gewürzen zum Kochen bringen und alles darin garen.
Dazu reicht man vier verschiedene Saucen (2 warme und 2 kalte), Reis oder Kartoffeln und Salat. Passende Saucen sind unter »Pikante Beigaben und Saucen« beschrieben.

»Amur« – der pflanzenfressende Fisch

Diese Karpfenart besitzt einen Körper wie ein Hecht, aber Schuppen wie Karpfen. Seine Heimat sind der Ussuri und der Amurfluß. Bereits vor dem Krieg begann man diesen Fisch in Europa zu akklimatisieren. In Rußland hatte man die wirtschaftliche Bedeutung dieses Pflanzenfressers erkannt. Seine Nahrung besteht aus Wasserpflanzen, deren Beseitigung an den Teichwirtschaften und Badeseen (Ausmähen) jährlich große Summen kostet. Georgi Nikolski, Mitglied der Akademie der Wissenschaften der UdSSR, schreibt: »Eine wichtige Methode zur Steigerung der Produktivität der Fischereiwirtschaft besteht in der Ansiedlung pflanzenfressender Fische. Da sie sich von den Wasserpflanzen ernähren, bringen sie einen doppelten Nutzen. Sie reinigen die Gewässer und dienen selbst als vorzügliches Nahrungsmittel.« (Ohne die andere Fischbrut zu dezimieren!)
Von besonderem Interesse sind die pflanzenfressenden Fische für die Kühlbecken der Kraftwerke. Diese Kühlbecken wachsen rasch zu, die mechanische und auch chemische Säuberung ist kostspielig und bringt meist nicht den gewünschten Erfolg. Heute werden diese Kühlbecken durch pflanzenfressende Fische gesäubert.
Ein Nebeneffekt der Akklimatisierung des Weißen Amur: Da er mit Vorliebe die Pflanzen an den seichten Stellen der Gewässer frißt, verringern sich die Brutstätten der Mücken.
Da sich der Weiße Amur nur in seinen Heimatgewässern Ussuri und Amur vermehrt, kostete es Herrn von Menzel (er brachte den Fisch in die Steiermark) viele vergebliche Versuche, bis man darauf kam, die vermehrungsfähigen Weibchen künstlich zu befruchten. Als es soweit war, wurde der Weiße Amur erstmals außerhalb Rußlands und Chinas der neugierigen Fachwelt als Speisefisch vorgestellt. Am 2. Januar 1971 versammelten sich im Restaurant der Steiermärkischen Sparkasse, den »Steiermärkischen Weinstuben«, der damalige Präsident des Weltbundes der Köche und Präsident des österreichischen Kochverbandes, Ernst Faseth, sein Stellvertreter Helmuth Misak, der Küchendirektor des Hotels Intercontinental Wien, Herbert Hüpfl, und der Wiener Di-

plomatenkoch Ewald Plachutta, das Österreichische Fernsehen und an die 15 Journalisten der verschiedensten Fachblätter und Tageszeitungen, um diesen illustren Gast zu begrüßen. Er wurde nach den klassischen Rezepten serviert, also »blau gekocht«, gebraten und gebacken. Obwohl russische Rezepte vorlagen, hat man sich an die altbewährten Zubereitungsarten gehalten, denn ein bisher unbekannter Fisch sollte erprobt und in seiner Qualität beurteilt werden, was durch diese herkömmlichen Arten der Zubereitung leichter möglich war. Denn durch Beigabe weniger bekannter Zutaten hätte man den Gaumen irritiert. Das Erproben war ein Fest, und die Meinung aller Experten war, daß dieser Fisch auch für die Küche eine echte Bereicherung darstellte.

Im Februar 1972 anläßlich der »Wiener Internationalen Kochkunstausstellung 1972« fertigte der Wiener Kochkünstler Ewald Plachutta mit dem Weißen Amur eine großartige Platte, die er »Amur auf steirische Art« nannte. Sie wurde vom Generalsekretär der UNO, Kurt Waldheim, bewundert, der sich von Präsident Faseth dieses Schaustück erklären ließ. Der Hersteller bekam für die erstmalige Präsentation dieses neuen Fisches und die hervorragende Verarbeitung den Ehrenpreis und Pokal der Stadt Wien.

Wie schon erwähnt, können Sie diesen Fisch in allen bekannten Zubereitungsarten kochen. Da er fettarm ist, wird er am besten gebraten. Aber auch als Pastete ist er sehr gut, und zwar nach folgendem Rezept:

Amur-Pastete

Sud:
1 l Wasser
3 EL Weinessig
1 EL Zwiebelringe
3 Pfefferkörner
3 Wacholderbeeren
Salz und einige Dillstengel
1 kg Amur
Aspik zum Auskleiden der Form:
1/8 l Fischsud
2 Blatt Gelatine
1 TL feingehacktes Dillkraut
Für die Pastete:
1/4 l heißer Fischsud
7 Blatt Gelatine
Salz, Pfeffer
1 EL trockener Sherry
1 TL Paprika
2 EL gehacktes Dillkraut
1 Kaffeetasse geschälte, gewürfelte Tomaten
1/2 Kaffeetasse rote feinstgehackte Paprikaschoten
1/8 l steifgeschlagene Sahne
Zum Garnieren:
Salatherzchen oder krause Petersilie
Eischeiben, Tomaten
Meerrettich-Mayonnaise:
1/8 l Mayonnaise
3 EL Schlagsahne
2–3 EL Meerrettich
evtl. hartgekochtes Ei

Aus Wasser, Zwiebelringen, Lorbeerblatt, Wacholderbeeren, Pfefferkörnern, Weinessig, Salz und Dillstengeln bereitet man den Fischsud. Darin läßt man den Amur – möglichst mit Schwanzstück – ziehen, bis er gar ist. Dann abkühlen lassen.

Inzwischen bereitet man die Form für die Pastete vor. Die Form 1/2 Stunde im Kühlschrank kalt stellen. Gelatine in kaltem Wasser einweichen. Wenn sie weich ist, ausdrükken, mit heißem Fischsud verrühren und durch ein Sieb abseihen, erkalten lassen, bis sie fast dickflüssig ist. Nun die kalte Form aus dem Kühlschrank nehmen und mit der Gelatine ausgießen, auch die Ränder. Vor dem Erkalten das gehackte Dillkraut in die Gelatinemasse einrühren. Die Form wieder kalt stellen.
Den erkalteten Fisch von Gräten und Haut befreien, 3mal durch die Fleischmaschine drehen. Vorher trennt man das Schwanzstück ab, und zwar so viel, um damit die Mitte der Pastete belegen zu können.
Fischsud heiß machen, Gelatine in kaltem Wasser einweichen, ausdrücken und in den heißen Fischsud geben, gut verrühren und passieren. Dann das durchgedrehte Fischfleisch unterrühren, eventuell nachsalzen und pfeffern, mit einem Schuß trockenem Sherry abschmecken und kalt stellen. Inzwischen alles für die Einlage vorbereiten.
Ausgedrückte Tomaten mit Salz, Pfeffer und Paprika würzen, die Paprikaschote daruntermischen. Sahne steif schlagen und unter die kaltgestellte Fischmasse mischen. Das muß sehr schnell gehen, und zwar kurz bevor die Masse steif wird, sonst bindet sich die Sahne nicht mehr mit der Masse. Die Hälfte der Fischmasse in die Form füllen, die Hälfte des Dillkrautes in die Mitte der Form so breit einstreuen, wie die bereitgehaltenen Fischstückchen als Unterlage erfordern, darauf die Hälfte der würfelig geschnittenen Tomaten und Paprika, darauf die Fischstückchen (diese Einlage ist höchstens 3 cm breit). Die Fischstückchen leicht andrücken, die vom Auskleiden der Form übriggebliebene Gelatine erwärmen und damit die Fischstücke beträufeln und fixieren. Sonst könnten sie später beim Schneiden der Pastete auseinanderfallen.
Die restlichen gewürfelten Tomaten auflegen, darauf den Rest des Dillkrautes und den Rest der Fischmasse darüber verteilen.
Die Form glattstreichen und nun auf den Arbeitstisch ein Küchentuch legen und die gefüllte Form mit dem Boden vorsichtig auf den Tisch klopfen, um eine gewisse Konsistenz der Masse zu erreichen.
Über Nacht in den Kühlschrank stellen.
Auf eine entsprechend große Platte stürzen. Das gelingt am besten, wenn man die Form ganz kurz in heißes Wasser taucht. Mit Tomaten, Eischeiben, Salatherzen oder Petersilie garnieren.
Dazu reicht man Butter und Toast, Meerrettichmayonnaise oder saure Sahne oder Eier-Meerrettich-Mayonnaise (verdünnte Mayonnaise mit grobgehacktem Ei und Meerrettich verrührt).

Weinbergschnecken

Die Verwendung von Weichtieren wie Austern, Muscheln, Schnecken u. v. a. als Nahrungsmittel läßt sich schon in Funden aus Kulturstätten der Steinzeitmenschen nachweisen. Den Völkern des Mittelmeerraumes dienten diese Tiere und ihre Verwandten seit dem Altertum bis in unsere Zeit als Nahrungsmittel.
Etwa 50 Jahre vor Christi Geburt gab es nach *Varro* in Rom Schneckengärten, *cochlearia* genannt. Diese dienten zum Mästen von

Weinbergschnecken, die vom Schneckenhändler *(propola)* auf den Märkten feil geboten wurden. Zum Verzehren der Schneckengerichte benutzte man damals schon einen Löffel, der aus einem Knochen hergestellt war. Aus ihrer Heimat – Südosteuropa und Mittelmeerraum – brachten Mönche die Weinbergschnecke (Helix pomatia) bis nach Norddeutschland. Bei den Mönchen waren Schnecken eine beliebte Fastenspeise, in vielen Klöstern und Pfarrhöfen wurden Schneckengärten angelegt.

In den Mittelmeerländern, besonders Spanien und Südfrankreich, gibt es in fast jedem Gasthaus beinahe immer Schneckengerichte, die man auch zur Vesper verzehrt.

Auch in Wien waren Weinbergschnecken eine beliebte Fastenspeise. Es existiert eine Wiener Marktchronik, aus der hervorgeht, daß die »Schneckenweiber« an bestimmten Tagen Schnecken auf den Markt brachten, die vermutlich die Tafel der Wiener an Freitagen und hohen Fastentagen zierten. Das war damals einfach, denn bereits in den Vorstädten konnte man sie sammeln. Durch das Kultivieren der Landschaft, Verwenden von Kunstdünger und Spritzmitteln und Asphaltieren der Straßen wurden die Schnecken immer mehr zurückgedrängt und auch dezimiert, so daß man das Sammeln verbieten mußte, um die Schnecken vor dem Aussterben zu retten. Sie stehen unter Naturschutz, und in jedem Bundesland wird das Sammeln durch Verordnungen der Behörden geregelt. Da der Bedarf ungleich größer als das Angebot ist, haben Züchter von Weinbergschnecken die Möglichkeiten der Zucht und des Nebenerwerbs für Kleinlandwirte erkannt. Seit die Diplom-Biologin G. Hein von der Freien Universität Berlin die Möglichkeit des Züchtens nachgewiesen hat, setzte auch da ein Aufschwung ein. In Süddeutschland exportieren die Züchter 6000 Tonnen jährlich, aber auch in in Oberösterreich und in der Steiermark werden seit Jahren Schnecken mit Erfolg gezüchtet.

Der Restaurateur Victor Juza konnte durch seine eigenen Kulturen den Umsatz an Weinbergschnecken von 50 Dutzend im Jahr auf 1600 Dutzend steigern. Die jahrelang propagierten »Weinbergschnecken-Werbewochen« brachten jedesmal bis zu 65 Experten aus vielen Ländern, um neue Gerichte zu erproben. Die Zuchtschnecken wurden bis nach Rio de Janeiro per Luftfracht verschickt.

Der steigende Bedarf kommt nicht nur von der verfeinerten Lebensweise. Da Schnecken sich natürlich ernähren (Spritzmittel und Kunstdünger bringen sie um), weichen viele Menschen auf dieses natürliche Nahrungsmittel aus. Für Autofahrer ist es eine leichte Sache (Proteingehalt um ein Drittel höher als beim Hühnerei), da trotz geringer Menge,

---

Forelle blau mit Sahne-Butter-Sauce –

welche Magen und Darm nicht belastet, eine Sättigung erreicht wird.
Daß der Bedarf im Steigen ist, hat mehrere Gründe. Einer davon ist z. B. der, daß die amerikanischen Soldaten, die das Schneckenessen in Frankreich und Belgien probierten, zu Hause nach diesen Gerichten verlangten.
Die gezüchtete *Helix pomatia* ist der in den Alpenländern vorkommenden größeren und graufarbenen Weinbergschnecke sehr ähnlich. Im Mittelmeerraum gibt es viele andere Arten bis zu den kleinen schwarzen. Diese haben auch ihre Liebhaber und werden dort genauso gerne gegessen.
Das Verspeisen von Schnecken ist problemlos. Für das korrekte Servieren gibt es das Schneckenbesteck, bestehend aus Schneckengabel und Schneckenzange. Vor Ihnen steht ein Suppenteller, darauf legt man einen Suppenlöffel in richtiger Position, damit Sie den köstlichen Fond aus dem Schneckenhäuschen auffangen und genüßlich verspeisen können. Links vom Teller liegt die Schneckenzange, rechts die Schneckengabel.
Die beliebteste Art, Schnecken zu essen, ist trotz vieler anderer Zubereitungsarten nach wie vor die, die Schnecken im Häuschen zu servieren. Man ißt dazu meist Weißbrot, auch Grahambrot.
Die Platte, auf der die Schnecken angeordnet sind, wird vor Sie hingestellt. Mit der Zange ergreifen Sie ein Häuschen und halten es über den Suppenlöffel auf dem Suppenteller. Durch eine kleine Drehung träufeln Sie etwas von dem Fond darauf, nehmen die Schneckengabel, ziehen die Schnecke heraus und verspeisen sie. Jetzt kippen Sie den Rest des köstlichen Fonds, der sich noch im Häuschen befindet, auf den Suppenlöffel und schlürfen ihn genüßlich und essen dazu das bereitliegende Brot. Das leere Häuschen können Sie nach Belieben auf dem Suppenteller oder der Schneckenpfanne ablegen. Es ist durchaus üblich, daß man mit Brot den ausgelaufenen Fond auf der Schneckenpfanne oder dem Suppenteller auftunkt und ißt.
Als Getränk paßt fast alles, am allerbesten ein leichter Landwein. Der Fond, den aufzufangen so dringend empfohlen wurde, ist eine Buttermischung mit Kräutern, die durch das leichte Bräunen bei der Zubereitung besonders delikat schmecken.
Weinbergschnecken zählen nicht zu den billigsten Essen, und manch einer fragt sich, warum das so ist, wo sie doch im Freien herumkriechen und gesammelt werden. Was ist daran so teuer? Die Zubereitung! Denn die Vorarbeiten sind sehr aufwendig an Zeit und müssen sorgfältig durchgeführt werden, eine wirklich exakte Arbeit ist nötig.
Wenn Sie Ende Mai oder im Juni frische Schnecken verarbeiten wollen, so müssen Sie

– **Weinbergschnecken »südländisch«**

diese in ein Kistchen geben, das die Luft gut durchläßt, aber einen Deckel hat, damit sie nicht entweichen. 2–3 Tage drinnen lassen, damit sich die Schnecken entleeren. Bei Deckelschnecken ist das nicht nötig, denn diese entleeren sich, bevor sie den Kalkdekkel, mit dem sie das Häuschen verschließen, ausscheiden.

Vor dem Kochen werden die Schnecken gewaschen, wir geben sie in einen Topf mit kochendem Wasser und lassen sie 10 Minuten kochen, nehmen die Schnecken heraus und ziehen sie mit einer Spicknadel aus dem Häuschen. Die Häuschen werden mit Soda zum Auskochen aufs Feuer gestellt. Von den Schnecken verwendet man nur das kleine feste Körperchen, das ist etwa ein Drittel der Schnecke, alles andere kommt zusammen mit dem Futtersack weg.

Die Schnecken werden reichlich mit grobem Salz bestreut und damit abgerieben, das ist das Entschleimen. Dann mit kaltem Wasser abspülen. Das wiederholen wir, bis das Schneckenfleisch nicht mehr schleimig und das Spülwasser ganz klar ist.

Nun mit reichlich Wurzelwerk und Wasser wie eine Fleischbrühe aufs Feuer stellen und kochen, bis sie weich sind. Das kann 3 Stunden, aber auch 3 ½ und länger dauern. In der letzten Viertelstunde einen kräftigen Schuß trockenen Weißwein dazugeben. Wenn sie weich sind, kann man die Schnecken zu beliebigen Gerichten verarbeiten. Wenn Sie mehr Schnecken haben, als sie im Augenblick brauchen, dann verarbeiten Sie alle, also vorkochen und den Rest im Tiefkühlfach einfrieren! Man legt die Schnecken nebeneinander auf ein Tablett und friert sie ein, nach 2 Stunden tut man sie in ein Säckchen. Das braucht weniger Platz im Tiefkühlgerät, und man kann sie nach Bedarf stückweise entnehmen.

Die Häuschen müssen einige Male mit frischem Wasser und Soda ausgekocht werden, so lange, bis sie einwandfrei sauber sind. Gut spülen und mit der Öffnung nach unten trocknen. Auch nach einer Schneckenmahlzeit muß man die Häuschen gut auskochen, um alle Fettreste herauszubekommen, gut spülen und mit der Öffnung nach unten trocknen lassen. Das ist nötig, denn weniger werden sie auf jeden Fall. Der eine oder andere Bekannte wird sich eines als Souvenir erbitten, und außerdem ist nicht zu vermeiden, daß hier und da eines zerbricht.

Die im Handel befindlichen Konserven kann man beruhigt verwenden. Die Schnecken werden in der Dose nur in ihrem Fond bereitgehalten, die geschmackliche Richtung bekommen sie, wenn sie nach Rezept zubereitet werden.

Auch von dem Fond der selbstgekochten Schnecken soll man sich kleine Mengen einfrieren, denn Sie sehen in den folgenden Rezepten, daß man auch davon etwas verwendet, meist nur ein Moccalöffelchen voll, das man in jedes Häuschen zur Schnecke und der Butterpräparation dazugibt. So verfährt man auch mit dem Fond der Konserven.

Auch für die Schnellküche ist ein Schnekkengericht großartig geeignet. Mit den haltbaren Konserven oder mit eingefrorenen Schnecken können Sie einen unverhofften Besuch mit einem delikaten Gericht überraschen. Die Butterpräparation ist rasch gemacht, gehackte Petersilie wird man auch gefroren haben. Schneckenpfannen gibt es aus Porzellan, Keramik, Jenaer Glas, Kupfer und rostfreiem Stahl. Haben Sie keine oder es ist ein Gast mehr bei Tisch, dann nehmen

Sie z. B. eine Keramik- oder Porzellanplatte oder einen Teller, häufen darauf Kochsalz und ordnen darauf die präparierten Schnekken, die Sie nun im Ofen oder Grill zubereiten. Das Salz ist nicht verloren, es kann weiter verwendet werden.
Falls Sie Fett schlecht vertragen, können Sie beim Kochen frischer Schnecken nach 1½ Stunden diesen eine Kalbshaxe beifügen. Wie bei dem anderen Rezept Wurzelwerk beigeben und in der letzten Viertelstunde einen kräftigen Schuß trockenen Weißwein. Die Schnecken und die Haxe werden, wenn sie weich sind, herausgenommen und der Fond durch Weiterkochen reduziert. Diesen sehr gehaltvollen Fond kann man zum Füllen der Schneckenhäuschen verwenden und nach Belieben würzen. Die Kalbshaxe dient dazu, den Fond kräftiger zu machen.

Schnecken in Kräuterbutter

48 Schnecken
240 g Butter
4 EL feingehackte Kräuter (Petersilie, Schnittlauch, Estragon, Kerbel)
2 EL Worcestershire-Sauce
2 EL Zitronensaft
Salz, Pfeffer

Wenn man keine frischen Schnecken verarbeitet, sondern tiefgefrorene, legt man sie gefroren in ein Pfännchen, bedeckt sie mit etwas Fleischbrühe und läßt sie kurz aufkochen. Oder man kocht sie mit Weißwein auf und gibt von diesem Saft später etwas zu der Kräuterbutter in das Häuschen.
Butter und Kräuter, Salz, Pfeffer, Worcestershire-Sauce und Zitronensaft gut vermengen. In die sauberen Schneckenhäuschen gibt man etwas Kräuterbutter, den Schneckenfond, die Schnecke und eventuell etwas von dem Wein, dann streicht man das Häuschen mit Kräuterbutter zu.
Die auf der Schneckenpfanne geordneten Schnecken kommen in den Backofen oder unter den Grill, bis die Butter nußbraun wird und zu schäumen beginnt. Erst dann ist der geschmackliche Höhepunkt erreicht, weil Gewürze und Kräuter erst zu diesem Zeitpunkt mit der Butter das beste Aroma entfalten.
Man serviert heiß und reicht Weißbrot dazu.

Schnecken in Knoblauchbutter

Zutaten wie bei »Schnecken in Kräuterbutter«, dazu:
2 EL feinstgehackte Zwiebeln
2 zerdrückte Knoblauchzehen

Die Zubereitung erfolgt wie bei »Schnecken in Kräuterbutter«, jedoch vermischt man die Butter noch mit Zwiebel und Knoblauch.

Variationen:

Auf der Grundlage dieser Rezepte gibt es unzählige Variationen. Viele Hausfrauen und Küchenchefs haben sogar ihre Geheimrezepte. Man kann zum Beispiel in die Butter noch geriebenen Koriander, einen Hauch Rosenpaprika oder Muskat geben.

Weinbergschnecken »südländisch«

½ l herber Weißwein
48 Weinbergschnecken
6 EL Öl
4 EL feingehackte Zwiebel
2 TL gehackte Petersilie
40 Garnelen
4 kleine Knoblauchzehen, zerdrückt
Salz, Peffer

Alle Zutaten miteinander mischen und das Gericht mit Salz und Pfeffer abschmecken.

Weinbergschnecken auf katalonische Art

48 Schnecken
48 dünne Scheiben Speck
4 EL Kräuterbutter
8 EL feingehackte Zwiebel
8 EL feingeschnittene Oliven
8 EL Tomatenwürfel
8 EL geschnittene Champignons
2 EL gehackte Petersilie
Knoblauch, Salz, Pfeffer

Jede einzelne Schnecke mit einer Scheibe Speck umwickeln und je 12 umwickelte Schnecken auf einen Spieß stecken und in der Kräuterbutter anbraten. Die Spieße aus der Kräuterbutter nehmen, zur Kräuterbutter die Zwiebeln geben, anlaufen lassen, dann Oliven, Tomatenwürfel, Champignons und Petersilie dazugeben, kurz durchrösten, mit Knoblauch, Salz und Pfeffer abschmecken und als Beilage zu den Schneckenspießchen geben.

Weinbergschnecken auf Artischockenböden

24 Schnecken
12 Artischockenböden
1 EL Kräuterbutter
8 EL Holländische Sauce

Die Weinbergschnecken und Artischockenböden zusammen mit der Kräuterbutter heißmachen, je drei Artischockenböden mit 6 Schnecken auf dem Teller anrichten und mit Holländischer Sauce unter dem Grill rasch glasieren.

Schneckenragout

48 Schnecken
4 EL Butter
4 EL feinstgehackte Zwiebeln
8 geschälte, ausgedrückte Tomaten
80 g Pilze
80 g Schinkenstreifen
einige Streifen grüne und rote Paprika
Salz
Pfeffer
Muskat
1 Prise Paprika
½ l Rotwein
2 Knoblauchzehen
8–10 Markscheibchen
2 EL Parmesan

Zwiebeln in Butter anlaufen lassen, ohne daß sie Farbe bekommen. Die Tomaten, kleingeschnittene Pilze, Schinken, Knoblauch, Salz, Pfeffer, Muskat dazugeben, mit Wein aufgießen, die Schnecken hinzufügen, dünsten.

Dieses Gericht in eine Gratinierschüssel geben, mit Markscheiben und Paprikastreifen belegen, mit Parmesan und Semmelbröseln bestreuen, in den Ofen stellen, bis Brösel und Parmesan goldbraun sind.
Dazu Weißbrot oder Reis reichen.

Schneckensalat nach Winzerart

8 Dutzend Schnecken
1 Knoblauchzehe
5 EL Weinessig
5 EL Öl
2 hartgekochte Eier
2 in Ringe geschnittene Zwiebeln
2 EL geriebener Meerrettich
2 EL Schnittlauch
eventuell Radieschen,
Gurken,
Bohnen
oder Speisemais

Die Salatschüssel mit einer Knoblauchzehe einreiben.
Aus Essig, Öl, Salz, Pfeffer, Meerrettich und Zwiebeln eine Marinade bereiten. Die Schnecken hineingeben und 1/2 Stunde ziehen lassen, mit gehacktem Ei und Schnittlauch bestreuen.
Zu den Schnecken kann man nach Belieben weiße Bohnen, Rettich, Radieschen oder Speisemais geben.
Zu diesem Salat reicht man kräftiges Bauernbrot und trinkt dazu herben Weißwein, in der Steiermark »Sturm«.

Schneckensuppe »Gisela«

6 Hühnermägen
12 Schnecken
Wurzelwerk
1/2 Lorbeerblatt
3 Pfefferkörner
Salz, Pfeffer
Muskat
1 Prise Thymian
1 kleine feingehackte Zwiebel
1 EL Schmalz
1 EL Mehl
3/4 l Brühe
4 EL Sahne
1 Eidotter
1 EL trockener Weißwein
1 Brötchen
1 EL Butter
1 TL Rosenpaprika
Petersilie

Die Hühnermägen mit Wurzelwerk, Lorbeerblatt und Pfefferkörnern in 3/4 l Wasser weichkochen. Wenn die Mägen weich sind, die Brühe abseihen.
Zwiebel in Schweineschmalz mit Mehl anschwitzen, ohne daß sie Farbe bekommen. Wenn sie anfangen zu schäumen, mit der Brühe aufgießen, mit Salz, Pfeffer, Muskat und Thymian abschmecken.
Die weichen Hühnermägen und die Schnekken blättrig in die Brühe schneiden. Das mitgekochte Wurzelwerk blättrig schneiden, in die Brühe geben, dann Weißwein dazu und mit dem in der Sahne verquirlten Ei legieren.
Das Brötchen in kleine Würfel schneiden, in Butter anrösten, auf die Suppe geben, mit Rosenpaprika und gehackter Petersilie bestreuen.

Schnecken in Weinteig

48 Schnecken
1 l Weißwein
480 g Mehl
2 EL Öl
Salz
5 Eidotter
4 EL Schnittlauch
sehr festen Schnee von 5 Eiweiß
8 EL Kräuterbutter Pariser Art
800 g Schmalz
Petersilie zum Garnieren

Aus Weißwein, Mehl, Ei, Salz und Öl einen dickflüssigen Teig herstellen, den steif geschlagenen, gesalzenen Schnee vorsichtig mit Schnittlauch unterheben.
Die Schnecken werden in »Kräuterbutter Pariser Art« warm gemacht, mit einem Löffel einzeln herausgenommen, mit dem Löffel durch den Weinteig gezogen und ins heiße Schmalz gelegt. Auf beiden Seiten goldbraun backen.
Schnecken abtropfen lassen, die Petersilie ohne die dicken Stiele kurz ins heiße Fett geben, anrichten und sofort servieren.
In der Steiermark reicht man dazu einen Salat der Saison mit Kernöl.
Kernöl ist eine steirische Spezialität und das Öl, das aus Kürbiskernen gepreßt wird. Es ist ein schwarzes, kräftiges, starkes Öl, aber fast nur in der Steiermark bekannt.

Kräuterbutter Pariser Art

500 g Butter
2 ganze Eier
2 Eigelb
1 Prise Salz
Saft von 1 Zitrone
1 TL gehackte Petersilie
1 TL gehackter Dill
1 TL geribbelter Majoran
1 TL Thymian
1 TL Basilikum
1 Messerspitze Cayennepfeffer

Butter und Eier schaumig rühren, nach und nach die Geschmackszutaten dazugeben und gut miteinander verrühren.

Gemüse und Pilze

Gemüse ist für die Ernährung wegen seines Gehaltes an Mineralstoffen und Vitaminen wichtig. Durch Verwendung von Gemüse läßt sich der Speiseplan abwechslungsreicher gestalten. Bei Beginn der Ernte sind die jeweiligen Sorten in allerbester Qualität und besonders preiswert zu bekommen, so daß man sich einen gewissen Vorrat durch Tiefkühlen oder Einkochen anlegen sollte.
Man sollte das Gemüse immer nur möglichst kurz kochen, da bei längerem Kochen die Vitamine verlorengehen. Vor der Verarbeitung das Gemüse sorgfältig waschen.
Zum Kochen nicht mehr Wasser verwenden als unbedingt nötig und auch das Kochwasser nach Möglichkeit weiterverwenden, zum Beispiel zur Zubereitung von Suppen, zum Aufgießen von Saucen und Braten. So werden die Nährstoffe verwertet, und das Gericht erhält zusätzlich noch einen besonderen Geschmack.

Blumenkohl, eingemacht (Blumenkohl in weißer Sauce)

600 g Blumenkohl
1 kleine Zwiebel, kleinwürfelig
1 EL Schmalz
1 TL Mehl
Salz, Pfeffer, Muskat
1 EL gehackte Petersilie
1/4 l Milch

Den Blumenkohl in kleine Röschen teilen und in Salzwasser weich kochen.
Zwiebel im Schmalz anschwitzen, mit Mehl bestäuben. Wenn das Mehl aufschäumt, mit Milch ablöschen, mit Salz, Pfeffer und Muskat abschmecken, Petersilie dazugeben, die Blumenkohlröschen hineinlegen und durchziehen lassen.

Blumenkohl mit Butterbröseln

800 g Blumenkohl
100 g Butter
2 EL Semmelbrösel
Salz

Blumenkohl von den Blättern befreien, am Strunk kreuzweise einschneiden, eine Stunde in kaltes Salzwasser legen.
In Salzwasser kochen. Wenn er weich ist, abgetropft auf einer Platte anrichten. Die Butter in einer Pfanne schmelzen, die Semmelbrösel dazugeben und goldbraun anrösten, über den Blumenkohl streuen.
(Blumenkohl bleibt beim Kochen weiß, wenn man eine Zitronenscheibe mitkocht oder etwas Milch in das Kochwasser gibt.)

Überbackener Blumenkohl mit Schinken

1 großer Blumenkohl (800–1000 g)
1 EL Schmalz
1 EL Brösel
250 g gekochter, gehackter Schinken
1/4 l saure Sahne
3 Eidotter
Salz, Pfeffer, Muskat
1 EL Parmesan
1 EL Brösel
30 g Butterflöckchen

Blumenkohl in Röschen zerteilen und in Salzwasser weich kochen.
Eine Auflaufform mit Schmalz ausfetten, mit Bröseln ausstreuen, mit Blumenkohlröschen auslegen und eine Lage Schinken und wieder eine Lage Blumenkohl darübergeben. Sahne mit Eidotter verquirlen, über den Blumenkohl gießen, salzen, pfeffern, Muskat dazugeben, mit Parmesan und Bröseln bestreuen, einige Butterflöckchen darauflegen und goldbraun backen.

Blumenkohl, gebacken

800 g Blumenkohl
150 g Mehl
200 g Brösel
2 Eier
250 g Schmalz
Salz

Den in Röschen geteilten Blumenkohl in Salzwasser nicht zu weich kochen, herausnehmen, abtropfen und abkühlen lassen. Die Röschen in Mehl wenden, durch geschlagenes Ei ziehen, in Semmelbrösel panieren, in heißem Schweineschmalz goldgelb backen. Mit einer Salatplatte servieren.

Blumenkohl, überbacken

800 g Blumenkohl
50 g Butter, 40 g Mehl
1/8 l Milch
2 Eidotter
Salz, Muskat
1 gehäufter TL geriebener Parmesan
Parmesan zum Bestreuen

Den Blumenkohl von den Blättern befreien, am Strunk kreuzweise einschneiden, eine Stunde in kaltem Salzwasser wässern. (Das ist nötig, damit eventuell in der Rose sitzende Schnecken herauskriechen.)

Blumenkohl in Salzwasser weichkochen, abtropfen lassen und in eine flache Gratinierschüssel legen.
Aus Butter, Mehl und Milch eine Béchamelsauce bereiten, vom Feuer nehmen, Eidotter einrühren, salzen, mit Muskatnuß abschmecken, Parmesan einrühren und über den Blumenkohl gießen.
Dann dick mit Parmesan bestreuen, die Gratinierschüssel in den heißen Ofen schieben und so lange backen, bis die Kruste schön braun ist.

Grüne Bohnen

Von den grünen Bohnen sind die jungen Prinzeßbohnen die schönsten und zu zarten Grilladen eine sehr beliebte Beilage.
Bei den größeren Bohnen schneidet man die beiden Enden ab und zieht dabei den Faden ab.
Die Bohnen in Salzwasser ohne Deckel kochen, eventuell eine kleine Messerspitze Natron dazugeben, weil dann die grüne Farbe erhalten bleibt. Bohnen abseihen und nun mit frischer Butter servieren oder mit in Butter gerösteten Semmelbröseln oder angebratenen Speckwürfeln auf den Tisch bringen.

Ausgelöste junge Bohnen

600 g frische Bohnenkerne
100 g Butter oder Speck
Salz
evtl. 2 EL Brösel

Die jungen Bohnen werden meist als Stangenbohnen gezogen. Wenn die Bohnenkerne reif sind, bekommt man sie frisch auf dem Markt. Die jungen Bohnenkerne werden mit Butterbröseln serviert oder aber mit angerösteten Speckwürfeln.
Sind die Bohnen älter, werden sie über Nacht eingeweicht und dann am nächsten Morgen mit frischem Salzwasser gekocht.

Rahmfisolen (Grüne Bohnen in Sahne)

800 g grüne Bohnen
1 kleine feingehackte Zwiebel
1 EL Schmalz
1 EL Mehl
Salz, Pfeffer, Muskat
4 EL saure Sahne
1 EL gehacktes Dillkraut oder Petersilie

Die geputzten, gewaschenen grünen Bohnen werden in 3 cm lange Stücke geschnitten und in Salzwasser gekocht.
Aus Schmalz, Zwiebel und Mehl stellt man eine helle Einbrenne her, gießt mit dem Sud der Bohnen auf, würzt mit Salz, Pfeffer und Muskat, kocht etwas durch und gibt die Bohnen dazu. Saure Sahne und Petersilie oder Dill einrühren.

Brokkoli (Spargelkohl)

kommt ab September auf den Markt. Er ähnelt im Aussehen dem Blumenkohl, steht aber auf grünem Stiel und ist von satter, grüner Farbe.
Brokkoli wird in Salzwasser gekocht. Wenn er weich ist, abgießen, leicht salzen und pfeffern und mit zerlassener Butter servieren.

Man kann ihn auch mit in Butter angerösteten Semmelbröseln servieren.
Der Geschmack von Brokkoli erinnert an Rosenkohl und Spargel.

Fenchel in Rahmsauce

5 Knollen Fenchel
1 feingehackte Zwiebel
1 EL Schmalz
1/8 l Fleischbrühe
1 TL Mehl
1/8 l saure Sahne
Salz, Pfeffer
1 EL Schnittlauch

Den gewaschenen und von den groben Blättern befreiten Fenchel feinnudelig schneiden. Die Zwiebel in Schmalz anschwitzen, den Fenchel dazugeben, unter Zugabe von Brühe weichdünsten, mit Mehl bestäuben, reichlich mit gehacktem Schnittlauch bestreuen, die saure Sahne einrühren und mit Salz und Pfeffer abschmecken. Man kann kräftig würzen, weil Fenchel einen eher weichen Geschmack hat.

Gebackener Fenchel

8 Knollen Fenchel
100 g Mehl
1 Ei
200 g Brösel
250 g Schmalz
Salz

Fenchel in Salzwasser weich kochen, abtropfen lassen, in Viertel schneiden, in Mehl wenden, durch geschlagenes Ei ziehen, in Semmelbröseln panieren und in heißem Fett backen.
Man kann diesen Fenchel als Beilage servieren oder mit Salat als Hauptgericht.

Fenchel mit Lauch und Tomaten

300 g Fenchel
150 g Lauch
300 g geschälte, ausgedrückte Tomaten
1 EL Schmalz
1/8 l trockener Weißwein
1 zerdrückte Knoblauchzehe
Salz, Pfeffer, Petersilie
evtl. wenig Fleischbrühe

Die gut abgebrühten Fenchelknollen werden in Viertel geschnitten und in eine mit Schmalz eingefettete Kasserolle gelegt.
Vom Lauch die äußeren Blätter entfernen und ihn kleinschneiden, in Schmalz anschwitzen und zum Fenchel geben. Darüber die geschälten, ausgedrückten, in Würfel geschnittenen Tomaten geben, auch Weißwein, Knoblauch, Salz, Pfeffer, und zugedeckt im Ofen dünsten. Wenn nötig, mit Brühe aufgießen. Mit gehackter Petersilie bestreut servieren.

Erbsen

Ganz junge Erbsen in Salzwasser kochen, abtropfen und in einem Topf mit Butter und wenig Zucker schwenken, mit reichlich gehackter Petersilie servieren.

Erbsenreis (Risi-pisi)

500 g junge Erbsen
1 Tasse Reis
2 Tassen Wasser oder Fleischbrühe
1 EL Schmalz
Salz, Pfeffer
1 EL Dillkraut
2 EL Parmesan
1 feingehackte Zwiebel

Die Zwiebel im Schmalz anschwitzen und die gewaschenen jungen Erbsen dazugeben. Den Reis in Wasser langsam weichdünsten, salzen. Kurz vor dem Fertigwerden vorsichtig einen Löffel Dillkraut unterrühren und die jungen garen Erbsen untermischen.
Vor dem Servieren mit Parmesan bestreuen. Als Beilage paßt Salat, oder man nimmt das Risi-pisi als Beilage zum Fleisch.

Erbsenpüree

400 g getrocknete Erbsen
1 Speckschwarte oder Schinkenknochen
1 feingehackte Zwiebel
1 EL Schmalz
Salz, Pfeffer
1 EL frische Butter
1 EL Schmalz
1 große Zwiebel, in Ringe geschnitten

Die Erbsen über Nacht einweichen und in frischem Wasser mit der Speckschwarte oder dem Schinkenknochen kochen. Wenn die Erbsen weich sind, passieren.
In Schmalz Zwiebeln anschwitzen lassen, zu den passierten Erbsen geben, mit Salz und Pfeffer abschmecken, mit dem Schneebesen gut durcharbeiten, vor dem Servieren ein Stück Butter einrühren.
In Schmalz Zwiebelringe anrösten und über das Erbsenpüree streuen.

Gurken, gedünstet

2–3 Gurken
1 EL Schmalz, 1 feingehackte Zwiebel
je 1 Prise Zucker, Salz, Pfeffer
4 EL Fleischbrühe, 1 EL gehackte Petersilie

Die Gurken schälen, in kleinfingerdicke Stücke schneiden. Die Zwiebel im Schmalz anschwitzen, die Gurken und eine Prise Zukker dazugeben, salzen, pfeffern und mit wenig Brühe dünsten. Mit gehackter Petersilie bestreut servieren. Paßt zu Gebratenem aus der Pfanne und vom Grill.

Gurken in Rahm

2 nicht zu kleine Gurken
1 mittelgroße feingehackte Zwiebel
1 EL Schmalz, etwas Mehl
je 1 Prise Zucker, Salz, Pfeffer
4 EL Fleischbrühe
1/8 l saure Sahne, 1 EL gehacktes Dillkraut

Die Gurken werden geschält und halbiert, vom Kerngehäuse befreit und in 1/2 cm große Stücke geschnitten.
Die Zwiebeln in Schmalz anschwitzen, die Gurken hinzufügen, mit Mehl bestreuen, salzen, pfeffern, mit der Prise Zucker durchrühren, mit Brühe aufgießen und dünsten. Wenn die Gurken weich sind, saure Sahne und Dillkraut dazugeben.

Gurken in Paprika

2 Gurken
1 feingeschnittene Zwiebel
1 EL Schmalz
1/8 l Fleischbrühe
1/2 TL Kümmel
1 TL Essig
1 TL Rosenpaprika
Salz, Pfeffer
5 EL saure Sahne
1 TL Mehl
1 EL Dillkraut

Die Gurken schälen, vom Kerngehäuse befreien und blättrig schneiden.
Zwiebeln in Schmalz anschwitzen, die Gurken dazugeben, mit Brühe aufgießen, Kümmel, Salz und Essig hinzufügen und weichdünsten.
Saure Sahne mit Mehl und Rosenpaprika verrühren und unter die weichen Gurken geben, aufkochen und mit Dillkraut bestreut servieren.

Karotten

600 g Karotten
80 g Butter
1 TL Zucker
1 EL gehackte Petersilie
Salz

Junge Karotten mit einem Handbürstchen unter fließendem Wasser abbürsten und in wenig Salzwasser weich kochen.
Den Zucker mit der Butter zergehen lassen, leicht salzen und darin die Karotten schwenken. Mit gehackter Petersilie servieren.

Karotten sind eine beliebte Beigabe zu Mischgemüse, sowohl wegen des Geschmacks als auch wegen der belebenden Farbe.

Eingemachte Karotten (Karotten in Rahmsauce)

500 g Karotten
Salz, Pfeffer, Muskat
1 kleine Zwiebel
30 g Schmalz
1 TL Mehl
1/8 l Fleischbrühe
1/8 l Sahne
Petersilie

Die geputzten und gewaschenen Karotten nach Belieben in Würfel, Stäbchen oder blättrig schneiden und in Salzwasser weichkochen.
Feingehackte Zwiebel im Schmalz anschwitzen, Mehl kurz mitrösten, ohne es zu bräunen, mit Brühe aufgießen, mit Pfeffer, Muskat und etwas Salz abschmecken, kochen lassen und die Karotten dazugeben. Die Sahne unterrühren und mit Petersilie bestreuen.

Kastanien (Maroni)

Glasierte oder überglänzte Kastanien und Kastanienpüree werden gerne als Beilage zu Wild, Wildgeflügel oder anderem Geflügel gereicht. Auch zur Füllung oder Beimischung zur Füllung finden sie Verwendung.

Überglänzte Kastanien

800 g Kastanien
2 EL Butter
1 TL Zucker
3 EL Fleischbrühe
Salz

Die Kastanien auf der gewölbten Seite einschneiden, auf ein Backblech mit etwas Wasser setzen und in den heißen Backofen stellen. Nach 10 Minuten lassen sie sich leicht schälen. Auch die braune Haut muß entfernt werden.
In eine große Pfanne gibt man die Butter und den Zucker und läßt den Zucker goldgelb werden, gießt mit etwas Brühe auf, salzt, gibt die Kastanien hinein und läßt sie zugedeckt langsam dünsten. Die Flüssigkeit kocht sirupartig ein. Die Kastanien darin mehrmals schwenken.

Kastanienpüree

800 g Kastanien
2 EL Butter
1 TL Zucker
3 EL Fleischbrühe
4 EL kochende Milch
1 EL Butter
evtl. Zwiebeln

Die Kastanien dünsten, wie bei »Überglänzte Kastanien« angegeben, durch ein Sieb streichen, mit Milch und Butter verrühren.
Man kann die Kastanien je nach Geschmack mit einer beliebigen Menge Zwiebeln dünsten und dann miteinander durchpassieren.

Kastanien-Kroketten

800 g Kastanien
2 EL Butter
1 TL Zucker
3 EL Fleischbrühe
100 g Mehl
150 g Semmelbrösel
200 g Schmalz
2 Eier
1 Eidotter

Die Kastanien dünsten, wie bei »Überglänzte Kastanien« angegeben, 1 Eidotter hinzufügen, die Masse gut durcharbeiten, daraus kleine Stäbchen oder Plätzchen formen, in Mehl, geschlagenem Ei und Semmelbröseln wenden und in schwimmendem Schmalz goldgelb backen.

Gedünstete Kohlrabi

800 g Kohlrabi
1 EL Schmalz
1 kleine Zwiebel
4 EL Fleischbrühe
Salz, Pfeffer
zarte Kohlrabiblätter

Kohlrabi möglichst dünn schälen, in Stäbchen oder Würfel schneiden. In Schmalz Zwiebeln anschwitzen, ohne daß sie Farbe bekommen, die geschnittenen Kohlrabi und die feingeschnittenen grünen Blätter dazugeben, mit wenig Brühe aufgießen, salzen, pfeffern und weichdünsten lassen.
Paßt zu allen frisch gebratenen Fleischarten.

Kohlrabi, eingemacht (Kohlrabi in weißer Sauce)

800 g Kohlrabi
1 kleinwürfelig geschnittene Zwiebel
1 EL Schmalz
1 TL Mehl
Salz, Pfeffer, Muskat
1 EL gehackte Petersilie
¼ l Milch

Kohlrabi dünn schälen, in Würfel oder Stäbchen schneiden und mit den feingeschnittenen zarten grünen Blättern in Salzwasser kochen. Weitere Zubereitung wie »Eingemachter Blumenkohl«.

Gefüllter Kopfsalat

4 Köpfe Salat
1 große feingehackte Zwiebel
1 EL Schmalz
250 g Champignons
200 g gekochter Schinken
1 Ei
Salz, Pfeffer
150 g Speckwürfel
4 EL Fleischbrühe oder Wasser
¼ l süße Sahne, 2 Eier

Vom Salat die Wurzeln entfernen und ihn halbieren, gründlich waschen, in kochendes Salzwasser kurz eintauchen, auskühlen und abtropfen lassen, auf ein Tuch legen, salzen und pfeffern.
Zwiebel in Schmalz anschwitzen, blättrig geschnittene Champignons, feingehackten Schinken und ein Ei dazugeben, salzen, pfeffern und gut verrühren. Die Masse auf die ausgebreiteten Salathälften verteilen, einrollen, in eine gut gefettete Gratinierschüssel legen, mit Speckwürfeln bestreuen, mit Fleischbrühe aufgießen, im Ofen dünsten.
10 Minuten vor dem Servieren Sahne mit Eiern verquirlen, salzen, pfeffern, über den Salat schütten und stocken lassen. Mit Kartoffeln als Beilage servieren.

Kochsalat

Kochsalat ist eine Wiener und niederösterreichische Bezeichnung für die Salatsorte »Wellenschluß«. Sie ist grün mit rotbraunen Tupfen, wächst in lockeren Stauden und sieht wie ein großgewachsener Chicoree aus. Als frischer Salat ist er besonders beliebt.
Für Salatgemüse kocht man die Salatblätter, bis die Rippen weich sind, kühlt sie aus und friert sie ein, bis genügend für ein Gericht vorhanden sind. Man kann hierzu auch alle anderen grünen Salatsorten verwenden.

800 g Salat
1 EL Schmalz, 1 EL Mehl
1 feingehackte Zwiebel
¼ l Fleischbrühe oder Wasser
1 Kaffeetasse gekochte Erbsen
Salz, Pfeffer, Muskat
1 zerdrückte Knoblauchzehe

Den Kochsalat gut waschen, in Salzwasser ohne Deckel kochen, bis die Rippen weich sind, abseihen, erkalten lassen, hacken.
Zwiebel und Mehl in Schmalz goldgelb anrösten, mit Fleischbrühe aufgießen, gekochte Erbsen dazugeben, mit Salz, Pfeffer, Muskat und Knoblauch würzen, den Salat dazugeben und aufkochen lassen.

Rotkohl (Rotkraut)

800 g Rotkohl
alle anderen Zutaten wie bei »Weinkraut«
dazu:
2 Gewürznelken
1 feingeschnittener Apfel
etwas Zitronensaft

Zubereitung wie Weinkraut, die Nelken mitdünsten und auch den feingeschnittenen Apfel. Mit etwas Zitronensaft abschmecken. Das gibt dem Kohl die schöne rote Farbe.

Kohlsprossen (Rosenkohl)

800 g Rosenkohl
100 g Butter oder
100 g Speckwürfel oder
1 EL Petersilie oder
50 g Butter und 2 EL Semmelbrösel

Die Kohlröschen von den äußeren unansehnlichen Blättern befreien, den kleinen Strunk kreuzweise einschneiden, in Salzwasser kochen.
Man kann den Rosenkohl entweder mit brauner Butter begießen oder mit Petersilie bestreuen oder goldgelbe Semmelbrösel dazu reichen oder ausgelassene Speckwürfel dazugeben.
Man kann den Rosenkohl auch mit gehackten Schinkenwürfeln vermengen und überbacken wie bei Blumenkohl angegeben.

Kohl (Wirsing)

600 g Wirsingkohl
1 große Kartoffel
1 TL Kümmel
1 mittelgroße Zwiebel
1 EL Schmalz
¼ l Fleischbrühe
Salz, Pfeffer, Muskat
1 zerdrückte Knoblauchzehe

Den Kohl von den äußeren Blättern befreien, vierteln, die groben Rippen ausschneiden und grobnudelig schneiden, waschen, in Salzwasser kochen. Zum Kohl eine in Würfel geschnittene Kartoffel und Kümmel geben. Wenn der Kohl weich ist, abseihen und stampfen.
Würfelig geschnittene Zwiebel in Schmalz anschwitzen, mit Brühe aufgießen, pfeffern, etwas Muskatnuß und wenig Salz und Knoblauch dazugeben, kochen lassen, den Kohl dazugeben und durchrühren.

Gefüllte Zwiebeln mit Röstkartoffeln —

Sauerkraut

700 g Sauerkraut
1 feingeschnittene Zwiebel
1 Lorbeerblatt
1 feingeschnittener Apfel
½ TL Kümmel
3 Pfefferkörner, 3 Wacholderbeeren
1 TL Zucker
2 EL Schmalz
1 EL Mehl
Salz, Pfeffer, 1 kleine Knoblauchzehe
100 g Speckwürfel

Das Sauerkraut mit Wasser bedecken, dazu die Zwiebel, den Apfel, Lorbeerblatt, Kümmel, Pfefferkörner, Wacholderbeeren und Zucker geben und kochen.
Mit Schmalz und Mehl eine helle Mehlschwitze herstellen, mit dem Sud vom Kohl aufgießen, eventuell mit Salz, Pfeffer und einer Spur Knoblauch abschmecken, durchkochen und den Kohl hineingeben.
Statt der hellen Mehlschwitze kann man das Sauerkraut auch mit einer rohen geriebenen Kartoffel binden, kochen und etwas Schmalz zufügen.
Vor dem Kochen sollte man das Sauerkraut probieren. Sollte es zu sauer sein, kurz im Sieb abspülen.
Beim Auftragen gibt man über das Kraut goldgelb geröstete Speckwürfel.

Szegediner Kraut

Zutaten wie bei »Sauerkraut«,
dazu: 1 EL Paprika in 3 EL Wasser verrührt

Zubereitung wie beim Sauerkraut angegeben. Den mit Wasser verrührten Paprika in das Sauerkraut einrühren, eventuell noch ⅛ l saure Sahne dazugeben.

Krautfleckerln

350 g Fleckerln (Nudeln)
1 Kohlkopf
Salz, Pfeffer, etwas Kümmel
100 g Schmalz
1 TL Zucker
1 feingeschnittene Zwiebel
⅛ l Fleischbrühe oder Wasser

Die Fleckerln (Nudeln) in Salzwasser nicht zu weich kochen. Sie sollten noch kernig sein. Abseihen, mit kaltem Wasser abschrecken.
Den Kohlkopf hobeln, einsalzen. Zwiebel in Schmalz mit Zucker anschwitzen, bis sie goldgelb ist, mit Brühe ablöschen, den Kohl dazugeben und weich dünsten, mit Kümmel, Salz und Pfeffer abschmecken. Wenn der Kohl weich ist, die Fleckerln daruntermischen.

– Bäuerliches Gericht aus dem Rohr: überbackene weiße Bohnen

Weinkraut

800 g Weißkohl
1/2 TL Kümmel
1 EL Schmalz
1 TL Zucker
1 mittelgroße Zwiebel
1/8 l Weißwein
3 Pfefferkörner
1 EL Mehl
1/8 l Fleischbrühe
Salz, Pfeffer

Der gehobelte Kohl wird leicht gesalzen, mit Kümmel gewürzt und etwas stehengelassen. Die würfelig geschnittenen Zwiebeln in Schmalz mit dem Zucker hellgelb anschwitzen, mit Weißwein ablöschen, den Kohl und die Pfefferkörner dazugeben und weichdünsten. Wenn die Flüssigkeit verdampft und der Kohl weich ist, mit Mehl bestäuben, durchrühren, mit Brühe und, wenn nötig, etwas Weißwein aufgießen. Abschmecken, salzen, pfeffern.

Tomatenkraut (Weißkohl mit Tomaten)

Zutaten wie bei »Weinkraut«,
dazu: 200 g würfelig geschnittene Tomaten
oder 1 EL Tomatenmark

Zubereitung wie bei Weinkraut angegeben. Mit den Zwiebeln die geschälten, ausgedrückten, würfelig geschnittenen Tomaten anschwitzen oder das Tomatenmark unterrühren.

Kürbisgemüse (Kürbiskraut)

600 g Kürbis
1/2 TL Kümmel
1/16 l verdünnter Weinessig
1 feingehackte Zwiebel
1 EL Schmalz
1 TL Rosenpaprika
1/4 l Fleischbrühe
1/8 l saure Sahne
1 TL Mehl
1 EL gehacktes Dillkraut
Salz

Den geschälten Kürbis vom Kerngehäuse befreien, hobeln, etwas salzen, mit Kümmel bestreuen und mit verdünntem Weinessig begießen.
Feingehackte Zwiebel in Schmalz goldgelb anschwitzen, den Kürbis dazugeben, Rosenpaprika überstäuben, mit Brühe aufgießen und den Kürbis weichdünsten. Er soll aber nicht zerfallen.
In saurer Sahne Mehl anrühren und kurz vor dem Servieren einrühren und durchkochen, gehacktes Dillkraut hinzufügen. Wenn nötig, mit ein paar Tropfen Weinessig abschmekken.

Patison (Gemüsekürbis)

ist ein Speisekürbis asiatischer Herkunft, der mit großem Erfolg in Burgstall bei Wies in der Landesversuchsanstalt des Landes Steiermark gezüchtet und nun schon seit Jahren auf den Märkten angeboten wird.
Seine äußere Farbe ist weiß, gelb und grün,

innen immer weiß. Die Früchte werden jung, bei einem Durchmesser von etwa 10 cm, geerntet. Sie ähneln im Geschmack Kalb- oder Hühnerfleisch.

Patison, gebacken

800 g Patison
150 g Mehl
2 Eier
200 g Brösel
250 g Schmalz
Salz

Der gewaschene Kürbis wird in feine Scheiben geschnitten, gesalzen, in Mehl gewendet, durch geschlagenes Ei gezogen, mit Bröseln paniert und in heißem Schmalz knusprig braun gebacken.
Man reicht dazu Salat als Beilage.

Patison, gedünstet

600 g Patison
80 g Mehl
2 EL Schmalz
1/8 l Fleischbrühe
1 EL gehackte Petersilie

Der gewaschene Patison wird in feine Scheiben geschnitten, gesalzen, in Mehl gewendet und in wenig Schmalz auf beiden Seiten goldbraun gebraten, mit Brühe aufgegossen, kurz gedünstet und mit Pfeffer und Petersilie abgeschmeckt.
Als Beilage zu frisch gebratenem Fleisch reichen.

Patison in Rahmsauce

600 g Patison
1 kleine feingehackte Zwiebel
1 EL Schmalz
1/8 l Fleischbrühe
1/8 l saure Sahne
1 TL Mehl
1 EL gehacktes Dillkraut

Patison in Würfel oder gleichmäßige Stäbchen schneiden. Zwiebel in Schmalz anschwitzen, den Kürbis dazugeben, salzen, mit Brühe aufgießen und weichdünsten. Mehl in saurer Sahne verquirlen, unterrühren, aufkochen und mit Dill, Pfeffer und Salz abschmecken.

Eingebrannte Linsen (Linsensuppe)

1 Kaffeetasse Linsen
1 Speckschwarte
1 EL Mehl
1 EL Schmalz
1 feingehackte Zwiebel
1/4 l Linsenbrühe
Salz, Pfeffer
1 Knoblauchzehe, zerdrückt
100 g Speckwürfel
nach Geschmack 1 EL Essig oder Zitronensaft

Aus Schmalz, Zwiebeln und Mehl eine helle Einbrenne herstellen, die Linsen mit Wasser weichkochen, salzen. Wenn vorhanden, eine Speckschwarte mitkochen.
Die Einbrenne mit der Linsenbrühe aufgie-

ßen, salzen, pfeffern, Knoblauch und Linsen dazugeben. Nach Geschmack mit Essig oder Zitrone säuern.
Mit goldgelb gerösteten Speckwürfeln servieren.

Mischgemüse

Von jeder gewünschten Gemüsesorte 150–200 g
1 feingehackte Zwiebel
1 EL Schmalz
1 EL Mehl
¼ l Fleischbrühe oder Milch
Salz, Pfeffer, Muskat
evtl. Sahne
gehackte Petersilie

Mischgemüse kann man nach Geschmack mit den verschiedensten zur Verfügung stehenden Gemüsesorten herstellen, man kann auch Pilze verwenden. In erster Linie nimmt man junge Erbsen, Karotten und Blumenkohl. Am besten ist es, wenn man jedes Gemüse in Salzwasser einzeln kocht. Ist das Gemüse wirklich jung und gartenfrisch, kann man es gleich dünsten.
Zwiebel in Schmalz anlaufen lassen, das junge Gemüse dazugeben, mit Brühe aufgießen, salzen, pfeffern.
Man kann auch mit Mehl bestäuben, mit Brühe aufgießen und mit reichlich gehackter Petersilie servieren.
Oder aber das einzeln gekochte Gemüse in Butter schwenken, salzen, pfeffern, mit Petersilie bestreuen. Wenn mit Brühe aufgegossen wird, kann man auch mit süßer Sahne verfeinern.

Mais (Kukuruz, Speisemais)

In der Steiermark wird sehr viel Mais angebaut. Eine besondere Spezialität ist der Speisemais, der mit Vorliebe vom Kolben gegessen wird. Man verwendet dazu den ganz jungen Mais, der sich leicht eindrücken läßt, wobei ein milchiger Saft ausläuft.

1. Die Maiskolben werden in Salzwasser gekocht. Aus dem Wasser genommen, werden sie gesalzen, leicht mit Paprika bestreut, mit Butter eingerieben und vom Kolben gegessen.
2. Die Körner, vom gekochten Kolben gelöst, gesalzen und in Butter geschwenkt, sind eine passende Beilage zu Braten und Grillgerichten.
3. Man kann die Körner auch vom rohen Kolben lösen, in einer trockenen Eisenpfanne über dem Feuer schwenken, bis die Körner platzen, mit Rosenpaprika bestreuen und in Butter geschwenkt servieren.

Melanzani (Eierfrüchte, Auberginen)

4 mittelgroße Melanzani
Salz
100 g Mehl, 2 Eier
250 g Schmalz
200 g Semmelbrösel
evtl. 1 EL geriebener Parmesan

Die Melanzani dünn schälen, in dünne Scheiben schneiden, salzen, in Mehl wenden,

durch geschlagenes Ei ziehen, mit Semmelbröseln panieren und in heißem, schwimmendem Fett braun backen. Sie müssen knusprig sein und dürfen sich nicht biegen lassen.
Man reicht dazu Salat, Tomatensauce, Tatarensauce.
Man kann den Semmelbröseln auch geriebenen Parmesan beifügen.

Melanzani mit Speck

4 mittelgroße Melanzani
1 mittelgroße feingeschnittene Zwiebel
150 g Speck
1 EL Mehl
1/8 l Fleischbrühe
Salz, Pfeffer
etwas Zitronensaft
1 EL feingehackte Petersilie
evtl. 300 g Tomaten

Zwiebel und in Würfel geschnittenen Speck anrösten. Geschälte und in Würfel geschnittene Melanzani mit Mehl bestreuen und kurz mitrösten, mit Brühe aufgießen, mit Salz, Pfeffer und Zitronensaft abschmecken, weichdünsten und mit Petersilie bestreut servieren.
Melanzani harmonieren geschmacklich sehr gut mit Tomaten. Man könnte sie also nach diesem Rezept auch mit geschälten, geviertelten, ausgedrückten Tomaten zubereiten. Die Tomaten kommen dazu, wenn man die Melanzani kurz angeröstet hat.

Porree (Lauch), eingemacht (Porree in weißer Sauce)

4 große Stangen Porree
1 EL Schmalz
1 EL Mehl
1/4 l Milch
Salz, Pfeffer, Muskat

Die äußeren steifen Blätter entfernen, Wurzeln wegschneiden, Porree feinnudelig schneiden, gründlich waschen, in Salzwasser geben und kernig weich kochen, abseihen. Das Mehl im Schmalz hell anrösten, mit Milch aufgießen, mit Salz, Pfeffer und Muskat abschmecken und den gekochten Porree darin aufkochen.

Porree, gratiniert

800 g Porree
200 g Schinken oder Speck
1 EL Schmalz
4 EL Mornaysauce
2 EL Parmesan
Salz, Pfeffer, Muskat

Porree in 5 cm lange Stücke schneiden, gut waschen, in Salzwasser kernig weichkochen, abseihen, abtropfen lassen.
Im Schmalz den würfelig geschnittenen Schinken anschwitzen, den abgetropften Porree dazugeben, vorsichtig durchschwenken, pfeffern und in einer Gratinierschüssel in Form eines kleinen Hügels anrichten, mit Mornaysauce überziehen, mit Parmesan im Ofen überbacken, bis das Gericht eine goldbraune Farbe hat.

Porree, kalt mit Mayonnaise

8–10 Stangen Porree
6 EL Mayonnaise
Salz

Porree in 5 cm lange Stücke schneiden und gründlich wässern, in Salzwasser kochen, gut abtropfen und erkalten lassen, auf einem Teller anrichten und dazu Mayonnaise reichen.

Speckröllchen mit Porree

6–8 Stangen Porree
12–16 dünne Scheiben Speck
2 EL Schmalz
Salz, Pfeffer

Die äußeren festen Blätter entfernen und den Porree in etwa 5 cm lange Stücke schneiden, in kaltem Wasser wässern, in Salzwasser kochen, abseihen und abtropfen lassen.
Jedes Stück in eine Speckscheibe wickeln, beim Anbraten so legen, daß das Röllchen nicht aufgeht, oder mit einem Zahnstocher fixieren, den man später entfernt. Von allen Seiten in Schmalz anbraten, bis der Speck hellbraun ist.
Eine sehr gute Beilage zu Braten, als Bereicherung einer Gemüseplatte oder als Vorspeise.

Sellerie, gebacken

4 mittelgroße Sellerieknollen (ca. 600 g)
Salz
150 g Mehl
200 g Brösel
250 g Schmalz
2 Eier

Die Knollen gut abbürsten, in Salzwasser weichkochen und schälen. Man kann die Knollen aber auch roh schälen und dann erst in Salzwasser kochen.
Erkalten lassen, in dünne Scheiben schneiden, salzen, in Mehl wenden, durch geschlagenes Ei ziehen, mit Semmelbröseln panieren und in heißem Schmalz goldbraun backen.
Mit Salat oder Tatarensauce servieren. Sowohl als Hauptgericht als auch als pikante Vorspeise geeignet.

Sellerie, gedünstet

600 g Sellerie
1 EL Schmalz
1 kleine Zwiebel
1/8 l Fleischbrühe
1 EL gehackte Petersilie
Salz
Pfeffer

Die gut gewaschenen und geschälten Sellerieknollen in gleichmäßige Stäbchen von etwa 3 cm Länge schneiden, etwa 1 cm dick. In Schmalz die feingeschnittene Zwiebel anschwitzen, die Selleriestäbchen hineingeben, salzen, die Brühe zugießen und weich dünsten. Mit Petersilie bestreut servieren.

Sellerie, eingemacht (Sellerie in weißer Sauce)

500 g Sellerie
1 EL Schmalz
1 EL Mehl
1/8 l Selleriesud
1/8 l Milch
Salz, Pfeffer, Muskat
1 EL gehackte Petersilie
evtl. Sahne

Die Selleriestäbchen wie vorher beschrieben in Salzwasser kochen, beim Abseihen einen Teil des Suds beiseite stellen, eine helle Einbrenne bereiten, mit Milch und Selleriewasser aufgießen, mit Salz, Pfeffer und Muskat würzen, aufkochen, Sellerie und Petersilie und eventuell Sahne dazugeben.

Spargel

Ob grüner oder weißer Spargel, entscheidend für die Qualität ist, daß der Spargel frisch gestochen wird. Die Stangen werden dünn geschält, mit einer Schnur in Portionen zusammengebunden und in kochendem Salzwasser mit einer Prise Zucker aufgesetzt. Der Spargel soll nicht zu weich kochen.

Spargel mit Butterbröseln

800 g Spargel
100 g Butter, 80 g Brösel
Salz

Den Spargel wie beschrieben kochen, auf einem Tuch abtropfen lassen und auf einer Platte anrichten. Die Brösel in Butter goldgelb rösten und über den Spargel gießen. Spargel kann man auch nur mit zerlassener hellbrauner Butter ohne Brösel servieren.

Spargel, gratiniert

800 g Spargel
6 EL Mornaysauce
2 EL Parmesan

Den gekochten und abgetropften Spargel stufenförmig in einer Gratinierschüssel ordnen, mit Mornaysauce überziehen, mit geriebenem Parmesan bestreuen und im Ofen oder im Grill überbacken, bis der Käse eine schöne goldgelbe Farbe hat.

Spargelgemüse

600 g Spargel
1 Prise Zucker
1 EL Butter
Salz, Pfeffer
Muskat
1 EL Mehl
1/4 l Spargelsud
4 EL Sahne
1 EL gehackte Petersilie

Den geschälten Spargel in gleichmäßig große Stücke schneiden, in Salzwasser mit Zucker nicht zu weich kochen.
Aus Mehl und Butter eine helle Einbrenne herstellen, mit dem Spargelsud aufgießen, mit Pfeffer, Muskat würzen, süße Sahne und Petersilie dazugeben und den gekochten Spargel hineingeben.

Spargel, gebacken

600 g Spargel
1 EL Öl
1/3 l Bier
2 Eidotter, 2 Eiweiß
ca. 165 g Mehl
200 g Schmalz

Aus Bier, Öl, Eidotter, Salz und Mehl einen dickflüssigen Backteig herstellen und 1/2 Stunde ruhen lassen. Vor dem Backen die Eiweiß mit einer Prise Salz zu einem festen Schnee schlagen und vorsichtig unter den Teig ziehen.
Dicke Stangenspargel wie beschrieben kochen, gut abtropfen, das letzte Drittel abschneiden zur anderweitigen Verwendung. Spargel durch den Teig ziehen und in schwimmendem Fett goldgelb backen.
Mit einer Tatarensauce oder mit Mayonnaise servieren.

Paprikaschoten

sind sehr vitaminreich und können auch in kleinen Mengen eine Speise sehr heben und verfeinern.

Gebratene Paprika, sauer

8 Paprikaschoten
4 EL Öl
3 EL Weinessig
Salz, Pfeffer

Die gewaschenen und abgetrockneten Paprika unter oftmaligem Drehen von allen Seiten anbraten. Dann läßt sich die äußere dünne Haut leicht abziehen.
Eine Marinade aus Essig und Öl bereiten, salzen, pfeffern. Die Paprika einige Male darin wenden.
Eine beliebte Beilage zu einer Bretteljause oder einem Schmalzbrot.

Paprikaschoten, mit Risi-pisi gefüllt

4 Paprikaschoten
1 Kaffeetasse gekochter Reis
1 Kaffeetasse gekochte Erbsen
1 EL Schmalz
Salz, Pfeffer

Die gewaschenen, getrockneten und ausgeputzten Paprika werden kurz überbrüht und mit Erbsenreis gefüllt, dann mit dem Deckel so verschlossen, daß der Stiel nach innen zeigt. Im nicht zu heißen Ofen mit wenig Schmalz anbraten, so daß sie ihre grüne Farbe nicht verlieren.

Letschogemüse

200 g Zwiebeln, feingehackt
200 g Paprikastreifen
300 g geschälte ausgedrückte Tomaten
2 EL Schmalz
1 TL Rosenpaprika
Salz, Pfeffer

In Schweineschmalz feingehackte Zwiebeln anschwitzen, nudlig geschnittene Paprikaschoten und geschälte, geviertelte Tomaten dazugeben. Mit Rosenpaprika, Pfeffer und

Salz würzen und dünsten, bis die Paprika weich sind.
Ein pikantes Gemüse, das zu Schweinebraten, Braten aus der Pfanne und zu Grillgerichten paßt.

Radieschen, eingemacht (Radieschen in weißer Sauce)

600 g Radieschen
1 EL Schmalz
1 kleine feingeschnittene Zwiebel
Salz, Pfeffer, Muskat
1 EL Mehl
1 EL gehackte Petersilie
¼ l Milch

Radieschen in Würfel oder Stäbchen schneiden, in Salzwasser nicht zu weich kochen. Den Sud abgießen, weil er zu scharf ist. Zwiebel mit Mehl in Schmalz anschwitzen, mit Milch aufgießen, mit Salz, Pfeffer und Muskat abschmecken, die Radieschen dazugeben, aufkochen lassen. Vor dem Servieren mit gehackter Petersilie bestreuen.

Zwiebeln, überglänzt

600 g kleine Zwiebeln
2 EL Butter
1 TL Zucker
3 EL Fleischbrühe
Salz, Pfeffer

Kleine, gleich große Zwiebeln schälen. In einer Pfanne Butter und Zucker goldgelb anrösten, die Zwiebeln dazugeben und hellbraun rösten, mit Brühe aufgießen und zugedeckt dünsten.

Zwiebeln, gefüllt

4 große Zwiebeln
400 g Gehacktes
Salz, Pfeffer
1 EL Schmalz
evtl. 1 EL Mornaysauce,
geriebener Parmesan

Gleich große Zwiebeln schälen, auf der Oberseite gerade schneiden. Die Zwiebeln in Salzwasser halb weich kochen, herausnehmen, abkühlen und vorsichtig aushöhlen, so daß noch zwei Lagen Zwiebelfleisch bleiben. Das Herausgenommene fein hacken, in wenig Schmalz anrösten, mit gut gewürztem Gehacktem vermengen und in jede Zwiebel ein Bällchen stecken, so daß die Kuppe herausragt. Die Zwiebeln in eine gefettete Pfanne setzen, 25 Minuten im heißen Ofen garen, dann mit geriebenem Parmesan bestreuen oder mit Mornaysauce überziehen und mit Parmesan bestreuen, 5–10 Minuten im Ofen goldgelb überbacken und anrichten.

Zwiebelringe, gebacken

2 große Zwiebeln
Salz, Pfeffer
100 g Mehl
200 g Brösel
200 g Schmalz

Die Zwiebeln in nicht zu dünne Ringe schneiden und auseinander lösen, jeden einzelnen in Mehl wenden, durch geschlagenes

Ei ziehen, mit Bröseln panieren und in Die Pilze waschen, auf einem Tuch abtropfen lassen und blättrig schneiden. In Schmalz schwimmendem Fett goldbraun backen.
Die Zwiebelringe erst salzen und pfeffern, wenn sie paniert werden, sonst werden sie weich.

Zwiebeln, gedünstet

600 g nicht zu fein geschnittene Zwiebeln
2 EL Schmalz
3 EL Fleischbrühe
Salz, Pfeffer
feingehackte Petersilie

Zwiebeln in Schmalz anrösten, ohne daß sie Farbe bekommen, mit Brühe aufgießen, mit Salz und Pfeffer würzen und dünsten. Zwiebeln halb weich dünsten, mit gehackter Petersilie bestreuen und als Beilage zu frisch gebratenem Fleisch reichen.

Tomaten, gedünstet

1 kg geschälte Tomaten
1 EL Schmalz, 1 feingehackte Zwiebel
1 zerdrückte Knoblauchzehe
Salz, Pfeffer
1 EL gehackte Petersilie

Die Tomaten einen Augenblick in kochendes Wasser, dann kurz in kaltes Wasser legen, die Haut abziehen, halbieren, die Kerne ausdrücken und das Fleisch in grobe Würfel schneiden.
Im Schmalz eine feingehackte Zwiebel anschwitzen, die Knoblauchzehe zerdrückt dazugeben, kurz durchrösten, salzen und pfeffern und mit Petersilie bestreut servieren.

Tomaten, gefüllt

4 große Tomaten
Salz, Pfeffer
1 Tasse gekochte Erbsen
1 Tasse gekochter Reis
1 EL Parmesan und Petersilie

Von großen, reifen Tomaten den Deckel abschneiden, vorsichtig mit einem Löffel das Kerngehäuse entfernen, die Tomaten innen salzen und pfeffern, ein paar Minuten in den heißen Ofen stellen, die Tomaten mit Erbsenreis füllen, mit geriebenem Parmesan bestreuen und noch einmal kurz überbacken. Dann mit Petersilie bestreut servieren.

Gefüllte Tomaten mit Champignons

4 sehr große Tomaten
1 EL Schmalz
1 kleine feingehackte Zwiebel
400 g Champignons
150 g gekochter Schinken
1 EL gehackte Petersilie
Salz, Pfeffer
2 EL Parmesan
2 TL Brösel
20 g Butter

Die Tomaten von möglichst gleicher Größe halbieren, die Kerne entfernen, innen salzen und etwas Pfeffer dazugeben.
Feingehackte Zwiebel anrösten, blättrig geschnittene Champignons dazugeben und rösten, kleinwürfelig geschnittenen Schinken und Petersilie dazugeben, mit Salz und Pfeffer würzen, kurz durchrösten und in die vor-

bereiteten Tomaten füllen, so daß von der Fülle etwas übersteht. Mit geriebenem Parmesan und den Bröseln bestreuen, mit Butter beträufeln und in den heißen Ofen stellen. Wenn der Parmesan goldbraun ist, anrichten.

Schwarzwurzeln

gut waschen und schaben, in kaltes Wasser mit etwas Zitronensaft legen. Dann in kochendem Salzwasser mit etwas Zitronensaft weichkochen. Schwarzwurzeln kann man nach denselben Rezepten zubereiten wie Spargel.

Spinat

1 kg Spinat
Salz, Pfeffer, Muskat
100 g Butter
evtl. 2 EL Brösel

Den Spinat sorgfältig verlesen, die zu dicken Stiele entfernen, gut waschen, mit ganz wenig Wasser in offenem Topf kochen.
Den Blattspinat kann man mit zerlassener Butter, etwas gesalzen und gepfeffert, servieren oder auch mit in Butter gerösteten Semmelbröseln.

Pilze

In einem waldreichen Land, wie es die Steiermark ist, gibt es selbstverständlich ein riesiges Angebot an Pilzen aller Art. Man kann aus vielen Pilzen schmackhafte Gerichte herstellen oder Gerichte damit verfeinern. Wenn man selber Pilze sucht, nur die verwenden, die man kennt und von denen man weiß, daß sie eßbar sind. Pilze beim Sammeln immer vorsichtig abschneiden, nicht aus der Erde reißen, sonst werden die Pilzkulturen zerstört.
Pilze enthalten einen hohen Anteil an Mineralsalzen und Eiweiß.
Alle angeführten Rezepte kann man auch für Zuchtchampignons und alle anderen eßbaren Pilze verwenden.

Champignons in Speck

600 g Wiesen- oder Zuchtchampignons
150 g Speck
100 g feingeschnittene Zwiebel
Salz
Pfeffer
¼ l Sahne
1 EL Mehl
1 EL feingehackte Petersilie

Die selbstgesuchten Pilze ganz besonders gut waschen, weil sich in den Lamellen dieser Pilze leicht Tannennadeln festsetzen. Auf einem Tuch abtropfen lassen und in Scheiben schneiden.
Feinwürfelig geschnittenen Speck mit Zwiebeln goldgelb anschwitzen, die Champignons dazugeben, salzen und pfeffern, zugedeckt 15 Minuten dünsten lassen.
Sahne mit Mehl verquirlen, einlaufen lassen und durchkochen, Petersilie dazugeben und servieren.
Der Wiesenchampignon wird immer seltener, dafür bekommt man das ganze Jahr über Zuchtchampignons.

Herrenpilze mit feinen Kräutern (Steinpilze)

800 g Pilze
1 feingehackte Zwiebel
1 EL Butter
Salz, Pfeffer
Kräuter

Zwiebeln in Butter anschwitzen, die gewaschenen, auf einem Tuch abgetropften und dann blättrig geschnittenen Pilze hineingeben, salzen, pfeffern und bei starker Hitze unter häufigem Schwenken anrösten. Mit gehackten Kräutern reichlich bestreut servieren.

Herrenpilze oder Pfifferlinge in Rahmsauce

600 g Pilze
1 EL Schmalz
1 feingehackte Zwiebel
Salz, Pfeffer
1 EL gehackte Petersilie
1 TL Mehl
1/8 l Sahne

Die Pilze waschen, auf einem Tuch abtropfen lassen und blättrig schneiden. In Schmalz feingehackte Zwiebel anschwitzen, die Pilze dazugeben und durchrösten, dann dünsten lassen. In Sahne Mehl einrühren, die Pilze damit aufgießen, salzen und pfeffern, feingehackte Petersilie darunterrühren.

Herrenpilze oder Parasol, gebacken

600 g Pilze
Salz, Pfeffer
100 g Mehl
1 Ei
150 g Brösel
200 g Schmalz

Die Pilze waschen, auf einem Tuch abtropfen lassen und in dicke Scheiben schneiden. Salzen, bemehlen, durch geschlagenes Ei ziehen, in Semmelbröseln panieren und in heißem Schmalz goldbraun backen. Dazu eine Tatarensauce oder eine Salatplatte servieren.

Einiges über die vegetarische Küche

Die vegetarische Küche hat einen Kreis von Liebhabern. Oftmals ist diese Form der Ernährung mit einer vollständigen Ablehnung aller tierischen Produkte einschließlich tierischer Fette und auch des Geflügels verbunden. Andere bevorzugen Rohkost. Durch die moderne Ernährungslehre und oftmals (bei Vitaminmangel) auf ärztliches Anraten, die Vitamine unzerkocht zu sich zu nehmen, versuchen immer mehr Menschen, den Vitaminhaushalt durch Frucht- und Gemüsesäfte, aber auch durch den Genuß von geraspeltem Gemüse, kombiniert oder angereichert mit Fruchtsäften, auszubalancieren.

Fritto misto

1 kg Gemüse
(Blumenkohl, Sellerie,
grüne Bohnen, Kohlrabi, Gurken, Pilze)
150 g Mehl
200 g Semmelbrösel
3 Eier
250 g Palmfett

Das Gemüse in wenig Wasser kochen, gut abtropfen lassen, in gleich große Stücke zerteilen, damit alles eine gleiche Backzeit hat. Das Gemüse in Mehl wenden, durch verschlagenes Ei ziehen, mit Semmelbröseln panieren. In Fett goldgelb ausbacken.
Man richtet mit Zitronenvierteln an oder reicht dazu einen Salat der Saison oder Tomatensauce oder Tatarensauce.

Tomatensuppe

2 EL Öl
1 kleine Zwiebel
30 g Sellerie, 30 g Porree
300 g geschälte Tomaten
1 EL Mehl
1 Lorbeerblatt
Salz, Pfeffer

Zwiebel, Sellerie und Porree in Pflanzenöl anrösten, die gewaschenen, geschälten Tomatenviertel dazugeben und alles dünsten. Mit Mehl bestäuben, anschwitzen und mit Wasser aufgießen, Lorbeerblatt dazugeben, ein wenig salzen.
Man kann die Suppe passieren und natur geben oder mit Eidotter und Sahne legieren. Beim Legieren die Suppe vom Feuer nehmen.

Gemüsebouillon

2 EL Pflanzenöl
200 g Wurzelwerk
½ Zwiebel
2 Lauchstengel
1 l Wasser
2 Fäden Safran
Salz, Muskat

Man röstet Wurzelwerk und Zwiebel in Pflanzenöl an, gießt mit Wasser auf und kocht Lauchstengel mit. Vor dem Servieren Safran mitkochen. Mit beliebiger Einlage wie Fridatten (ungesüßte Eierkuchen in Streifen), Grießnockerln oder Reis servieren. Auch das kleingeschnittene Wurzelwerk kann mitserviert werden.

Müsli

Bekannt ist das Bircher-Benner-Müsli. Der Schweizer Arzt Bircher-Benner hat in seiner Klinik viele Arten der Rohkost ausprobiert. Sein Frühstücksmüsli ist weltbekannt, man kann es auch vorfabriziert in Reformhäusern kaufen.
Wenn Sie es selbst machen wollen: 1/2 Kaffeetasse Haferflocken 1 Stunde in Wasser oder Milch einweichen. Mit einem säurefesten Reibeisen – Bircher-Benner hat dafür eine Reibe aus Glas entwickelt – reibt man einen Apfel mit der Schale darüber und fügt einen Hauch Zitronenschale und den Saft von 1/2–1 Zitrone dazu. Man kann nach Belieben mit 1–2 Kaffeelöffeln Honig süßen und mit Vitaminpräparaten anreichern, kann dazu Süßrahm oder Schlagobers geben und mit gehackten Nüssen garnieren.
Mit ein bißchen Phantasie und Freude am Experimentieren läßt sich das in unzähligen Variationen machen, mit Orangensaft und fast allen frischen Früchten. Die Nüsse kann man durch gehobelte Mandeln ersetzen.

Prof. Kollath hat das Müsli weiterentwickelt und empfohlen, zu den eingeweichten Haferflocken Joghurt zu verwenden. Auch dann kann man Milch oder Sahne und die beschriebenen Früchte nehmen. Weitere Möglichkeiten sind Dörrpflaumen oder Feigen, die man über Nacht einweicht, sowie Sanddorn oder auch Leinsamen.

Knödel und Kartoffeln

Semmelknödel

5 in Würfel geschnittene Semmeln
1/4 l heiße Milch, Salz
1 EL Schmalz
1 feingehackte Zwiebel
1 TL Petersilie
2 Eier
1 EL Mehl

Die Semmeln mit heißer Milch übergießen. Zwiebeln in Schmalz anschwitzen, Petersilie hinzufügen und zu den Semmeln geben. Mit Eiern und Mehl vermischen, gut vermengen, die Masse zusammendrücken und ruhen lassen.
Mit angefeuchteten Händen daraus Knödel formen und langsam in schwach wallendem Salzwasser kochen.

Böhmische Knödel

1/4 l Wasser, 2 Eier
150 g Mehl, Salz
6 in Würfel geschnittene Brötchen
1 EL Schmalz, 1 feingeschnittene Zwiebel
1 TL feingehackte Petersilie

Das Wasser salzen, die geschlagenen Eier und Mehl untermischen, so daß ein dünner Teig entsteht. Die Semmelwürfel dazugeben. Die Zwiebel in Schmalz anrösten, Petersilie hinzufügen und unter die Masse mischen. Gut durcharbeiten und 1/2 Stunde zugedeckt ruhen lassen.
Die Masse in zwei gleich große Knödel teilen und in Salzwasser 1/2 Stunde bei schwacher Hitze kochen. Nach 15 Minuten wenden.
In dicke Scheiben geschnitten servieren.

Pfifferlinge mit Semmelknödeln –

Nockerln

1/2 l Milch, Salz
500 g Mehl
2 Eier

Aus Milch, Salz, Eiern und Mehl einen eher dicken und festen Teig herstellen, kurz durchrühren. Durch ein Nockerlsieb den Teig in kochendes Salzwasser streichen, aufkochen und abseihen, mit kaltem Wasser abschrecken.
Dieser Masse kann man auch 1/4 kg Quark beimengen.

Rahm-Nockerln

1/4 l süße Sahne
4 Eidotter
4 Eiweiß
250 g Mehl
Salz
1 EL Butter für die Form
100 g feingehackter Schinken oder Grammeln oder
100 g Butter, 60 g Brösel, Zucker

Sahne mit Eidottern, Mehl und Salz gut durcharbeiten.
Die Eiweiß zu Schnee schlagen, mit einer Prise Salz unter die Masse rühren, in eine gefettete, gut schließende Form füllen und 1/2 Stunde im Wasserbad kochen lassen. Dann werden mit einem Löffel Nockerln ausgestochen und in mit Butter gerösteten Semmelbröseln gewendet und gezuckert. Oder man serviert die Nockerln mit frischen Grieben oder Schinken.
Zu den Rahm-Nockerln kann man Kompott als Beilage servieren. Zu den Nockerln mit Schinken oder Grieben paßt am besten Salat.

Kartoffelknödel

Für 6–8 Knödel:
500 g geschälte, gekochte Kartoffeln, passiert
1 Ei, Salz
15 g Butter
3 EL Grieß, 2 EL Mehl
evtl. angeröstete Semmelwürfel

Aus den angegebenen Zutaten mit wenig Salz einen Teig herstellen, gut durcharbeiten, Knödel daraus formen und in Salzwasser langsam kochen.
Man kann in die Mitte würfelig geschnittene, angeröstete Semmelbrösel oder Würfel geben, das macht den Knödel lockerer.
Aus diesem Teig lassen sich auch Kartoffelnudeln herstellen, die man, in gerösteten

---

Semmelbröseln gewendet, als Beilage zu Wildgerichten servieren kann oder mit einem Kompott als fleischloses Gericht.
Diese in Semmelbröseln gewendeten Kartoffelnudeln schmecken auch sehr gut mit Zucker bestreut.

Grammelknödel

Teig wie »Kartoffelknödel«
240 g ausgelassene, ausgedrückte Grammeln (Grieben)
1 EL gehackte Petersilie oder Schnittlauch

Den Teig wie bei den Kartoffelknödeln beschrieben herstellen. Daraus eine Rolle formen, gleichmäßige Stücke abschneiden, auseinanderdrücken und mit den vorbereiteten Grammeln wie folgt füllen:
Ausgedrückte Grammeln hacken, Petersilie oder Schnittlauch hinzufügen, einen Löffel davon auf jedes Teigstück geben, sorgfältig zusammendrücken und einen Knödel daraus formen. In kochendes Salzwasser legen, langsam kochen. Wenn die Knödel an die Oberfläche kommen, noch 12–15 Minuten ziehen lassen.
Dazu serviert man Sauerkraut oder Salat.

Fleischknödel

Teig wie »Kartoffelknödel«
240 g Gehacktes
1 EL Schmalz
1 EL feingehackte Petersilie

Teig wie bei den Kartoffelknödeln beschrieben herstellen. Das Gehackte in Fett anrösten, mit einer Gabel zerdrücken, damit keine Klümpchen entstehen, Petersilie dazugeben und die Knödel damit wie bei »Grammelknödel« beschrieben füllen und kochen. Das Gehackte soll möglichst ohne Fett aus der Pfanne genommen werden, da die Knödel sonst leicht beim Kochen aufgehen.

Serviettenknödel à la Marie Louise

10 altbackene Brötchen, in Würfel geschnitten
½ l heiße Milch
250 g Butter, Salz
1 feingeschnittene Zwiebel
1 TL gehackte Petersilie
3 Eier
1 Prise Majoran und Muskat
1–2 EL Mehl

Über die Hälfte der Semmeln die aufgekochte Milch schütten und wenig salzen. Zwiebeln und Petersilie in Butter anrösten, bis die Zwiebeln glasig oder hellgelb geworden sind. Dann die andere Hälfte der Semmelwürfel darin rösten. Man wartet, bis die Semmelwürfel abgekühlt sind, vermengt sie miteinander, gibt Eier, Majoran und Muskat dazu und formt die Masse unter Zugabe von Mehl zu einem großen Knödel. Dieser Knödel wird *locker* in eine Serviette eingeschlagen, die man an beiden Enden zubindet. In kochendes Salzwasser legen und genau eine Stunde behutsam sieden. Danach wird die Serviette geöffnet. Man läßt den Knödel ausdampfen und zerteilt ihn mit einem Bindfaden in Scheiben.

Topfenknödel (Quarkknödel) mit Obstfüllung

Für ca. 24 Knödel:
250 g Magerquark
125 g Butter
3 Eigelb
1 Prise Salz
10–12 EL Mehl
Obst nach Jahreszeit

Butter und Eidotter schaumig rühren, dann den Quark darunterrühren und Salz dazugeben. Nun eßlöffelweise so lange Mehl zugeben, bis durch Kneten ein fester Knödelteig entstanden ist. Den Teig zu einer langen Rolle formen, kurz ruhen lassen und dann mit dem Messer ca. 1 cm dicke Scheiben abschneiden, flachdrücken, das Obst (Aprikosen, Zwetschgen oder auch Sauerkirschen) darin einschlagen. Die Ränder des Teigs mit Eiweiß bestreichen, damit sie zusammenhalten. Bei Aprikosen- oder Zwetschgenknödeln in jede Aprikose oder Zwetschge ein Stück Würfelzucker geben.
Die fertigen Knödel werden in siedendem Salzwasser gekocht, und zwar, nachdem sie an die Oberfläche gekommen sind, noch 12 Minuten.
Dazu reicht man in Butter braungeröstete Semmelbrösel und Zucker.

Röstkartoffeln auf steirische Art

2 EL Griebenschmalz
1 kleine feingehackte Zwiebel
8 mittelgroße Kartoffeln
Salz
feingehackte Petersilie

Die Zwiebel im Griebenschmalz anschwitzen, die geschälten, blättrig geschnittenen rohen Kartoffeln dazugeben und von allen Seiten unter mehrmaligem Wenden rösten. Mit Petersilie bestreut servieren.

Gestürzte Kartoffeln

2 EL Schmalz
8 mittelgroße gekochte Kartoffeln
Salz
1 kleine feingehackte Zwiebel
1 EL Brösel

Die Zwiebeln in Schmalz anschwitzen, die blättrig geschnittenen Kartoffeln dazugeben, salzen, kurz durchrösten, mit Semmelbröseln bestreuen und darin wenden. Dann die Pfanne für einige Minuten in den heißen Ofen schieben, bis die Brösel goldbraun sind. Die Kartoffeln auf eine Platte stürzen.
Oder man röstet die Kartoffeln kurz mit feingehackter Zwiebel, gibt sie in eine Gratinierschüssel, bestreut sie mit Semmelbröseln und träufelt wenig zerlassenes Schmalz darüber und stellt sie für 10 Minuten in den heißen Ofen.
Wenn die Brösel goldgelb sind, in der Schüssel auftragen und Petersilie darüberstreuen.

Kartoffelkroketten

500 g gekochte Kartoffeln
1 Ei
1 EL Parmesan
2 EL Mehl, 1 EL Butter
100 g geschälte Mandeln
150 g Brösel
250 g Schmalz

Die gekochten, geschälten Kartoffeln heiß pressen, etwas abkühlen, mit Ei, Butter, Mehl und etwas Salz zu einem Teig verarbeiten und den geriebenen Parmesan einarbeiten. Aus der Teigmasse kleinfingerdicke Würstchen formen, die man zuerst in blättrig geschnittenen Mandeln und dann in Semmelbröseln wendet. Die Mandeln halten nicht sehr gut, man kann sie auch hineinstekken. In heißem schwimmendem Fett backen, nicht zu viel auf einmal einlegen, da sonst das Fett zu sehr auskühlt und die Masse ausläuft. Erst kurz vor dem Servieren die Kroketten herstellen.

Kartoffel-Schinken-Kroketten

1 kg Kartoffeln
2 Eidotter
60 g Butter oder Schmalz
300 g gehackter gekochter Schinken
Salz, Pfeffer, Muskat
100 g Mehl
2 Eier
200 g Brösel
300 g Schmalz

Die Kartoffeln in der Schale kochen, schälen, passieren, mit Eidotter und Butter oder Schmalz verrühren. In diese Masse den Schinken einarbeiten und daraus kleine Kugeln oder Korken formen, mit Mehl, Ei und Bröseln panieren und in heißem Schmalz goldgelb backen.
Eine passende Beilage zu Braten oder als Hauptgericht mit Gemüse oder Salat.

Schmelzkartoffeln

600 g geschälte rohe Kartoffeln
Salz, 1 TL Kümmel
1 EL Schmalz
1/8 l Fleischbrühe
1 EL Butter, gehackte Petersilie

Kleine rohe längliche Kartoffeln in eine Gratinierschüssel geben, salzen, mit Kümmel bestreuen, ein wenig Brühe und Schmalz dazugeben, zudecken und im Ofen dünsten. Wenn die Kartoffeln weich sind, soll die Flüssigkeit verdunstet sein. Die Schmelzkartoffeln mit einem Pinsel mit zerlassener Butter bestreichen und mit gehackter Petersilie bestreuen.

Bouillonkartoffeln

600 g geschälte rohe Kartoffeln
100 g Wurzelwerk (Karotten, Sellerie, Petersilienwurzel)
1/4 l Fleischbrühe
3 Pfefferkörner, Salz, 1 Lorbeerblatt
In Würfel geschnittene Kartoffeln mit der Brühe und dem feinstnudelig geschnittenen Wurzelwerk, Salz, Pfefferkörnern und Lorbeerblatt garkochen. Mit der Brühe servieren.

Eingebrannte Kartoffeln (Saure Kartoffeln)

500 g frisch gekochte Pellkartoffeln
1 EL Schmalz
1 EL Mehl
1 mittelgroße feingehackte Zwiebel
1/4 l Fleischbrühe
Salz, Pfeffer, Majoran, 1 Lorbeerblatt
2 kleine Essiggurken, blättrig geschnitten
1 TL Essig
1 EL Schnittlauch

Kartoffeln schälen, blättrig schneiden. Aus Schmalz, feingehackter Zwiebel und Mehl eine hellbraune Einbrenne herstellen, mit Brühe oder Wasser aufgießen, mit Salz, Pfeffer, Majoran, Lorbeerblatt, etwas Essig würzen, gut verkochen lassen. Essiggurke und Kartoffeln dazugeben, noch einmal aufkochen. Mit Schnittlauch bestreut servieren.

Dillkartoffeln

500 g frisch gekochte Kartoffeln
1 blättrig geschnittene Zwiebel
1 EL Schmalz
1 EL Mehl
Salz, Pfeffer, Muskat
1/8 l Fleischbrühe
1/8 l Milch
1 EL gehacktes Dillkraut

Aus Schmalz, feingehackter Zwiebel und Mehl eine helle Einbrenne bereiten, mit Brühe und Milch aufgießen, aufkochen lassen. Dillkraut dazugeben, mit Salz, Pfeffer, Muskat würzen. Die geschälten und blättrig geschnittenen Kartoffeln darin ziehen lassen.

Kartoffelgulasch

2 große feingehackte Zwiebeln
2 EL Schmalz
600 g rohe, geschälte, geviertelte Kartoffeln
1 EL Rosenpaprika
1/2 l Fleischbrühe oder Wasser
Salz, Kümmel, Majoran
1 Lorbeerblatt
1 Knoblauchzehe
5 EL Milch, 1 EL Mehl

Zwiebeln fein hacken, in Schmalz goldgelb anrösten. Rohe, geschälte und geviertelte Kartoffeln und Rosenpaprika dazugeben, angießen, so daß die Kartoffeln bedeckt sind, salzen. Lorbeerblatt, Kümmel, Majoran und 1 zerdrückte Knoblauchzehe dazugeben, langsam dünsten, bis die Kartoffeln weich sind. Mehl in Milch anrühren und in das kochende Kartoffelgulasch einlaufen lassen.
Man kann das Kartoffelgulasch mit einer hineingeschnittenen Wurst bereichern.

Kartoffelpuffer »Erna-Maria«

1 1/2 kg Kartoffeln, geschält und feingerieben
1 feingehackte Zwiebel
1 Ei
1 EL Haferflocken
200 g Schmalz

Am besten eignen sich alte Kartoffeln, die man nach dem Reiben ausdrückt, damit kein Wasser mehr in ihnen ist.
Die Zutaten unter die geriebenen Kartoffeln mischen und in einer Pfanne mit heißem Fett kleine Reibekuchen von beiden Seiten goldbraun backen.

Kartoffelpüree

600 g geschälte Kartoffeln
¼ l heiße Milch
Salz, Muskat
1 EL Butter
2 EL Sahne
150 g Zwiebeln, in Ringe geschnitten
1 EL Schmalz

Kartoffeln schälen, vierteln, in Salzwasser weichkochen, abseihen. Kartoffeln stampfen, mit heißer Milch, Butter und Muskat glattrühren, zum Verfeinern süße Sahne unterrühren. Mit gerösteten Zwiebeln bestreut servieren.

Kartoffelkren (Kartoffelpüree mit Meerrettich)

Zutaten wie bei »Kartoffelpüree«, dazu:
2 EL Meerrettich

Zubereitung wie bei Kartoffelpüree beschrieben, zum Schluß den Meerrettich unterrühren.

Pikante Beigaben und Saucen

Semmelkren (Semmelmeerrettich)

2 abgerindete Brötchen
½ l Fleischbrühe
1 Prise Zucker, Salz, Pfeffer, Muskat
⅛ l süße Sahne
1 Eidotter
Schnittlauch
2 EL geriebener Meerrettich

Abgerindete Semmeln blättrig schneiden, in Brühe aufkochen, mit Salz, Pfeffer, Zucker, Muskat würzen, den Meerrettich dazugeben, Eidotter in Sahne verquirlen, dazugeben und mit dem Schneebesen glattrühren.

Knoblauchkren (Knoblauchmeerrettich)

2 abgerindete Brötchen
½ l Fleischbrühe
2 zerdrückte Knoblauchzehen
2 EL geriebener Meerrettich
Salz, Pfeffer
5 EL Sahne
1 Eidotter

Die Brötchen blättrig schneiden und in der Brühe aufkochen, Knoblauch und Meerrettich darin ziehen lassen, salzen, pfeffern. Eidotter in der Sahne verquirlen, dazugeben und mit dem Schneebesen glattrühren.

Essigkren (Essigmeerrettich)

1 abgerindetes Brötchen
5 EL Fleischbrühe
¼ l verdünnter Weinessig
4 EL geriebener Meerrettich
etwas Zucker, Salz

Die trockene Semmel mit dem Reibeisen reiben, mit Brühe übergießen, mit Weinessig mischen, etwas zuckern, salzen, geriebenen Meerrettich dazugeben.

Krensauce (Meerrettichsauce)

1 feinstgehackte Zwiebel
2 EL Schmalz
2 EL Mehl
½ l Fleischbrühe
3 EL Meerrettich
Salz, Pfeffer, Muskat

Aus Zwiebeln, Schmalz und Mehl eine helle Einbrenne herstellen, mit Brühe aufgießen, salzen, pfeffern, Muskat dazugeben und mit geriebenem Meerrettich vermischen.

Apfelkren (Apfelmeerrettich)

¼ l verdünnter Weinessig
2 große Äpfel
2 EL Meerrettich
1 Prise Zucker, Salz

Äpfel schälen, in Weinessig reiben, salzen. Zucker und den geriebenen Meerrettich dazugeben.

Oberskren (Sahnemeerrettich)

¼ l Schlagsahne
3 EL geriebener Meerrettich
1 Prise Zucker, Salz

Steif geschlagene Sahne mit Meerrettich und etwas Salz und Zucker vermischen.

Holländische Sauce

4 Eidotter
2 EL Wein
250 g Butter
Salz, Zitronensaft

Eidotter mit dem Wein im Wasserbad mittlerer Hitze mit dem Schneebesen schlagen, bis es dicklich wird, vom Feuer nehmen und löffelweise die Butter, die ausgelassen wurde, damit keine Molke mehr enthalten ist (die Butter darf nur noch lauwarm sein), unterrühren, mit Zitronensaft und Salz abschmecken.

Choronsauce

Zutaten wie bei »Holländischer Sauce«, dazu:
1 TL Tomatenmark

Zubereitung wie Holländische Sauce, zum Schluß das Tomatenmark unterrühren.

Kapernsauce

1 EL Schmalz
1 EL Mehl
1 kleine feinstgehackte Zwiebel
¼ l Fleischbrühe
40 g feingehackte Kapern
Salz, Pfeffer, Petersilie
4 EL saure Sahne

Aus Schmalz, Mehl und Zwiebeln eine braune Einbrenne herstellen, mit Brühe aufgießen, aufkochen, die Kapern und die feingehackte Petersilie dazugeben. Mit Salz und Pfeffer würzen und mit saurer Sahne vollenden.

Tomatensauce

1½ kg sehr reife Tomaten
1 TL feinstgehackte Zwiebeln
2 EL Schmalz
2 EL Mehl
1 TL Zucker
2 Gewürznelken
Salz
1 TL Rosenpaprika
1 TL Weinessig oder Zitronensaft
Evtl. etwas Fleischbrühe

Die Tomaten waschen, den Stielansatz ausschneiden, vierteln, ohne Wasser kochen und dann passieren. Aus Zwiebeln, Mehl und Schmalz eine helle Einbrenne herstellen, mit dem Tomatenpüree und etwas Brühe aufgießen, Gewürznelken dazugeben, mit Zucker, Salz, Rosenpaprika abschmecken, etwas kochen lassen und dann mit Zitrone oder Weinessig abschmecken.

Warme Schnittlauchsauce

1 EL Butter
1 EL Mehl
1 kleine feinstgehackte Zwiebel
¼ l Milch
Salz, Pfeffer, Muskat
3 EL feingeschnittener Schnittlauch
2 EL saure Sahne

Aus Butter, Mehl und Zwiebeln eine helle Einbrenne herstellen, mit Milch aufgießen, mit Salz, Pfeffer und Muskat würzen, kochen lassen und dann reichlich geschnittenen Schnittlauch und saure Sahne dazugeben.

Kalte Schnittlauchsauce

2 hartgekochte Eier
1 rohes Eidotter
3 EL Öl
100 g Quark
1 Brötchen
1/16 l Milch
Senf, Salz, Pfeffer
etwas Weinessig, Zitronensaft
2 EL feingeschnittener Schnittlauch

Die Dotter von den hartgekochten Eiern passieren, rohes Eidotter unterrühren und tropfenweise Öl dazugeben. Das abgerindete, in Milch eingeweichte und ausgedrückte Brötchen hinzufügen, mit Salz, Pfeffer, Senf abschmecken, alles gut miteinander verrühren, Schnittlauch dazugeben und eine Stunde kaltstellen, das feingehackte Eiweiß darunter mischen.

Zwiebelsauce

1/2 kg Zwiebelringe
1 EL Schmalz
1 TL Zucker
1 EL Mehl
1/4 l Fleischbrühe
Salz, Pfeffer
3 EL Weißwein oder 1 EL Weinessig

Man schneidet die Zwiebeln in Ringe, röstet sie mit Zucker und Schmalz, bis sie goldgelb sind, füllt mit Brühe auf und läßt dünsten, bis die Zwiebeln weich sind.
Mit Salz, Pfeffer, Wein oder Weinessig abschmecken, die Sauce passieren.
Eine beliebte Beilage zu gekochtem Rindfleisch.

Mornaysauce

30 g Butter
30 g Mehl
1/4 l Milch
Salz, Muskat
1 EL Parmesan
1 Eidotter

Butter mit Mehl hell anschwitzen, mit Milch aufgießen, zu einer dicken Sauce verkochen, mit Salz und Muskat würzen, das Geschirr vom Feuer nehmen, ein Eidotter und den geriebenen Parmesan unterrühren.

Zwetschgensauce

250 g Backpflaumen
1 EL Butter
1 EL Mehl
1 EL Rum
Zitronensaft
etwas Zitronenschale
1 Messerspitze gemahlener Zimt
etwas Zucker, Salz

Zwetschgen weich kochen, entsteinen und fein hacken. Eine helle Einbrenne aus Butter und Mehl herstellen, mit dem Zwetschgenwasser aufgießen, Zitronenschale dazureiben, Rum, Zimt, wenn nötig ein wenig Zukker, die Zwetschgen dazugeben, aufkochen und mit Zitronensaft abschmecken.

Apfelsauce

4 große Äpfel, in Stücke geschnitten
1 EL Butter
2 EL Schwarzbrotbrösel
1/8 l Weißwein
30 g gehackte Korinthen
1 Messerspitze Zimt
etwas Zitronenschale und Zucker

Die geschälten, vom Kerngehäuse befreiten Äpfel mit der Butter weichdünsten. Die Schwarzbrotbrösel in etwas Butter anrösten, unter die gedünsteten Äpfel mischen, Weißwein und Korinthen dazugeben, mit Zitronenschale und Zucker aufkochen lassen. Sollte die Apfelsauce zu dick sein, kann man sie mit Weißwein verdünnen.
Eine vorzügliche Sauce zu Wild und gebratenem Geflügel.

Preiselbeersauce

1 EL Butter
1 EL Mehl
1/4 l Fleischbrühe
6 EL Preiselbeerkompott
wenig Zucker und Zitronensaft

Aus Butter und Mehl eine goldgelbe Einbrenne herstellen, mit Brühe aufgießen und kochen lassen, die Preiselbeeren dazugeben, gut verrühren, mit Zitronensaft und Zucker abschmecken.
Eine beliebte altsteirische Beilage zu Rindfleisch, Gans oder Truthahn.

Mayonnaise (Grundrezept)

2 Eidotter
1 TL Senf
1 Prise Zucker
Saft von 1/2 Zitrone
1/4 l Öl
Salz, Pfeffer

Eidotter, Senf, Zucker und Zitronensaft verrühren und nach und nach tropfenweise das Öl dazugeben. Mit Salz und Pfeffer abschmecken.
Dieses Grundrezept kann man variieren, und zwar je nach Verwendungszweck wie folgt:

Tatarensauce

In die Mayonnaise hartgekochtes gehacktes Ei und feingehackten Schnittlauch einrühren.

Remouladensauce

In die Mayonnaise gibt man:

feingehackte Zwiebeln,
feingehacktes Sardellenfilet,
feingehackte Petersilie
und Schnittlauch.

Variationen mit Mayonnaise

Oder man verrührt die Mayonnaise mit etwas süßer Sahne und Meerrettich oder gehacktem Ei und Merrettich oder gehacktem Ei, Kapern, Essiggurke.

Wittekindsauce

4 EL Mayonnaise
1 EL flüssige Sahne, 1 TL Meerrettich
1 TL feingehackte rote und grüne Paprikaschoten

4 Eßlöffel Mayonnaise mit flüssiger Sahne verrühren, Meerrettich, grüne und rote Paprikaschoten untermischen.

Dillmayonnaise

4 EL Mayonnaise
1 EL flüssige Sahne
1 TL gehackter Dill

Die Mayonnaise mit der Sahne zu einer Sauce verrühren, gehackten Dill beifügen.

Das Ei

Das Ei ist eines der wichtigsten Nahrungsmittel und für die Küche unentbehrlich. Von der Dekoration kalter Platten und Salate angefangen, bis zu den allerfeinsten Mehlspeisen der feinen Küche ist das Ei nicht wegzudenken. Außerdem ist das Ei Hauptbestandteil vieler in kürzester Zeit auf sehr einfache Weise herzustellender Gerichte, die mit ein bißchen Geschick und Aufmerksamkeit hervorragend sein können.
Vom Frühstücksei über das Rührei bis zum raffiniertesten Omelette, die Rezepte sind sehr vielfältig und der Phantasie sind keine Grenzen gesetzt.
Obwohl man vom Wachtelei bis zum Straußenei alle Arten kochen kann, verwendet man im Normalfall immer das Hühnerei.

Herstellung von verlorenen Eiern

In einem Topf ca. 8 cm hoch Wasser zum Kochen bringen und einen Schuß Weinessig dazugeben. Die Eier aufschlagen und einzeln vorsichtig in eine Tasse geben, von dieser die Eier einzeln behutsam ins kochende Wasser gleiten lassen. Das Wasser soll jetzt nicht mehr sprudeln, sondern ganz leicht kochen, daher die Hitze drosseln. Das sogenannte Pochieren der Eier dauert 3–4 Minuten. Dann hebt man sie vorsichtig heraus, salzt sie und kann sie dann mit beliebiger Garnitur servieren.
Die folgenden Rezepte lassen sich auf vielfältige Weise variieren.

Verlorene Eier mit Tomatensauce

1 Tasse Reis
4 Eier
200 g gekochter, in Würfel geschnittener Schinken
¼ l Tomatensauce

Auf einer Platte einen Sockel aus gekochtem Reis und dem untergemengten Schinken anrichten, die pochierten Eier darauf setzen, mit heißer Tomatensauce überziehen.

Verlorene Eier mit Spinat

800 g Blattspinat
Salz, Pfeffer, Muskat
60 g leicht gebräunte Butter
4 Eier
4 EL Mornaysauce, 1 EL Parmesan

In eine Gratinierschüssel gekochten Blattspinat geben, die pochierten Eier daraufsetzen, mit Mornaysauce überziehen, mit Parmesan bestreuen und im Ofen oder Grill überbacken, bis die Eier ein goldgelbes Häubchen haben.

Verlorene Eier, gebacken

8 Eier
Salz, Pfeffer
80 g Mehl, 150 g Brösel
200 g Schmalz
1 Ei

Die Eier pochieren, kalt werden lassen, salzen, pfeffern, vorsichtig in Mehl wenden, durch geschlagenes Ei ziehen, in Bröseln panieren, und zwar zweimal, damit sie eine schöne Kruste bekommen, in schwimmendem Fett ausbacken.
Dazu kann man Gemüse oder Salat reichen.

Toast mit verlorenen Eiern

4 Scheiben Toastbrot
20 g Butter
4 Scheiben gekochter Schinken
4 Eier
Salz, Pfeffer
4 dünne Scheiben Emmentaler
1 TL Rosenpaprika
1 TL gehackte Petersilie

Weißbrot hell toasten, mit Butter bestreichen, eine Scheibe Schinken auflegen, das pochierte Ei daraufsetzen, salzen, pfeffern, mit einer Scheibe Emmentaler belegen, in den Backofen oder unter den Grill stellen, bis der Käse zu fließen beginnt. Mit Rosenpaprika und gehackter Petersilie bestreut servieren.

Verlorene Eier mit Champignons

600 g Champignons
Salz, Pfeffer, gehackte Petersilie
4 Eier
4 EL Mornaysauce
1 EL Parmesan

In eine Gratinierschüssel geröstete, pikant abgeschmeckte Champignons geben, die verlorenen Eier in einer Reihe daraufsetzen, jedes Ei mit Mornaysauce überziehen, mit Parmesan bestreuen und im Ofen oder Grill überbacken, bis sie ein goldbraunes Häubchen haben. Mit gehackter Petersilie bestreuen und sofort servieren.

Rührei

6 Eier
Salz, Pfeffer
60 g Butter
nach Geschmack Schnittlauch oder Parmesan
1–2 EL süße Sahne
etwas Wasser

Die Eier aufschlagen und gut verquirlen, etwas Wasser und die Sahne unterrühren, mit Salz und Pfeffer würzen. In einer Pfanne die Butter zergehen lassen und, kurz bevor sie anfängt zu bräunen, die Eimasse hineingeben, Masse stocken lassen und dann auflokkern, damit sie nicht zu fest wird.
Nach Belieben mit Schnittlauch oder Parmesan bestreuen.
In die Rühreimasse kann man auch Schinken- oder Zungenwürfel geben.

Omelette

6 Eier
Salz
Pfeffer
60 g Butter
1–2 EL süße Sahne

Es ist Geschmacksache, ob man das Omelette blaß und farblos oder schön braun herstellt.
Die Eier werden mit der süßen Sahne verquirlt, gesalzen und gepfeffert.
In der Pfanne die Butter heiß werden lassen. Wenn sie anfängt zu rauchen, sofort die Eier in die Pfanne geben. Mit der linken Hand die Pfanne leicht schütteln, mit der rechten umrühren und so die Masse locker halten. Wenn man auf den Pfannenstiel klopft, schließt sich das Omelette auf der einen Seite, die andere schlägt man mit der Gabel um und wendet es beim Anrichten auf der Platte oder dem Teller. Durch leichtes Überstreichen mit dem Butterpinsel bekommt es einen matten Glanz und köstlichen Geschmack.

Beilage: Salat der Saison.

Rührei mit Schinkenwürfeln →

Omelette mit Schinken

Für 1 Person:
3 Eier
50 g gewürfelter gekochter Schinken
1 EL Schmalz
Salz, evtl. Pfeffer

Den Schinken im Schmalz anschwitzen, die verquirlten Eier hinzufügen und wie bei »Omelette« beschrieben fertigmachen.

Omelette mit Champignons

Für 1 Person:
3 Eier
2 EL süße Sahne
1 EL Schmalz
1 EL Butter
80 g Champignons
1 TL feinstgehackte Zwiebeln
Salz, Pfeffer, gehackte Petersilie
1 TL Madeira

Das Omelette wie beschrieben zubereiten, auf einem vorgewärmten Teller anrichten, es der Länge nach so aufschneiden, daß am Anfang und am Ende je 2 cm stehenbleiben, in diese Spalte die mit Zwiebel angerösteten, mit Salz, Pfeffer, Petersilie und Madeira gewürzten Champignons füllen.

Bauern-Omelette

Für 1 Person:
3 Eier
1 kleine feingehackte Zwiebel
1 EL Speckwürfel
1 EL Schmalz
1 EL gekochte, kleinwürfelig geschnittene Kartoffeln
1 EL gekochte Erbsen
Salz, Pfeffer

Zwiebeln mit Speckwürfeln und Schmalz anrösten, Kartoffeln und Erbsen dazugeben, die verquirlten Eier wie beschrieben salzen und pfeffern, daraufgießen und das Omelette fertig zubereiten.

Omelette mit feinen Kräutern

Für 1 Person:
3 Eier
2 EL süße Sahne
1 EL gehackte Kräuter (Petersilie, Estragon, Kerbel)
1 EL Schmalz
Salz

Eier mit Sahne und gehackten Kräutern verrühren und salzen, Omelette wie beschrieben herstellen.

← Gefüllte Artischockenherzen, mit Käse überbacken

Omelette mit Parmesan

Für 1 Person:
3 Eier
2 EL süße Sahne, 1 EL Schmalz
1 EL Parmesan

Die Sahne mit den Eiern verquirlen, geriebenen Parmesan unterrühren und Omelette wie beschrieben zubereiten.

Omelette mit Tomaten

Für 1 Person:
3 Eier
2mal 1 EL Schmalz
2 mittelgroße Tomaten
Salz, Pfeffer, 1 EL gehackte Petersilie

Das Omelette wie beschrieben zubereiten, aufschneiden.
Die Tomaten für Sekunden in kochendes Wasser legen, schälen, halbieren, ausdrükken, würfelig schneiden, in Schmalz kurz dünsten, auf dem Omelette anrichten, mit Petersilie bestreuen.

Omelette mit Spargel

Für 1 Person:
Zutaten wie bei »Omelette«
5 Stangen Spargel, gekocht
30 g Butter

Das Omelette wie beschrieben zubereiten, aufschneiden.
Den Spargel in der Butter schwenken und in das Omelette legen.

Omelette mit Hühnerleber

Für 1 Person:
3 Eier
2mal 1 EL Schmalz
1 EL feinstgehackte Zwiebeln
3 Hühnerlebern
Salz, Pfeffer
1 EL Madeira

Das Omelette wie beschrieben zubereiten, aufschneiden.
Die von der Galle befreiten Hühnerlebern legt man auf ein Tuch zum Abtrocknen, teilt sie in Viertel, röstet in Schmalz die Zwiebeln an, gibt die Leber dazu, röstet kurz durch, salzt und pfeffert, würzt mit Madeira und richtet sie auf dem Omelette an.

Hascheepalatschinken, gebacken (Haschee-Eierkuchen)

200 g Bratenreste oder Gehacktes
1 EL Schmalz
1 EL feingehackte Zwiebel
Salz, Pfeffer, Muskat
1 Prise Majoran
1 Ei
1 EL feingehackte Petersilie
4 dünne, ungesüßte Eierkuchen
80 g Brösel, 1 Ei
80 g Mehl
200 g Schmalz

Fleischreste fein hacken oder frisches Gehacktes verwenden. Zwiebel im Schmalz anschwitzen, das Gehackte dazugeben, mit

Salz, Pfeffer, Muskat, Majoran Petersilie würzen, vom Feuer nehmen, das Ei daruntarrühren, die Eierkuchen mit dieser Masse bestreichen, zusammenrollen, in Mehl wenden, durch geschlagenes Ei ziehen, mit Semmelbröseln panieren und in schwimmendem Schmalz ausbacken.

Spinatpalatschinken, überbacken (Spinateierkuchen)

4 ungesüßte Eierkuchen
4 Schöpflöffel dickgebundenen Spinat
1 EL Schmalz für die Platte
1/8 l saure Sahne
2 Eier
Salz, Pfeffer

Die Eierkuchen mit dem Spinat füllen, zusammenrollen und in eine Gratinierschüssel legen. Die saure Sahne mit den Eiern verquirlen, salzen, pfeffern, über die Spinatpalatschinken gießen und die Masse im Ofen stocken lassen.

Vegetarierschnitzel

3 abgerindete Brötchen
1/4 l Milch
1 EL Schmalz
1 feingehackte Zwiebel
200 g feingehackte Pilze
200 g roher Spinat
1 EL gehackte Petersilie
2 EL Brösel
1 Ei
100 g Mehl
200 g Brösel
200 g Palmfett
2 Eier

Semmeln in Milch einweichen. Die Pilze und den kleingehackten Spinat anschwitzen, Zwiebel und Petersilie dazugeben, gut mit den ausgedrückten Semmeln vermischen. Dann gibt man das Ei und die Semmelbrösel dazu und würzt mit Salz und Pfeffer. Die Masse anschwitzen lassen, Laibchen daraus formen, in Mehl wenden, durch geschlagenes Ei ziehen und in Semmelbröseln panieren, in schwimmendem Fett ausbacken.
Als Beilage passen Spinat, Tomatensauce oder Salat.
Man kann dieses Rezept mit anderen Gemüsen variieren, z. B. mit Karotten oder Kohl, muß dann aber die Gemüse vorkochen.

Salate

Salate besitzen den höchsten Anteil an Vitaminen und anderen Aufbaustoffen, da sie nicht durch Kochen dezimiert werden. Am wertvollsten sind die frischen Salate, wenn sie ganz frisch geerntet auf den Tisch kommen.
Es bedarf großer Sorgfalt, einen Salat richtig zu putzen und zu waschen. Grüner Salat sollte erst ganz kurz vor dem Verzehr angerichtet werden, sonst wird er unansehnlich, und der Gehalt an Vitaminen und Nährstoffen verringert sich.
Viele Salate werden erst durch die Verwendung gehackter Kräuter besonders schmackhaft. Man kann z. B. Schnittlauch, Petersilie, Dill, Estragon und viele andere Kräuter verwenden.
Salate sind eine erfrischende Beilage zu jedem Essen und besonders im Sommer als leichte Hauptmahlzeit jedem anderen schweren Essen vorzuziehen.
Zur Beliebtheit der Salate haben auch die vielen Möglichkeiten des »Dressings«, wie man es heute nennt, beigetragen. Meist wird man eine Marinade vorbereiten, und fast immer sind ein guter Weinessig, ein gutes Öl Grundlage. Man kann Oliven-, Erdnuß-, Sonnenblumen-, Raps- oder Kürbiskernöl verwenden. Je nach Art des Salates gehören zur Marinade auch feingehackte Zwiebeln, 1 Prise Salz und Pfeffer, oftmals ein wenig Zucker.
Für frischen Blattsalat kann man anstelle von Essig Zitrone verwenden, für Diätrezepte auch Orangensaft.
Viele Salatsaucen kann man auf der Basis von Joghurt oder saurer Sahne herstellen, das macht Salat bekömmlicher als mit Öl.

Nicht alltäglich, aber sehr pikant: die Schüssel vor dem Anrichten mit Gorgonzola ausreiben und etwas Gorgonzola über den fertigen Salat passieren.
Ausgesprochen gesundheitsfördernd sind Salate von rohem Sauerkraut, das man mit angebratenen Speckwürfeln pikant anrichten kann.
Geriebene Karotten mit Zitronensaft und gehackten Nüssen sollen den Haarwuchs fördern und sind gut für die Augen, außerdem schmecken sie auch sehr gut.

Grüne Salate

Kresse ist nach »Röhrlsalat« (Löwenzahn) der erste grüne Salat in der Natur. Weitere Sorten, die dann nach und nach kommen, sind: Trotzkopf, Laibacher, Eissalat, Endivien, Ulmer Salat, Ekkehard, Butterkopf.
Vogerlsalat oder Rapunzel, auch Feldsalat genannt, Forellenschluß und eine große Zahl Kopfsalate erfreuen sich fast das ganze Jahr über großer Beliebtheit.
Alle Salate können mit der gleichen Marinade hergestellt werden, bestehend aus Wein- oder Apfelessig, Öl, Salz, Pfeffer, einer Spur Zucker und Zwiebeln.

Fenchelsalat

4 große Knollen Fenchel
5 EL Essig, 5 EL Öl
Senf, Salz, Pfeffer
1 EL gehackter Schnittlauch

Die äußeren festen Blätter und die Wurzeln entfernen, die Fenchel halbieren und so fein wie möglich schneiden. Er fällt wie Zwiebelringe auseinander.
Fenchel ist meistens fest, manchmal hart, darum kann man ihn mit heißem Wasser abbrühen.
Aus Essig, Öl, Senf, Salz und Pfeffer eine Marinade herstellen, den Fenchel mit Schnittlauch und feingehacktem Fenchelgrün bestreuen, die Marinade darübergießen.

Bohnensalat

600 g grüne Bohnen
5 EL Öl, 5 EL Essig
Salz, Pfeffer
1 mittelgroße feingehackte Zwiebel
evtl. 1 kleine Knoblauchzehe
gehackter Schnittlauch

Ob grüne Bohnenschoten, gelbe Spargelbohnenschoten oder weiße: man nimmt dazu eine Marinade aus Weinessig, Salz, Pfeffer und feingehackter Zwiebel. Eventuell mit zerdrückter Knoblauchzehe würzen, mit Schnittlauch bestreuen.

Gurkensalat

2 große Gurken
1/2 TL Kümmel
3 EL Essig, 5 EL Öl
Salz, Pfeffer
1 TL Dill

Bei ganz jungen Gurken kann die Schale dranbleiben. Nicht mehr ganz junge Gurken werden geschält und gehobelt.

Man kann die Marinade auch mit saurer Sahne oder mit Joghurt zubereiten. In jedem Fall paßt Dill sehr gut zum Gurkensalat.

Hopfensprossensalat

600 g Hopfensprossen
3 EL Essig, 5 EL Öl
Salz, Pfeffer

Die Hopfensprossen in Salzwasser weich kochen, abseihen, im Sieb abtropfen, eine Marinade bereiten und darin durchziehen lassen.

Blumenkohlsalat

1 großer Blumenkohl
4 EL Weinessig, 5 EL Öl
Salz, Pfeffer, Schnittlauch

Den weichgekochten, erkalteten Blumenkohl in Röschen zerteilen, in der Marinade ziehen lassen.

Karottensalat

600 g Karotten
3 EL Weinessig
5 EL Öl
Salz, Pfeffer, Schnittlauch

Junge, gleichmäßig große Karotten mit dem Gurkenhobel blättrig schneiden, in Salzwasser kochen, abseihen, erkalten und abtropfen lassen. In der hergestellten Marinade mit Schnittlauch bestreut servieren.

Roher Karottensalat

600 g Karotten
(oder 400 g Karotten und 200 g Sellerie)
Zitronensaft und Zitronenschale
Salz
1 Prise Zucker
gehackte Nüsse

Roh geriebene Karotten mit Zitronensaft, abgeriebener Zitronenschale, Salz und Zucker abschmecken, mit gehackten Nüssen bestreuen. Man kann auch ein Stück Sellerie roh dazureiben.

Kartoffelsalat

600 g Kartoffeln
5 EL Weinessig
5 EL Öl
1 feingehackte Zwiebel
Salz, Pfeffer, Schnittlauch
(statt Öl evtl. Sahne)

Aus den angegebenen Zutaten eine Marinade zubereiten. Die Kartoffeln in der Schale kochen, schälen, die noch heißen Kartoffeln feinblättrig in die Marinade schneiden. Erst umrühren, wenn die Kartoffeln kalt sind, sonst würde man sie zerrühren. Mit Schnittlauch bestreut servieren.
Man kann den Kartoffelsalat auch mit Sahne bereiten, und zwar dann wie folgt:
Die Kartoffeln abkochen, noch heiß schälen und feinblättrig schneiden, salzen und pfeffern, mit Sahne übergießen. Wenn die Kartoffeln kalt sind, Weinessig dazugeben, vorsichtig umrühren, mit reichlich Schnittlauch bestreuen.

Krautsalat (Rot- oder Weißkohlsalat)

1 Kohlkopf bis 800 g
1 Prise Zucker, Salz, Pfeffer, Kümmel
1 kleingehackte Zwiebel
4 EL Weinessig, 4 EL Öl

Den Kohlkopf vierteln, den Strunk entfernen und den Kohl hobeln. Einsalzen, Kümmel dazugeben und stehenlassen.
Marinade aus Essig, Öl, Pfeffer, Zucker, Zwiebel herstellen, das ausgedrückte Kraut dazugeben.

Warmer Speckkohlsalat

Zutaten wie bei »Krautsalat«, statt Öl jedoch 100 g Speckwürfel

Speckwürfel in der Pfanne rösten, den fertigen Kohlsalat dazugeben, etwas Salatmarinade hinzufügen und 10 Minuten weichdünsten lassen.

Paprikasalat

600 g Paprikaschoten
4 EL Weinessig, 4 EL Öl
1 große feingehackte Zwiebel
Salz, Pfeffer, Schnittlauch

Die Paprikaschoten waschen, von den Kernen befreien, in Streifen schneiden, in die Marinade geben, die aus den angegebenen Zutaten bereitet wurde.

Gemüsesalat

100 g Karotten
100 g Sellerie
100 g Äpfel
100 g Gurken
1 Tasse gekochte Erbsen
5 EL Mayonnaise
Salatherzchen, Tomatenwürfel und Eischeiben zum Garnieren.

Karotten und Sellerie in gleich große Würfel schneiden, in Salzwasser kochen. Äpfel genauso schneiden und mit Zitronensaft beträufeln, damit sie nicht schwarz werden. Ebenso Gurken in Würfel schneiden. Alle Zutaten, auch die gekochten Erbsen, in den Kühlschrank stellen und kurz vor dem Anmachen erst wieder herausholen.
Den Gemüsesalat mit einer leichten Mayonnaise, die gut gewürzt ist, binden, auf einem Salatblatt anrichten und mit Salatherzen, Ei und Tomate verzieren.
In den Gemüsesalat kann man auch zarte Bohnen, Spargelstücke, Pilze, Tomaten oder gekochte Kartoffeln geben.
Dieser Salat ist eine großartige Unterlage für gefüllte Eier, Schinkenrollen und gefüllte Tomaten.

Topinambursalat

600 g Topinambur
3 EL Weinessig
4 EL Öl
Salz, Pfeffer

Topinambur kochen, schälen, warm in die Marinade schneiden, ziehen lassen.

Radieschensalat

500 g Radieschen
3 EL Weinessig
5 EL Öl
Salz, Pfeffer, Schnittlauch

Die gewaschenen Radieschen in feine Scheiben schneiden und, wenn man sie weicher haben möchte, etwas einsalzen. Mit der Marinade übergießen und einige Zeit stehenlassen.

Rettich-Bohnen-Salat

300 g gekochte dicke Bohnen
300 g schwarzer Rettich
3 EL Weinessig
4 EL Öl
1 große feingehackte Zwiebel
Salz, Pfeffer

Aus den angegebenen Zutaten eine Marinade bereiten, die weichgekochten dicken Bohnen hineingeben und vor dem Anrichten den Rettich dazuhobeln.

Tomatensalat

600 g geschälte Tomaten
3 EL Weinessig
4 EL Öl
1 Prise Zucker, Salz, Pfeffer
feingehackte Zwiebel, Schnittlauch

Die Tomaten in heißes Wasser tauchen und kalt abschrecken, dann lassen sie sich leichter schälen. In Scheiben schneiden, in Form der Frucht gestaffelt in eine Schüssel legen, kurz vor dem Auftragen mit der Marinade übergießen.

Röhrlsalat (Löwenzahn)

400 g Löwenzahn
2 EL Wein- oder Apfelessig, 4 EL Öl
1 feingeschnittene Zwiebel, Salz
evtl. 2 heiße Kartoffeln

Wenn bei Frühlingsbeginn die ersten Hälmchen sprießen, sieht man in der Steiermark Kinder und Frauen auf den Wiesen den »Röhrlsalat« ausstechen. Die kleine Löwenzahnstaude wird mit einem spitzen Messer ausgestochen, zu Hause werden die Wurzeln abgeschnitten und die Büschel, ohne daß die Blätter zerrupft werden, auseinandergenommen und unter fließendem Wasser mehrmals gründlich gewaschen.
Aus den angegebenen Zutaten eine Marinade bereiten, den Salat dazugeben, zwei noch warme Kartoffeln dazuschneiden.

Rübenkeimsalat

500 g Rübenkeime
2 EL Weinessig
4 EL Öl oder 100 g goldgelbe Speckwürfel
Salz, Pfeffer

Die Rübenkeime waschen, eventuell, um die Schärfe zu nehmen, mit heißem Wasser überbrühen.
Die Marinade bereiten, die Rübenkeime dazugeben und mit den Speckwürfeln bestreut servieren.

Selleriesalat

700–800 g Knollensellerie
3 EL Essig, 4 EL Öl
Salz, Pfeffer

Die Knollen bürsten, waschen und kochen, schälen, feinblättrig schneiden, in die Marinade geben und darin ziehen lassen.
Man kann die rohen Knollen aber auch blättrig schneiden und in kochendes Salzwasser, dem man einen Schuß Essig beigefügt hat, geben. Dann behält der Sellerie seine schöne Farbe. Den Sud kann man dann bei der Marinade verwenden.

Linsensalat

600 g Linsen
Marinade wie bei »Bohnensalat«

Die gekochten Linsen abseihen, abtropfen lassen und in die Marinade geben.

Salat aus frischen Pilzen

800 g Pilze (auch Zuchtchampignons)
Saft von ½ Zitrone
Zitrone
⅛ l saure Sahne
1 EL geriebene Zwiebel
1 Prise Zucker, Salz, Pfeffer

Pilze blättrig schneiden. In einem emaillierten oder Jenaer Geschirr mit Wasser, Zitronensaft und Salz aufkochen, vom Feuer nehmen, zugedeckt 3 Minuten ziehen lassen. Abseihen, abtropfen.
Saure Sahne mit Zwiebel, Zitronensaft, Zukker, Salz und Pfeffer verrühren, die Pilze hineingeben, durchschwenken und auf einem schönen trockenen Salatblatt anrichten.
Eine pikante Vorspeise oder als Beilage zu Grilladen und kalten Platten geeignet.

Sauerkrautsalat mit Speck

500 g Sauerkraut
2 Äpfel in roter Schale
1 feingehackte Zwiebel
⅛ l saure Sahne oder Joghurt
150 g würfelig geschnittener, goldgelb angerösteter Speck

Das Kraut einige Male durchschneiden, die Äpfel mit der Schale dazureiben, Zwiebeln und Sahne dazugeben, mit den Speckwürfeln sofort servieren.

Rindfleischsalat, sauer

400 g gekochtes kaltes Rindfleisch
1 mittelgroße Zwiebel in Ringen
2 EL Weinessig
4 EL Öl
Salz, Pfeffer, Schnittlauch

Das kalte Rindfleisch in dünne Scheiben schneiden, gefällig auf Platte oder Teller anrichten, in die Mitte Zwiebelringe geben, mit Essig und Öl begießen, salzen und pfeffern.
Ein herrliches Essen für heiße Sommertage.
Man kann mit frischen Salaten der Saison in unzähligen Variationen delikate Salatplatten zusammenstellen.

Rindfleischsalat

400 g kaltes gekochtes Rindfleisch
1 dünnblättrig geschnittene Zwiebel
1 kleine frische Gurke
1 rote und 1 grüne Paprikaschote
3 EL Weinessig, 5 EL Öl
1 Prise Zucker
1 TL Senf
1 TL Tomatenketchup
Salz, Pfeffer
Eischeiben, Tomaten, Schnittlauch zum Garnieren

Eine herzhafte Marinade aus Weinessig, Öl, Senf, Tomatenketchup, Salz, Zucker und Pfeffer bereiten.
Das dünnblättrig geschnittene Rindfleisch, die Zwiebel und die gehobelte Gurke mit den in Streifen geschnittenen Paprikaschoten in die Marinade geben und im Kühlschrank mindestens 1 Stunde durchziehen lassen.
Auf Salatblättern anrichten, mit Ei, Tomaten und Schnittlauch garnieren.
Dazu Butter und Bauernbrot.

Geflügelsalat

1 gekochtes oder gebratenes Huhn
2 Tassen gewürfeltes Gemüse
1 Tasse Mayonnaise
1 EL Tomatenketchup
4 Tropfen Tabasco, Zitronensaft
grüner Salat, Eischeiben, Tomaten zum Garnieren

Das kalte Huhn von Knochen und Haut befreien und in nicht zu kleine Stücke schneiden. Eine Brust läßt man zum Garnieren zurück.
Man bereitet einen Gemüsesalat wie beschrieben, gibt in die Mayonnaise Tomatenketchup, Tabasco und Zitronensaft. Die Mayonnaise soll ausgewogen süß-sauer und doch scharf schmecken. Damit den Gemüsesalat binden, das Hühnerfleisch untermischen und mit dem in Streifen geschnittenen Fleisch der Hühnerbrust dekorieren.
Auf einem Salatblatt anrichten, mit Tomaten und Ei garnieren und Toast oder Weißbrot dazu servieren.

Heringssalat

100 g Karotten
100 g Sellerie
100 g Äpfel, etwas Zitronensaft
100 g gekochte Kartoffeln
100 g Senfgurken
100 g kleine weiße Bohnen
300 g saure Heringe
1 Tasse Mayonnaise
4 EL grobgehackte Nüsse
grüner Salat, Ei, Tomaten zum Garnieren

Alle Zutaten in gleich große Würfel schneiden. Karotten und Sellerie in Salzwasser weich kochen. Äpfel mit Zitronensaft beträufeln. Alle Zutaten mit einer leichten, aber pikanten Mayonnaise anmachen, eine Stunde durchziehen lassen. Den Heringssalat auf einem Salatblatt anrichten, mit einem breiten Streifen Hering, Ei und Tomaten dekorieren und mit grob gehackten Nüssen bestreuen.
Dieser Salat färbt sich dunkel, wenn er länger steht. Das kann man verhindern, indem man sich die Mühe macht, von den Heringen die Haut abzuziehen.

Reissalat

1 Tasse Reis
1 rote und 1 grüne Paprikaschote
1 Scheibe Ananas
½ Tasse gekochte junge Erbsen
4 Stangen Spargel
1 Tasse Mayonnaise
1 TL Zitronensaft
1 TL Curry
1 Mandarine

Den Reis in reichlich Salzwasser körnig kochen und kalt stellen.
Paprika in gleichmäßige Streifen schneiden, ebenfalls die Ananas. Die gekochten Erbsen dazugeben, den Spargel in zentimeterstarke Stücke schneiden, Mandarine in Spalten zerlegen und alles mit dem Reis vermengen. Eine Mayonnaise gut abschmecken, etwas Zitronensaft und Curry darunterrühren und damit den Reissalat anrühren. Die Mayonnaise darf nicht zu dick sein, damit der Salat schön locker ist.
Man kann diesen Salat auch mit Schinken- oder Zungenwürfeln oder mit Krabben pikanter machen.

Wurst-und-Käse-Salat

120 g Wurst oder Schinken
120 g Emmentaler oder Edamer
100 g Essiggurken, 100 g Zwiebelringe
5 EL Mayonnaise
1 EL Senf
grüner Salat, Ei und Tomate zum Garnieren

Alle Zutaten in zündholzdünne Streifen schneiden und mit einer Mayonnaise, der man etwas Senf beigibt, mischen. Auf einem Salatblatt anrichten, mit Tomaten und Ei garnieren.

Süßes – Süßes – Süßes

Biskuittorte

5 Eidotter
180 g Zucker
Saft und Schale von 1 ungespritzten Zitrone
5 Eiweiß, 1 Prise Salz
140 g Mehl
20 g zerlassene Butter
1 TL Butter und 1 EL Mehl für die Form

Dotter mit Zucker sehr schaumig rühren, Saft und Schale der Zitrone dazugeben. Eiweiß mit Salz zu steifem Schnee schlagen und mit gesiebtem Mehl leichthändig unter die Masse heben. Man träufelt zerlassene, abgekühlte Butter darüber und rührt nochmals vorsichtig durch.
Den Boden einer Tortenform einfetten und bemehlen, die Masse einfüllen. Nach dem Backen, wenn die Torte erkaltet ist, ein- oder zweimal durchschneiden und beliebig füllen. Zum Beispiel mit Nußfülle, Schokoladencreme, Kaffeecreme, Marmelade oder Schlagsahne. Glasieren oder anzuckern.

Bohnentorte

280 g Zucker
3 Eidotter
50 g geriebene Mandeln
280 g gekochte, passierte weiße Bohnen
½ Päckchen Backpulver
3 Eiweiß
1 Prise Salz
1 TL Butter und 1 EL Mehl für die Form
3 EL Hagebutten- oder Johannisbeermarmelade

Zucker mit Eidottern schaumig rühren, Mandeln und Bohnen dazugeben, Backpulver darübersieben und alles gut verrühren. Das Eiweiß leicht salzen, sehr steif zu Schnee schlagen und dann unter die Masse geben. Den Boden der Tortenform fetten, bemehlen, die Masse einfüllen und bei mittlerer Hitze 45 Minuten backen.
Die Torte abkühlen lassen, durchschneiden, mit Hagebutten- oder Johannisbeermarmelade füllen.

Rhabarbertorte mit Baiserhaube →

Grammeltorte (Griebentorte)

250 g gehackte Grammeln
4 Eidotter
Saft und Schale von 1/2 ungespritzten Zitrone
250 g Zucker
1/8 l Milch
4 Eiweiß
400 g Mehl
1 Päckchen Backpulver
1 EL feingehackte Aranzini (Orangeat)
30 g gehackte Nüsse, 30 g Hagelzucker
1 EL Schmalz, 2 EL Mehl für das Blech
300 g frische Johannisbeeren

Die gehackten Grammeln (Grieben) mit den Eidottern sehr schaumig rühren, die Zitronenschale und den Saft dazugeben, nach und nach den Zucker einrühren, dann kalte Milch hinzurühren. Das Eiweiß zu steifem Schnee schlagen, unterheben, das Mehl mit dem Backpulver auf den Schnee sieben, dazu die gezuckerten Orangenschalen (Aranzini), Nüsse und Hagelzucker. Nun mischt man alles miteinander rasch und vorsichtig, streicht die Hälfte auf das gefettete, bemehlte Blech, belegt mit frischen Johannisbeeren und macht mit dem Rest des Teiges mit dem Spritzsack ein Gitter und einen Rand auf die Johannisbeeren und backt 1 Stunde bei mittlerer Hitze. Die erkaltete Torte in Stücke schneiden.

Salzburger Nockerln

3 Eigelb
5 Eiweiß
1 Prise Salz
2 EL Zucker
1 EL Mehl
1/2 Päckchen Vanillezucker
Schale von 1 Zitrone
70 g Butter

Vorbedingung zum Gelingen der Salzburger Nockerln ist, daß der Eischnee sehr steif ist, und das gelingt nur, wenn der Topf, in dem der Schnee geschlagen wird, und auch der Schneebesen absolut fettfrei sind. Also vorher mit kochendem Wasser reinigen!
Eiweiß zu steifem Schnee schlagen. Wenn der Schnee steif zu werden beginnt, Salz und Zucker in den Schnee geben. Den Schnee so steif schlagen, daß er nicht aus der Schüssel fällt, wenn man sie umdreht. Nun streut man Mehl über den Schnee, geriebene Zitronenschale und Vanillezucker. Eidotter ganz vorsichtig zugleich mit dem Mehl unter die Eiweißmasse heben.
In einer Omelettepfanne Butter heiß werden lassen und ganz rasch mit dem Teigschaber 3 Nockerln in die Pfanne legen. Nach einer Minute die Nockerln umdrehen, noch zweimal halb umdrehen, so daß sie auf drei Flächen gebacken werden. Auf einer Platte anrichten, leicht zuckern und rasch servieren.

← Süßes in jeglicher Form – berühmt als »Wiener Mehlspeis«

Betrunkene Kapuziner

4 Eidotter
4 Eiweiß
140 g Zucker
30 g geschmolzene Schokolade
100 g Brösel
½ l Weißwein
2 Gewürznelken
3 EL Zucker
1 Stückchen Zitronenschale
1 TL Schmalz und 1 EL Brösel für die Form

Zucker mit Eidottern und geschmolzener Schokolade schaumig rühren. Den festen Schnee vom Eiweiß mit den Bröseln gleichzeitig vorsichtig einmischen. Die Masse in einer gut gefetteten, bebröselten Form oder in mehreren kleinen Förmchen 30 Minuten bei schwacher Mittelhitze backen. Aus der Form stürzen, mit heißem Wein, dem man Zitronenschale, Gewürznelke und Zucker beigegeben hat, übergießen.

Schneekuchen

210 g Butter
210 g Zucker
210 g Mehl
140 g geriebene Mandeln
2 Eidotter
Abgeriebenes einer Zitrone
400 g beliebige Beeren
4 Eiweiß
120 g Zucker

Aus Butter, Zucker, Mehl, Mandeln, Eidottern und der abgeriebenen Schale einer ungespritzten Zitrone auf dem Brett rasch einen Teig kneten, auf ein Blech aufstreichen und in 12 Minuten bei guter Mittelhitze goldgelb backen. Den fertigen Boden mit Beeren (Johannisbeeren, Heidelbeeren, Brombeeren, Erdbeeren oder Himbeeren) belegen. Die Eiweiß mit Zucker zu einem ganz steifen Schnee schlagen, über das Obst streichen und ganz kurz und nicht zu heiß im Ofen überbacken.

Brottorte mit Kirschen

6 Eidotter
220 g Zucker
150 g geriebenes Schwarzbrot
150 g ungeschälte geriebene Mandeln
100 g geriebene Schokolade
1 EL Rum
1 Messerspitze Zimt und Nelkenpulver
Saft und Schale von 1 ungespritzten Zitrone
6 Eiweiß
1 Prise Salz
1 TL Schmalz für die Form
500 g Kirschen

Eidotter mit Zucker schaumig rühren, nach und nach Schwarzbrot, Mandeln, Schokolade, Rum, Zimt, Nelkenpulver, Saft und Schale der Zitrone dazugeben und gut verrühren. Das Eiweiß mit Salz sehr steif schlagen und vorsichtig unter die Masse heben.
Den Boden einer Springform gut ausfetten, die Masse einfüllen, die Kirschen entsteinen, darauflegen. Sie sinken beim Backen in den Teig ein.
Die Torte bei guter Mittelhitze ungefähr 45 Minuten backen und erst am nächsten Tag anschneiden.

Torte aus Kornmehl

100 g Butter
300 g Kornmehl (Roggenmehl)
100 g Zucker
1 Ei
1 Päckchen Backpulver
3 EL süße Sahne
Schale von ½ Zitrone
4 EL beliebige Marmelade

Butter mit Kornmehl mit der Hand zu feinen Bröseln verarbeiten, Zucker, Ei, Backpulver, süße Sahne und die abgeriebene Schale einer halben Zitrone dazugeben und gut durcharbeiten.
⅓ des Teiges benötigt man, um auf der Torte ein Gitter herzustellen. Die anderen zwei Drittel der Masse in eine gefettete Tortenform drücken, mit Marmelade bestreichen und begittern, im Ofen bei schwacher Mittelhitze 45 Minuten backen.

Bröseltorte

140 g Zucker
7 Eidotter
7 Eiweiß
1 feingehackte Orangenschale
2 zerdrückte Gewürznelken
50 g geriebene Schokolade
100 g geriebene Nüsse
100 g Semmelbrösel
4 EL Rum
1 TL Schmalz und 1 EL Mehl für die Form
3 EL Johannisbeermarmelade
¼ l geschlagene Sahne

Zucker und Eidotter schaumig rühren. Nach und nach Gewürznelken, Orangenschale und Schokolade einrühren. Die Eiweiß zu festem Schnee schlagen, auf die Masse häufen, darüber Nüsse und Semmelbrösel, die man mit Rum befeuchtet hat, streuen und alles vorsichtig unterheben. Eine befettete und bemehlte Form mit der Masse füllen und bei mäßiger Hitze 45 Minuten backen. Die erkaltete Torte schneidet man durch, bestreicht sie mit Johannisbeer-Marmelade, füllt sie mit Schlagsahne und verziert die Oberfläche.

Kirsch-Schokoladen-Roulade

4 Eiweiß
3 EL kaltes Wasser
200 g Zucker
4 Eidotter
100 g Mehl
40 g Kakao
1 Glas Kirschwasser, 4 EL Kirschmarmelade
¼ l steif geschlagene Sahne
300 g entsteinte halbierte Kirschen

Eiweiß mit kaltem Wasser zu einem festen Schnee schlagen, den Zucker einschlagen, Eidotter gleichzeitig mit Mehl und Kakao vorsichtig unterheben, die Masse auf ein mit Papier ausgelegtes Backblech streichen und 15 Minuten bei Mittelhitze backen. Auf ein leicht angefeuchtetes Tuch stürzen, das Papier abziehen, Biskuit vorsichtig mit dem Tuch einrollen und auskühlen lassen.
Biskuit vorsichtig aufrollen, mit Kirschwasser beträufeln, mit abgerührter Kirschmarmelade bestreichen, die geschlagene Sahne darüberstreichen, mit abgetropften, entsteinten Kirschen belegen, leicht in die Sahne eindrücken, die Roulade zusammenrollen und mit Sahne und Kirschen verzieren.

Gesundheitskuchen

250 g Butter
Saft und Schale von 1 Zitrone
5 Eidotter, 5 Eiweiß
250 g Zucker
1 Päckchen Vanillezucker
knapp 1/8 l Milch
500 g Mehl
1 Päckchen Backpulver
100 g Rosinen, 100 g geschnittene Mandeln
1 EL Butter, 1 EL Mehl für die Form

Butter mit dem Saft und der Schale einer ungespritzten Zitrone schaumig rühren, nach und nach Eigelb, Zucker, Vanillezucker und die Milch dazurühren. Das Mehl mit dem Backpulver sieben und zugleich mit dem Mehl den Schnee vom Eiweiß unterrühren. Die Rosinen und die Mandeln unter den Teig mischen, die Masse in eine längliche, mit Butter bestrichene und ausgemehlte Form füllen und bei Mittelhitze 45 Minuten backen.

Mürber Apfelstrudel

210 g Mehl
140 g Butter
70 g Zucker
1 EL saure Sahne
2 Eidotter
Schale von 1 Zitrone
750 g Äpfel, 100 g Zucker
50 g kleingehackte Nüsse oder Mandeln
50 g Rosinen
1 geschlagenes Ei

Aus Mehl, Butter, Zucker, Sahne und Eidotter mit der Zitronenschale einen Mürbeteig bereiten, den man 1/2 Stunde ruhen läßt. Äpfel schälen, blättrig schneiden, mit Zukker, Zimt und der abgeriebenen Schale einer Zitrone, Nüssen oder Mandeln und Rosinen vermischen.
Den Teig rechteckig ausrollen, in der Mitte mit der Fülle belegen, über der Fülle zusammenschlagen. Mit Ei bestrichen bei Mittelhitze 30 Minuten backen.

Wiener Mohn- oder Nußstrudel

Teig:
400 g Mehl
200 g Butter
1 Ei
30 g Hefe
4 EL Zucker
1 Prise Salz
eventuell 2 EL Milch
1 geschlagenes Ei zum Bestreichen

Fülle:
knapp 1/8 l Milch
1 EL Rum
Schale von 1 Zitrone
1 Messerspitze Zimt
2 EL Honig
140 g geriebene Nüsse oder feingemahlener Mohn

Die meisten Rezepte mit Hefe brauchen eine längere Zubereitungszeit. Dieses Rezept ermöglicht es, einen Mohn- oder Nußstrudel in kürzerer Zeit herzustellen.
Auf einem Nudelbrett bröselt man Mehl mit Butter ab, gibt das Ei und die allerfeinst zerbröselte Hefe, Zucker, Salz und eventuell

noch etwas kalte Milch dazu, so daß ein glatter Teig entsteht. Den Teig sofort ½ cm dick ausrollen, mit der Nuß- oder Mohnfülle bestreichen, zusammenrollen, mit dem geschlagenen Ei bestreichen und sofort bei mittlerer Hitze etwa 20–25 Minuten backen. Aus der Menge dieses Teiges kann man je einen Mohn- und einen Nußstrudel machen.
In die Milch gibt man den Rum, die abgeriebene Schale einer Zitrone, etwas Zimt und Mohn oder geriebene Nüsse, so daß ein dikker Brei entsteht, und rührt den Honig unter. Mit dieser Masse den Teig bestreichen, wobei man am Anfang und Ende je 2 cm frei läßt, dann zusammenrollen und backen.

Ausgezogener Apfelstrudel

Strudelteig:
150 g Mehl
1 Prise Salz
1 TL Öl
ca. 1/16 l lauwarmes Wasser
1 TL Essig

Fülle:
1 kg Äpfel
80 g Zucker
1 TL Zimt
2 EL geschälte geröstete Mandeln
1 TL Schmalz
3 EL Brösel
30 g Rosinen
60 g zerlassene Butter

Aus Mehl, Salz, Öl und lauwarmem Wasser, dem wir den Essig beigemischt haben, einen weichen Teig herstellen, gut durcharbeiten, bis er kleine Bläschen wirft (dauert ca. 15 Minuten). Wenn der Teig am Brett klebt, etwas Mehl dazugeben, eine Kugel daraus formen, mit Öl bestreichen, in eine vorgewärmte Schüssel legen und an einem warmen Platz 30 Minuten ruhenlassen. Der Teig muß seidig sein, um so leichter läßt er sich dann ziehen.

Äpfel schälen, blättrig schneiden, mit Zucker und Zimt vermischen. Semmelbrösel in Fett anrösten, die Mandeln in Zucker mitrösten. Ein großes Tuch mit Mehl bestäuben, den Teig darauflegen, mit dem Nudelwalker ausrollen, sowohl der Länge als auch der Breite nach, dann papierdünn ausziehen. Am besten geschieht das, indem man mit dem bemehlten Handrücken unter den Teig greift und immer von der Teigmitte aus vorsichtig zum Rand zieht, bis der Teig papierdünn geworden ist.

Man bestreicht den Teig mit zerlassener Butter, verteilt die Bröseln gleichmäßig, darauf die Äpfel, Rosinen, die gerösteten Mandeln, und rollt von beiden Seiten zusammen, schiebt das Strudeltuch zusammen und hebt damit den Strudel auf das befettete Blech. Nun bestreicht man den Strudel mit zerlassener Butter und backt ihn 30 Minuten bei guter Mittelhitze. Der Apfelstrudel schmeckt am besten warm.

Am besten ist es, den Strudel in der Länge des vorgesehenen Bleches zu machen. Sollte der Strudel zu lang geworden sein, kann man ihn in U-Form auf das Blech legen.
Fast immer wird der Rand etwas dicker bleiben, den schneidet man dann vor dem Zusammenrollen ab.

Birnenkuchen

150 g Butter
150 g Zucker
Schale von 1 Zitrone
2 Eier
1 Päckchen Vanillezucker
125 g Mondamin
250 g Mehl
2 TL Backpulver
1/8 l Milch
700 g geschälte Birnen
1 Messerspitze Zimt
150 blättrig geschnittene Mandeln
30 g Zucker
20 g Butter

Zucker, Butter, Eier, Zitronenschale und Vanillezucker schaumig rühren, darunter Mondamin, Mehl, Backpulver und Milch rühren und fingerdick auf ein Backblech streichen, mit halbierten, entkernten Birnen belegen, mit Zimt bestreuen und 30 Minuten bei guter Mittelhitze backen. Wenn der Kuchen fast fertig ist, mit Mandeln und Zucker bestreuen, dann fertigbacken, danach mit zerlassener Butter beträufeln.

Kastanienreis

1 1/2 kg frische Kastanien
1/4 l Milch
150 g Zucker (Staubzucker)
1 EL Rum
1/4 l Schlagsahne

Die Kastanien an der gewölbten Seite einschneiden, auf ein Backblech geben, mit etwas Wasser in den heißen Ofen stellen. Nach ca. 10 Minuten lassen sich die Kastanien schälen. Die geschälten Kastanien mit der Milch knapp bedeckt aufs Feuer stellen und vorsichtig kochen. Die Milch soll verdunstet sein, wenn die Kastanien weich sind.
Die Kastanien passieren, Staubzucker und Rum unter die Masse arbeiten, durch ein grobes Sieb streichen und mit steifgeschlagener Sahne anrichten.

Kastanientorte

150 g Zucker
4 Eidotter
100 g geschälte, feingeriebene Mandeln
200 g gekochte, geschälte, passierte Kastanien
Saft und Schale von 1/2 ungespritzten Zitrone
4 Eiweiß, zu Schnee geschlagen
30 g Zucker
4 EL Aprikosenmarmelade
1 TL Butter und 1 EL Mehl für den Boden der Form

Die Eidotter mit dem Zucker schaumig rühren, Mandeln und Kastanien untermischen. Den sehr festen Eischnee, dem man den Zucker untergerührt hat, unter diese Masse heben und mit dem Saft und der Schale einer halben Zitrone abschmecken.
Eine Tortenform ausfetten und ausmehlen, die Masse einfüllen und nicht zu heiß 45 Minuten backen. Erkalten lassen, mit Marmelade bestreichen. Man kann die Torte auch einmal auseinanderschneiden, die untere Hälfte mit Marmelade und die obere Hälfte mit Schokolade bestreichen oder umgekehrt. Die fertige Torte beliebig verzieren (entweder mit Sahne oder Schokoladenglasur).

Brandteigkrapfen

½ l Wasser
Salz
100 g Butter
300 g Mehl
3–4 Eier
½ l Schlagsahne

Wasser mit der Butter aufkochen, salzen, das Mehl einrühren und diese Masse unter ständigem Rühren mit dem Holzlöffel kurz anrösten, bis sie sich vom Topf löst. Dann vom Feuer nehmen. Nach und nach die Eier einrühren, der Teig muß zart seidig glänzen. Mit einem Spritzsack oder mit einem Löffel Häufchen auf ein gefettetes Blech in Abständen von ca. 10 cm setzen, die Krapfen gehen beim Backen stark auf. Im heißen Ofen 10 bis 12 Minuten backen, in dieser Zeit nicht den Backofen öffnen. Nach 8 Minuten die Hitze reduzieren. Die Krapfen gleich nach dem Herausnehmen aufschneiden und auskühlen lassen.
Die Krapfen mit Schlagsahne füllen, leicht bezuckern und servieren.

Kipfelkoch

70 g Butter
60 g Zucker
4 Eidotter, 4 Eiweiß
Schale von 1 ungespritzten Zitrone
4 Hörnchen
5 EL Sahne, 30 g Rosinen
evtl. Weinschaumsauce oder Glühwein

Butter, Zucker und Dotter schaumig rühren, die Schale einer abgeriebenen Zitrone dazugeben. Von den Kipferln die braune Rinde abreiben, die Kipferl kleinwürfelig schneiden, mit Sahne anfeuchten und in die Buttermasse rühren. Man gibt die Rosinen dazu und zieht vorsichtig den steifgeschlagenen Schnee der Eiweiß unter. Diese Masse in eine ausgefettete Backform füllen und 45 Minuten im Wasserbad im Ofen garen. Kipfelkoch kann man mit Weinschaumsoße oder Glühwein servieren.

Kipfelkoch, überbacken

4 Hörnchen
4 EL beliebige Marmelade
1 EL Butter
3 Eidotter
⅛ l Sahne
1 Päckchen Vanillezucker
3 Eiweiß, zu steifem Schnee geschlagen
1 Prise Salz
120 g Zucker

Von den Kipferln die braune Rinde abreiben, aufschneiden und das Innere ein wenig aushöhlen, mit Marmelade vollstreichen, wieder zusammenklappen, die Kipferln teilen und in eine mit Butter ausgestrichene Auflaufschüssel geben.
Eidotter mit Sahne und Vanillezucker verquirlen, die Kipferl damit beträufeln, damit sie schön saftig werden. 15 Minuten im heißen Ofen backen, den steifen Eischnee mit einer Prise Salz über die Kipferl streichen, überzuckern und im Ofen goldgelb backen.

Kukuruzkoch (Maispudding)

½ l Milch
¼ l Maismehl
50 g Zucker
1 Päckchen Vanillezucker
70 g Butter
70 g Zucker
3 Eidotter
1 Messerspitze Zimt
Saft und Schale von 1 Zitrone
3 Eiweiß, zu Schnee geschlagen

In die heiße Milch läßt man das Mehl einlaufen, gibt Zucker und Vanillezucker dazu, rührt gut um und kocht alles zu einem dicken Brei, den man auskühlt.
Butter, Zucker und Eidotter schaumig rühren, Zimt, Saft und Schale der Zitrone dazugeben, den ausgekühlten Brei unterrühren. Den sehr steifen Eischnee vorsichtig unter die Masse heben, in einer ausgefetteten geschlossenen Puddingform ca. 50 Minuten im Wasserbad kochen, stürzen. Mit Apfelkompott servieren.

Äpfel im Schnee

100 g Butter
100 g Zucker
10 kleine Äpfel
1 EL Butter
30 g geschälte, gestiftelte Mandeln
3 Eiweiß
120 g Zucker
3 EL Aprikosenmarmelade

Man läßt Butter und Zucker schmelzen, aber nicht braun werden, gibt Aprikosenmarmelade und kleine, geschälte, in Spalten geschnittene Äpfel dazu und dünstet vorsichtig. Wenn die Äpfel noch kernig sind, gibt man sie in eine gebutterte Auflaufform, bestreut mit den Mandeln, schlägt das Eiweiß zu festem Schnee, rührt Zucker ein und bedeckt damit die Apfelmasse, zuckert sie etwas und backt bei guter Mittelhitze in etwa 15 Minuten goldgelb.

Nußkoch mit Weinschaumsauce

70 g Butter
100 g Zucker
4 Eidotter
100 g geriebene Nüsse
30 g Brösel
4 Eiweiß

Butter mit Dottern und Zucker schaumig rühren. Nüsse und den Schnee vom Eiweiß mit den Bröseln gleichzeitig vorsichtig unterheben. Die Masse in eine gebutterte Puddingform füllen und im Wasserbad kochen, stürzen und mit Weinschaumsauce übergossen servieren.

Weinschaumsauce

2 Eier
2 gehäufte EL Zucker
⅛ l Weißwein

Weißwein mit den Eiern und dem Zucker im Wasserbad bei mittlerer Hitze dick schaumig schlagen, bis die Masse eine gewisse Bindung hat (sie darf nicht kochen) und dann weiterschlagen, bis die Masse erkaltet ist. Zu warmen Puddings gibt man sie als warme Sauce.

Mohnkoch

50 g Butter
4 Eidotter
70 g Zucker
½ Päckchen Vanillezucker
50 g geschälte, geriebene Mandeln
70 g Brösel
3 EL Milch
250 g Mohn
2 Eiweiß

Man rührt Butter und Dotter schaumig, gibt Zucker und Vanillezucker dazu und verrührt gut. Dann gibt man die Mandeln und die mit Milch befeuchteten Semmelbrösel dazu und den feingemahlenen Mohn, vermengt die Masse gut und hebt vorsichtig den Schnee von den Eiweiß darunter, füllt in eine gebutterte Puddingform und kocht im Wasserbad im Ofen ca. 35–40 Minuten.

Quittenkoch mit Mandeln

70 g Butter
100 g Zucker
4 Eidotter
140 g im Ofen gebratene, passierte Quitten
70 g geschälte, geriebene Mandeln
3 Eiweiß
2 EL Brösel und 1 EL Sahne
1 TL Butter, 1 EL Brösel

Butter, Zucker und Dotter schaumig rühren, Quittenmus, Mandeln und Schnee von den Eiweiß unterrühren, die mit Sahne befeuchteten Brösel unterziehen, die Masse in eine befettete und bebröselte Form geben und goldgelb backen.

Quittenkoch mit Bröseln

100 g Zucker
5 Eidotter
5 EL im Ofen gebratene, passierte Quitten
2 EL Hörnchen oder Biskuitbrösel
5 Eiweiß
1 TL Butter, 1 EL Brösel

Zucker mit Eidottern schaumig rühren, das Quittenmus, Hörnchen- oder Bisquitbrösel und den Schnee des Eiweiß dazugeben. Die Masse in eine ausgefettete und bebröselte Auflaufform füllen und goldgelb backen.

Mandelkoch mit Äpfeln

5 kleine Äpfel
2 EL Zucker
3 Nelken
Zitronenschale
10 TL Himbeermarmelade
100 g Zucker
1 Ei
2 Eidotter
100 g geschälte, geriebene Mandeln
2 Eiweiß
30 g Brösel
Himbeerschaum (siehe »Pofesen«, Aprikosenschaum)

Äpfel schälen, das Kerngehäuse ausschneiden und mit einem Stückchen Zitronenschale, Nelken und Zucker halb weich kochen. In eine Auflaufschüssel mit dem Schnitt nach oben setzen, anstelle des Kerngehäuses Himbeermarmelade einfüllen.
Zucker, Ei und Dotter schaumig rühren, Mandeln dazugeben, die Eiweiß zu steifem Schnee schlagen und gleichzeitig mit den

Bröseln unter die Masse heben. Mit dieser Masse die Äpfel bedecken und zum Backen in den Ofen stellen. Nach 15 Minuten Himbeerschaum (Zutaten und Zubereitung wie bei Aprikosenschaum angegeben, nur Aprikosen- statt Himbeermarmelade) darübergeben und fertigbacken.

Schmankerlkoch

1/4 l Milch
2 EL Sahne
30 g geschmolzene Butter
1 EL Zucker
1 Prise Salz
160 g Mehl
1 EL Schmalz
1/8 l Milch
1/8 l Sahne
1 EL Butter
3 Eiweiß
2 EL Zucker
1 EL Schmalz zum Ausstreichen der Form
Himbeersaft, Preiselbeeren oder Blaubeeren

Einen dickflüssigen Teig aus Milch, Sahne, Butter, Zucker, Salz und Mehl herstellen. Diesen Teig auf ein gefettetes Backblech gießen und goldgelb backen, dann in kleine Stücke zerreißen.
In einem Topf Milch und Sahne mit Butter aufkochen lassen, die zerrissenen Schmankerln dazugeben, noch einmal aufkochen, vom Feuer nehmen und erkalten lassen. Die Eiweiß zu steifem Schnee schlagen, den Zukker dazurühren, unter die Masse heben und in einer gut gefetteten Auflaufform bei Mittelhitze backen.
Dazu reicht man Blaubeer- oder Heidelbeerkompott oder Himbeersaft.

Topfenknödel (Quarkknödel)

150 g geschnittene Brötchen
150 g Mehl
250 g Magerquark
120 g Butter
3 Eidotter
3 Eiweiß
1 Prise Salz
100 g Semmelbrösel
40 g Butter
Zucker zum Bestreuen

Kleinwürfelig geschnittene, abgerindete Semmeln mit dem Mehl vermischen und mit dem passierten Quark abarbeiten.
Eidotter und Butter schaumig rühren, Eiweiß etwas salzen und zu festem Schnee schlagen, mit dem Teig vermischen. Kleine Knödel formen und in Salzwasser etwa 15 Minuten kochen.
Die fertigen Knödel in goldbraun gebratenen Butterbröseln wälzen und mit Zucker bestreuen, Pflaumenmus dazu servieren.

Weizentommerl

1/4 l Milch
3 Eier
1 Prise Salz
150 g Mehl
4 EL Schmalz
Kompott, Marmelade oder Speckwürfel

Aus Milch, Eiern, Salz und Mehl einen nicht zu dünnflüssigen Teig herstellen. In einer Kasserolle Schmalz erhitzen, den Teig etwa 1/2 cm dick eingießen und im heißen Ofen der

Reihe nach, ähnlich wie Palatschinken, backen und sofort servieren.
Man kann den Weizentommerl mit Marmelade bestreichen und wie eine Omelette zusammenklappen, man kann Kompott dazu geben oder nach Belieben auch Salat.
Man kann auch die Speckwürfel in das Schmalz geben, dann den Teig darüberschütten. Auf jeden Fall aber soll der Tommerl schön goldbraun gebacken werden.

Scheiterhaufen

8 altbackene Brötchen oder Hörnchen
1/4 l Milch
3 Eier
80 g Zucker
400 g Äpfel
60 g Rosinen
100 g zerlassene Butter
3 Eiweiß
120 g Zucker

Die Brötchen oder Hörnchen dünnblättrig schneiden. Milch mit Eiern und Zucker verquirlen, über die Brötchen gießen und ruhen lassen.
Eine Auflaufschüssel einfetten, abwechselnd eine Lage Brötchen und eine Lage blättrig geschnittene, mit Rosinen vermischte Äpfel einlegen, die letzte Lage sollen Brötchen sein. Die Masse etwas andrücken, zerlassene Butter daraufträufeln, mit Pergamentpapier bedecken und knapp 1/2 Stunde im Ofen backen.
Die Eiweiß zu steifem Schnee schlagen, Zukker einrühren und nach Abziehen des Pergamentpapiers den Schnee gleichmäßig verteilen, bei Oberhitze wieder in den Ofen stellen und bei Mittelhitze in 10 Minuten goldgelb backen. Der Schnee bekommt rascher Farbe, wenn man ihn vorher etwas überzuckert.

Scheiterhaufen auf Wiener Art

1/4 l Rotwein
1 Zimtrinde
2 EL Zucker
2 Nelken
1 Zitronenschale
4 Brötchen
1 EL Butter
300 g Äpfel
30 g Rosinen
30 g geschälte Mandeln
1 TL Zimt
3 Eiweiß
120 g Zucker

Aus Rotwein, Zimtrinde, Zucker, Nelken und Zitronenschale einen Glühwein bereiten und auskühlen. Die blättrig geschnittenen Semmeln im Ofen leicht rösten, in den erkalteten Glühwein tauchen und sie schichtweise in eine mit Butter ausgestrichene Auflaufform legen. Man bestreut jede Schicht mit gehobelten Äpfeln, Rosinen, geschälten und geschnittenen Mandeln, zuckert ein wenig, bestäubt mit Zimt und legt die nächste Schicht Semmeln darüber. Die letzte Schicht sollen Semmeln sein. Im heißen Ofen 1/2 Stunde backen. Das Eiweiß zu steifem Schnee schlagen, den Zucker unterrühren, die Masse auf die Auflaufform füllen und kurz überbacken, bis der Eischnee goldgelb ist.

Dukatennudeln mit Vanillesauce

Vanillesauce:
2mal 1/4 l Milch
20 g Stärkemehl
2 Eigelb
120 g Zucker
1 Vanilleschote oder 1 Päckchen Vanillezucker
Dukatennudeln:
1/8 l lauwarme Milch
30 g Hefe
1 TL Zucker
1 EL Mehl
350 g Mehl
Salz
1/2 Päckchen Vanillezucker
Schale von 1 Zitrone
1 EL Rum
1/8 l Milch
80 g Butter
60 g Zucker
2 Eier

Vanillesauce: 1/4 l Milch mit der Vanilleschote oder dem Vanillezucker aufkochen. In 1/4 l kalter Milch das Stärkemehl, Eigelb und Zucker glattrühren und dann in die kochende Milch einrühren. Alles bis zum Siedepunkt erhitzen, aber nicht kochen lassen.

Dukatennudeln: Mit der Milch, der Hefe, dem Zucker und etwas Mehl setzt man ein Hefestück (Dampfl) an. Wenn es aufgegangen ist, vermischt man mit Mehl, Salz, Vanillezucker, abgeriebener Zitrone, Rum, in Milch zerlassener Butter, Zucker und Ei, schlägt den Teig gut ab, bis er sich vom Kochlöffel und der Schüssel löst, stellt ihn an einen warmen Platz und läßt ihn bis zur doppelten Größe aufgehen. Dann gibt man den Teig auf das bemehlte Nudelbrett und rollt ihn mit dem Nudelholz 1 cm dick aus.
Die Dukatennudeln macht man so klein wie möglich, man kann sie zum Beispiel mit einem Likörglas ausstechen, mit beliebiger Marmelade füllen und den Teig über der Fülle zusammenklappen.
In eine gut ausgefettete Pfanne reihenweise setzen, jede einzelne von allen Seiten mit Schmalz bepinseln, sonst lassen sie sich nicht teilen. Die zugedeckte Pfanne an einem warmen Ort zum Aufgehen 15 Minuten stehenlassen, auch oben mit Schmalz bepinseln und im heißen Ofen goldbraun backen. Backzeit bei guter Mittelhitze 30 Minuten. Mit einer Nadel einstechen. Wenn die Nadel trocken herausgezogen werden kann, sind die Dukatennudeln fertig. Aus der Pfanne stürzen, zuckern, beim Anrichten auf Tellern die Vanillesauce dazu reichen.

Mohr im Hemd

100 g Butter
50 g Staubzucker
5 Eidotter
100 g ungeschälte geriebene Mandeln
100 g geriebene Schokolade
5 Eiweiß, 50 g Zucker
Schokoladensauce:
1/4 l Milch
1 TL Stärkemehl
100 g Schokolade
evtl. etwas Zucker

Butter und Staubzucker schaumig rühren, die Eidotter einrühren, dann Mandeln und

Schokolade dazurühren. Die Eiweiß zu steifem Schnee schlagen, den Zucker unterheben und unter die Buttermasse ziehen. Den Teig in mit Butter ausgestrichene und mit Staubzucker ausgestreute Puddingförmchen füllen und im Wasserbad 30–40 Minuten ziehen lassen, je nach Größe der Förmchen. Aus der Form stürzen, mit Schokoladensauce überziehen und mit Schlagsahne verzieren.
Schokoladensauce: Milch mit Stärkemehl zum Kochen bringen, die Schokolade in der heißen Milch auflösen, eventuell mit etwas Zucker nachsüßen.

Palatschinken (Eierkuchen)

¼ l Milch
2 Eier
1 Prise Salz
120 g Mehl
100 g Aprikosenmarmelade
60 g Schmalz zum Backen

Aus Mehl, Eiern, Salz und Milch einen dünnflüssigen Teig herstellen.
In einer Pfanne wenig Schmalz heiß werden lassen und nur so viel Teig hineingießen, daß der Boden der Pfanne hauchdünn bedeckt ist. Das geht am besten, wenn man die Pfanne schräg hält, am höchsten Punkt eingießt und durch Drehen der Pfanne den Teig verteilt. Bei mäßiger Hitze den Palatschinken auf beiden Seiten hellbraun backen. Die fertigen Palatschinken übereinandergelegt warm halten, bis der Teig aufgearbeitet ist. Üblich ist es, die Palatschinken mit Aprikosenmarmelade zu füllen. Dazu rollt man jeden einzelnen Palatschinken, wenn er mit der Marmelade bestrichen ist, zusammen und hält ihn auf einer Platte warm, bis alle Palatschinken fertig sind.

Palatschinken mit Nußfülle

Teig:
wie bei »Palatschinken«
Fülle:
⅛ l Milch
2 EL geriebene Nüsse
1 EL Honig
etwas abgeriebene Zitronenschale
1 Zimtstange
2 EL Rum

Palatschinken wie beschrieben herstellen. Die Zutaten der Nußfülle miteinander verrühren, kurz aufkochen und abkühlen, jeden einzelnen Palatschinken damit bestreichen, zusammenrollen und warm stellen, bis alle Palatschinken fertig sind.

Buchteln

Zutaten wie bei »Dukatennudeln«, dazu:
120 g Powidl (Pflaumenmus)

Man stellt den Teig wie bei Dukatennudeln beschrieben her, rollt ihn aus, schneidet Vierecke von 8 × 8 cm aus, gibt auf jedes Viereck einen Kaffeelöffel Pflaumenmus und rollt die Vierecke zusammen. Weiterverarbeitung wie bei Dukatennudeln angegeben.

Faschingskrapfen

600 g gesiebtes Mehl
3 EL warme Milch
40 g Hefe
1 Prise Zucker
1 TL Mehl
ca. 1/4 l Milch
120 g Butter
6 Eidotter
Schale von 1 Zitrone
2 EL Rum
100 g Zucker
1 Prise Salz
100 g Aprikosenmarmelade
400 g Schmalz

Das Mehl läßt man in der Küche an einem warmen Platz über Nacht stehen.
Aus der warmen Milch, der Hefe, dem Zukker und dem Teelöffel Mehl setzt man ein Hefestück (Dampfl) an, bis sich die Masse verdoppelt hat und an der Oberfläche dicke Risse bekommt.
Die Milch mit der Butter erwärmen, die Eidotter hineinrühren und die abgeriebene Schale der Zitrone und den Rum. Das Mehl, das man leicht salzt, mit dem Hefestück vermengen, die präparierte Milch und den Zukker unterrühren und sehr gut abschlagen, bis der Teig kleine Bläschen zeigt und nicht mehr am Geschirr klebt. Man läßt den Teig nun an einem warmen Ort fast doppelt so hoch aufgehen. Das Geschirr muß gut zugedeckt sein, die Küche gut temperiert, Türen und Fenster geschlossen, denn der Teig verträgt keinen Zug.
Den Teig auf einem bemehlten Tisch daumendick ausrollen, mit einem Krapfenstecher ausstechen, in der Mitte einen Löffel Aprikosenmarmelade aufsetzen, mit einem anderen ausgestochenen Krapfen belegen und die Ränder gut festdrücken. Nun noch einmal ausstechen. Die ausgestochenen Krapfen auf einem bemehlten Blech zugedeckt mit einem Tuch noch einmal aufgehen lassen, bis die Schnittflächen Bläschen zeigen.
Nun in einem nicht zu kleinen Topf Fett erhitzen, damit man die Krapfen schwimmend ausbacken kann. Das Fett darf nicht zu heiß sein, ein Wassertropfen soll gerade noch zischen. Die Krapfen mit der Oberseite nach unten hineinlegen, zudecken, nach 2–3 Minuten umdrehen. Sollten die ersten Krapfen keine schönen Rändchen zeigen, die übrigen dann noch etwas gehen lassen. Gezuckert servieren.

Schlosserbuben

1/4 l Milch
125 g Mehl
2 Eidotter, 2 Eiweiß
1 Prise Salz
1 EL Öl
je 25–30 Backpflaumen und geschälte Mandeln
250 g Schmalz
150 g geriebene Schokolade
Staubzucker

Aus Mehl, Eidottern, Salz, Öl und Milch einen glatten, dickflüssigen Teig herstellen. Eine halbe Stunde ruhen lassen.
Die Backpflaumen aufkochen, entsteinen und mit je einer geschälten Mandel füllen.
Eiweiß zu festem Schnee schlagen, leicht unter den Teig heben, die Pflaumen eintauchen

und in schwimmendem Fett goldgelb backen, herausnehmen, in der geriebenen Schokolade wenden und bezuckern.
Frisch gebacken, schmecken die Schlosserbuben wunderbar knusprig, also nicht zu früh herstellen oder stehenlassen, sondern sofort servieren.

Bayrische Kücherln

Zutaten wie bei »Faschingskrapfen«,
statt der Eidotter:
3 ganze Eier

Zubereitung wie Faschingskrapfen. Sie werden wie Krapfen ausgestochen, aber nicht gefüllt. Genauso wie Faschingskrapfen zum Aufgehen warm stellen. Vor dem Einlegen in Fett in der Mitte auseinanderziehen, damit eine Vertiefung entsteht, ausbacken und dann die Vertiefung mit Marmelade füllen.

Brioches

Teig: wie bei »Faschingskrapfen«

Aus dem wie bei Faschingskrapfen beschriebenen Teig stellt man Stritzerln, Kipferln (Hörnchen) oder beliebige Formen her, läßt sie zugedeckt an einem warmen Platz gehen, bestreicht sie vor dem Backen mit geschlagenem Ei, bestreut sie mit Hagelzucker, setzt sie auf ein gefettetes Blech und backt sie rasch, um sie saftig zu erhalten.

Gebackene Mäuse

400 g Mehl
25 g Hefe
60 g Butter
50 g Zucker
4 Eidotter
Salz, abgeriebene Zitronenschale
500 g Schmalz oder Kokosfett
zum Ausbacken
Himbeersaft

Aus Mehl, Hefe, Butter, Zucker, Eidottern, Salz, Zitronenschale und etwas Milch einen Hefeteig herstellen wie für »Faschingskrapfen«. Wenn der Teig gut abgeschlagen ist, zugedeckt an einem warmen Ort ruhen lassen, bis sich die Masse verdoppelt hat. Mit einem Eßlöffel Nockerln abstechen und in heißem Fett schwimmend goldgelb backen.
Leicht gezuckert servieren. Man reicht dazu Himbeersaft.

Strauben

300 g Mehl
2 EL Rum
2 EL Sahne
6 Eidotter
2 EL Zucker
1 Prise Salz
400 g Schmalz

Mehl mit Dottern, Rum, Salz, Zucker, Sahne zu einem nicht zu weichen Teig verarbeiten, so lange kneten, bis kleine Bläschen entstehen. Eine halbe Stunde ruhenlassen, dann dünn wie einen Nudelteig ausrollen, in Vierecke von 12 × 12 cm schneiden, mit dem Messer oder Teigrad in fingerbreite Streifen

einschneiden, aber nicht den Rand durchschneiden! Mit einer Spicknadel durch jeden zweiten Durchschnitt fahren, so aufgefädelt ins heiße Schmalz geben, dabei aber die Strauben mit der Spicknadel noch festhalten, bis die Form durch den Backprozeß fixiert ist, und sogleich die nächste Straube einlegen, goldgelb backen. Mit Zimtzucker bestreuen und servieren.
Wenn der Teig beim Backen kleine Bläschen wirft, war der Teig richtig abgearbeitet.

Spritztrauben

1/4 l Milch
70 g Butter
1 Prise Salz
3 Eier
150 g Mehl
1 EL Rum, 1 TL Zucker
250 g Schmalz
1/8 l Himbeersaft

Milch mit Butter und Salz aufkochen, Mehl unter ständigem Rühren einarbeiten und rühren, bis sich der Teig vom Geschirr und Kochlöffel löst. Vom Feuer nehmen, etwas abkühlen lassen, Eier, Rum und Zucker einrühren. Die Masse in einen Spritzsack füllen, damit ca. 6 cm lange Stücke ins heiße Fett spritzen. Mit Himbeersaft servieren.

Spagatkrapfen (Fadenkrapfen)

300 g Mehl
150 g Butter
150 g Zucker
150 g feingeriebene Haselnüsse oder Mandeln
Schale von 1 Zitrone, 1 Prise Piment, Salz
4 Eidotter, 1 EL Sahne
1 EL Rum
300 g Schmalz
Zimt-Zucker

Man benötigt zur Herstellung mehrere zylinderförmige Blechformen, wie man sie für Schaumrollen und Schillerlocken verwendet. Mehl mit der Butter abbröseln. Dann gibt man Zucker, Mandeln oder Haselnüsse, Zitronenschale, Piment, Salz, Eidotter, Sahne und Rum dazu und verarbeitet alles zu einem glatten Teig. Den Teig 1 Stunde kühl ruhenlassen, auf Messerrückendicke ausrollen und in 8 cm große Vierecke schneiden. Diese vorsichtig mit einem weißen Spagat (Faden) auf die Form binden. Die Schnur vorsichtig mehrmals und nicht zu fest um den Teig wikkeln, damit der Teig nicht eingeschnitten wird. In heißem Schmalz ausbacken, die Schnur vorsichtig öffnen und den »Spagatkrapfen« mit Zimt-Zucker bestreut servieren.

Zwetschgenknödel mit Vanillesauce —

Powidltascherln

1 kg gekochte Kartoffeln
30 g Butter
2 EL Sahne
1 Ei, 1 Eidotter
etwas Salz
300 g gesiebtes Mehl
150 g Powidl (Pflaumenmus)
1 Messerspitze Zimt
1 TL Zitronensaft
1 geschlagenes Ei

Dazu: 150 g Semmelbrösel mit 80 g Butter braun geröstet oder 150 g gemahlener Mohn, 100 g Staubzucker
150 g Butter

Die Kartoffeln noch heiß schälen, passieren, abkühlen, mit Butter, Sahne und Dotter, Salz und Mehl zu einem Teig verarbeiten.
Den Teig ausrollen, etwas stärker als Nudelteig. 4 cm vom Teigrand entfernt in Abständen von 6–7 cm einen Teelöffel Pflaumenmus, das man mit ein bißchen gestoßenem Zimt und Zitronensaft abgeschmeckt hat, aufsetzen. Um das Pflaumenmus herum den Teig mit geschlagenem Ei bestreichen, dann den Teigrand überschlagen, um das Pflaumenmus herum den Teig andrücken und die Powidltascherln so ausstechen, daß der Bug (die Faltstelle) nicht mit ausgestochen wird. Also ist das Tascherl zu zwei Drittel rund und am Teigbug gerade. Der Teigrand wird geradegeschnitten wie angeführt, die nächste Reihe gefüllt. Die Teigreste werden mit möglichst wenig Mehl abgearbeitet und wieder ausgerollt.
Die Powidltascherl in kochendes Salzwasser geben, 3 Minuten kochen, mit dem Schaumlöffel herausheben, mit gerösteten Butter-Semmelbröseln oder geriebenem Mohn mit Puderzucker vermengt servieren. Man gibt auf jedes Tascherl noch 1 Löffel zerlassene braune Butter.

Arme Ritter

4 altbackene Brötchen
2 EL Johannisbeermarmelade
1/8 l Milch
200 g Schmalz
1 Päckchen Vanillezucker
2 geschlagene Eier

Alte Brötchen oder Weißbrotscheiben entrinden, in nicht zu dicke Scheiben schneiden, zwischen je zwei Scheiben Marmelade streichen, kurz in Vanillemilch eintauchen, durch geschlagenes Ei ziehen und in heißem Schmalz rasch knusprig backen und gezukkert servieren.

– Reis Trauttmansdorf

Grießschmarrn

1 l Milch
2 EL Zucker
100 g Butter
1 Prise Salz
400 g grober Grieß
70 g Butterfett
40 g Rosinen
1 Ei

Grieß mit Zucker, Butter und Salz in der Milch kurz aufkochen, bis ein fester Brei entsteht. In einem größeren Topf Fett zerlassen, die Grießmasse, die man mit einer Fleischgabel zerreißt, hineingeben, Rosinen und ein Ei unterrühren, den Topf für etwa 15 Minuten bei Mittelhitze in den Ofen stellen und den Grießschmarrn zugedeckt ausdünsten lassen, einige Male zwischendurch auflockern.
Am besten paßt dazu ein Kompott oder Pflaumenmus.

Kaiserschmarrn

¼ l Milch
140 g Mehl
2 Eidotter
1 EL Zucker
1 Prise Salz
2 Eiweiß, zu steifem Schnee geschlagen
80 g Schmalz, 100 g Rosinen

Aus Mehl, Eidottern, Salz und Milch einen glatten, dickflüssigen Teig herstellen und den Eischnee unterheben. In einer Pfanne Schmalz oder Butter heiß werden lassen, eine Schöpfkelle Teig hineingeben, mit Rosinen bestreuen und bei mäßiger Hitze backen, umdrehen, ebenfalls langsam bei mäßiger Hitze backen und mit einer Gabel zerreißen. Dazu serviert man beliebiges Kompott.
Statt Rosinen kann man geriffelte Äpfel oder Kirschen in den Teig geben, dann hat man einen Apfel- oder Kirschenschmarrn.

Pofesen »Schöne Winzerin«

8 Weißbrotscheiben
100 g Schmalz
4 EL beliebige Marmelade
1 EL Butter
Glühwein aus ¼ l Weißwein, 2 EL Zucker, 3 Gewürznelken, 1 Zitronenschale
Aprikosenschaum:
2 EL Aprikosenmarmelade
4 EL Zucker
4 Eiweiß

Weißbrotscheiben auf einer Seite in heißem Schmalz backen. Die nicht gebackene Seite mit Marmelade bestreichen und immer zwei Pofesen zusammenlegen, in einer gebutterten Auflaufform ordnen, mit dem gut gewürzten erkalteten Glühwein übergießen. Man überzieht mit dem Aprikosenschaum, den man wie folgt herstellt:
Aprikosenmarmelade mit 2 Eßlöffel Zucker und 1 Eiweiß 15 Minuten gut verrühren. Danach noch 2 Eßlöffel Zucker und noch ein Eiweiß dazugeben und wieder 15 Minuten rühren. Wenn die gerührte Masse zäh wird, die restlichen beiden Eiweiß zu festem Schnee schlagen und leicht untermischen.
Wenn man die Pofesen mit dem Aprikosenschaum überzogen hat, im Ofen kurz überbacken, bis der Schaum goldgelb geworden ist.

Zwetschgen-Semmelschmarrn

4 Brötchen
50 g Butter
¼ l Milch
2 Eier
1 Prise Salz
150 g Zucker
500 g entsteinte Zwetschgen
60 g Schmalz

Semmeln in Scheiben schneiden, Butter schmelzen, in Milch schütten. Die Eier, etwas Salz und Zucker mit dem Schneebesen schlagen und über die geschnittenen Brötchen gießen.
Zwetschgen entsteinen und halbieren, vorsichtig unter die Semmelmasse mischen und in eine flache, mit Fett ausgestrichene Auflaufform geben, Schmalz in Flöckchen darauf setzen und im Backofen backen.

Apfel- oder Heidelbeerschmarrn

½ l Milch
300 g Mehl
Salz
3 Eidotter
3 Eiweiß
150 g Schmalz
200 g Äpfel oder Heidelbeeren

Aus Dottern, Mehl und Milch einen dickflüssigen Teig herstellen, leicht salzen. Eiweiß zu steifem Schnee schlagen, vorsichtig unter den Teig heben.
In einer Pfanne Schmalz heiß werden lassen, den Teig kleinfingerdick einfüllen, auf den Teig die geschälten, kleingeschnittenen Äpfel oder die verlesenen und gewaschenen Heidelbeeren verteilen, langsam backen, umdrehen, bis auf beiden Seiten eine schöne goldbraune Farbe ist. Mit zwei Gabeln den Schmarrn zerreißen, gezuckert servieren.

Gebackene Apfelspalten

150 g Mehl
3 Eidotter
Salz
1 EL Öl
¼ l Weißwein
3 Eiweiß
50 g Kristallzucker
1 TL Zimt
etwas Rum
4 große Äpfel
250 g Schmalz

Aus Mehl, Eidottern, Salz, Öl und Weißwein einen dickflüssigen Teig herstellen und ½ Stunde ruhen lassen. Den festen Eischnee mit Kristallzucker ausschlagen und vorsichtig unter den Teig heben. Vorsichtig deshalb, weil der Teig, wenn er zu lange gerührt wird, zäh wird.
Äpfel schälen, Kerngehäuse ausstechen, in nicht zu dicke Scheiben schneiden. Mit Zimt bestreuen und mit Rum beträufeln. Die Apfelscheiben in den Teig eintauchen und in heißem Schmalz goldgelb ausbacken.
Vor dem Servieren mit Zucker bestreuen.
Mit diesem Teig kann man fast alle Obstsorten ausbacken, wie z. B. Pfirsiche, Aprikosen, Erdbeeren, Bananen, Ananasscheiben und auch Holunderblüten, wenn sie kurz vor der Blüte stehen.

Reis Trauttmansdorf

125 g Reis, ½ l Milch
150 g Zucker, 1 Prise Salz
1 Päckchen Vanillezucker
8 Blatt Gelatine
¼ l Sahne
2 EL Maraschino-Likör
Zum Dekorieren:
⅛ l Schlagsahne
⅛ l Himbeersaft
einige Dekorkirschen

Reis mit Milch, Zucker, Salz, Vanillezucker weichkochen. Gelatine in kaltem Wasser einweichen, ausdrücken und in 2 Eßlöffel kochendem Wasser auflösen, zum Reis geben und gut durchmischen, kaltstellen. Wenn der Reis kalt ist, steifgeschlagene Sahne und den Likör darunterheben. In eine oder mehrere kleine kalt ausgespülte Formen füllen und kalt stellen. Am nächsten Tag stürzen, mit Schlagsahne verzieren, die Kirschen daraufsetzen und mit Himbeersaft servieren.

Reisauflauf

1 Tasse Reis, 3 Tassen Milch
1 EL Butter, 1 Prise Salz
3 Eidotter
120 g Zucker
1 Päckchen Vanillezucker
Schale von 1 Zitrone
30 g Rosinen
4 Eiweiß, 1 Prise Salz
1 EL Schmalz für die Form

Reis mit Milch, Butter und Salz weichkochen, abkühlen, Eidotter, Zucker, die abgeriebene Schale der Zitrone und den Vanillezucker gut verrühren und die Rosinen untermischen. Alles in den abgekühlten Milchreis geben und vorsichtig den steifgeschlagenen, leicht gesalzenen Eischnee unterheben. Die Masse in eine gut gefettete Form füllen und den Auflauf langsam backen, er soll eine schöne hellbraune Farbe haben. Mit Himbeersaft servieren. Diesen Auflauf kann man auch von Nudeln oder Hirse bereiten.

Liwanzen

¼ l Milch
3 Eidotter
130 g Mehl
1 EL Zucker
Salz
20 g Hefe
3 Eiweiß
100 g Schmalz
80 g Powidl (Pflaumenmus)

Aus Dottern, Mehl und lauwarmer Milch einen dickflüssigen Teig herstellen, salzen und leicht zuckern, die Hefe hineinbröseln. An einem warmen Platz 1 Stunde gehen lassen. Die Eiweiß zu einem sehr steifen Schnee schlagen, eine Prise Salz zugeben und vorsichtig, bevor wir mit dem Ausbacken beginnen, unter den Teig heben.
In eine Pfanne etwas mehr Schmalz als gewöhnlich geben, mit einem kleinen Schöpfer kleine Häufchen in die Pfanne setzen, auseinanderstreichen, langsam backen, wenden, wenn sie goldgelb sind, jeweils zwischen zwei »Liwanzen« etwas Pflaumenmus streichen und sofort heiß servieren.

Triet

20 kleine gezuckerte Zwiebäcke
1/2 l Weißwein
1 Stück Zitronenschale
2 Gewürznelken
1 Stückchen Zimtrinde
2 EL Zucker

Man bereitet einen Glühwein aus Weißwein und den angegebenen Zutaten, läßt ihn abkühlen und gießt diesen Glühwein kurz vor dem Servieren über den schon in Kompottschüsselchen verteilten Zwieback. Eine sehr einfache, aber wunderbar schmeckende Nachspeise.

Murhofer Apfelkuchen

100 g Butter
180 g Mehl
80 g Zucker
1 EL Sahne
2 Eidotter
Schale von 1/2 Zitrone
500 g Äpfel
200 g Zucker
Rosinen
1 Messerspitze Zimt
80 g grobgehackte Mandeln
1 Blatt Gelatine

Aus Butter, Mehl, Zucker, Sahne, Eidottern, Zitronenschale einen Mürbeteig herstellen und auf einem Kuchenblech oder in der Tortenform 12 Minuten bei Mittelhitze backen. Inzwischen die Äpfel schälen und in Spalten schneiden, mit Zucker und Wasser weichkochen, Apfelschnitten herausheben, abtropfen, den Kuchen damit belegen, Zimt und Mandeln darüberstreuen und auch die Rosinen.
Das Apfelwasser auf knapp 1/8 l dick einkochen, in kaltem Wasser eingeweichte, ausgedrückte Gelatine in das heiße Apfelwasser geben, auskühlen lassen und, bevor es zu stocken beginnt, über den Apfelkuchen gießen.

Rhabarberkuchen

250 g Butter
250 g Mehl
1 Ei
80 g Zucker
1 EL Rum
Salz, Schale von 1 Zitrone
800 g Rhabarber
100 g Zucker
1 TL Zimt
3 Eiweiß
120 g Zucker

Aus Mehl, Butter, Salz, Ei, Zucker, Rum, Zitrone einen Mürbeteig herstellen und 2 Stunden ruhenlassen. Dann mit dem Teig ein Backblech fingerdick belegen, mit einer Gabel Löcher hineinstechen, im heißen Ofen 8–10 Minuten backen. Nun mit 1 cm dicken Rhabarberstücken belegen, mit Zimtzucker bestreuen und den Kuchen bei reduzierter Unterhitze backen, bis der Rhabarber weich ist.
Inzwischen die Eiweiß zu festem Schnee schlagen, den Zucker unterrühren, auf den Kuchen streichen, etwas anzuckern und bei Oberhitze hellbraun backen.

Streuselkuchen

150 g Butter
150 g Zucker
300 g Mehl
2 Eier
½ Päckchen Backpulver
¼ l Milch
2 EL Mehl
1 EL Schmalz

Streusel:
150 g Staubzucker
200 g Mehl
150 g Butter
½ TL Zimt
60 g Nüsse
Früchte oder Marmelade

Butter, Zucker und Eier schaumig rühren, das Mehl mit dem Backpulver vermischen, dazurühren, etwas Salz dazugeben. Mit der Milch den Teig glattrühren. Man gibt den Teig in eine gefettete und bestäubte Tortenform oder auf ein Backblech. Man kann mit beliebigen Früchten belegen oder mit Marmelade bestreichen, erforderlich ist das aber nicht. Dann die Oberfläche mit den Streuseln bedecken und goldbraun bei mittlerer Hitze backen.

Streusel: Mehl und Zimt mit dem Staubzucker vermischen, die Butter zerlassen und über diese Masse träufeln, auf dem Nudelbrett die Masse rasch locker abbröseln. Die Streusel mit feingehackten Nüssen verfeinern. Diese bröselige Masse über den Teig verteilen.

Gugelhupf

Zutaten wie bei »Faschingskrapfen«, dazu:
150 g Rosinen, 150 g Mandeln

Den Teig wie für Faschingskrapfen herstellen, die Gugelhupfform mit Schmalz ausstreichen, bemehlen, mit ganzen geschälten Mandeln belegen, die Rosinen unter den Teig mengen und die Gugelhupfform zu zwei Dritteln damit füllen, warm stellen, noch einmal gehen lassen, dann ca. 1 Stunde bei Mittelhitze backen.

Gerührter Gugelhupf

200 g Butter
120 g Staubzucker
50 g Stärkemehl
Schale von 1 Zitrone
1 EL Rum
1 Päckchen Vanillezucker
1 Prise Salz
4 Eidotter
⅛ l Milch
200 g Mehl
50 g Rosinen
50 g Kristallzucker
4 Eiweiß, zu Schnee geschlagen
1 EL Mehl
1 TL Butter
10 abgezogene, halbierte Mandeln

Butter und Zucker schaumig rühren, Stärkemehl, Zitronenschale, Rum, Vanillezucker dazugeben, weiter schaumig rühren, salzen, nach und nach Eidotter einrühren, die Milch und das Mehl abwechselnd unterrühren, die Rosinen einstreuen, Eischnee und mit den 50 g Zucker vermischen, vorsichtig unterheben. Teig in die gefettete, bemehlte Gugelhupfform füllen, mit Mandeln belegen und bei Mittelhitze 40–45 Minuten backen. Abgekühlt aus der Form stürzen und zuckern.

Marmorgugelhupf

200 g Butter
100 g Staubzucker
1 Päckchen Vanillezucker
Schale von ½ Zitrone
4 Eidotter
100 g Kristallzucker
4 Eiweiß, zu Schnee geschlagen
230 g gesiebtes Mehl
20 g Kakao
1 TL Butter, 1 EL Mehl

Teig wie beim Gugelhupf beschrieben herstellen. Dann ein Drittel des Teiges herausnehmen und vorsichtig mit dem Kakao mischen. In die ausgefettete, bemehlte Form die helle Masse geben und dazwischen löffelweise die dunkle Masse. Bei Mittelhitze 40–45 Minuten backen. Nach dem Backen stürzen, auskühlen und zuckern.

Sandkuchen

250 g Butter
150 g Zucker
Saft und Schale von ½ Zitrone
1 Päckchen Vanillezucker
5 Eidotter
5 Eiweiß, zu Schnee geschlagen
250 g Mehl
100 g Kristallzucker
1 TL Butter, 1 EL Mehl

Butter mit Salz, abgeriebener Schale und dem Saft einer halben Zitrone, Zucker und Vanillezucker schaumig rühren. Nach und nach Eigelb einrühren, den Schnee schlagen, mit Kristallzucker gut fertigschlagen und mit Mehl unter die Masse heben.
In gefettete und mit Mehl bestäubte Form füllen, in heißem Ofen anbacken, dann die Hitze drosseln und in etwa 40 Minuten fertigbacken.

Windtorte (Baisertorte)

Wenn man einmal Eiweiß übrig hat, kann man daraus eine wunderbare Torte machen.

5 Eiweiß
100 g Kristallzucker
240 g gesiebter Puderzucker
80 g geriebene Schokolade
½ l Sahne oder
¼ l Sahne und 250 g Schokolade

Eiweiß zu sehr festem Schnee schlagen, dann den Zucker dazuschlagen und noch einige Minuten die Masse weiterschlagen, bis der Schnee seidig glänzt. Mit dem Kochlöffel vorsichtig den Puderzucker einrühren.
Aus Pergamentpapier 3 Unterlagen in der gewünschten Tortengröße schneiden, den Schnee auf die 3 Papierbögen verteilen, die wir zuvor auf ein Backblech gelegt haben. Man kann auch mit einem Spritzbeutel den Tortenboden in ganz engen Kreisen auf das Papier spritzen.
Der Backofen soll höchstens lauwarm sein, eventuell ab und zu ausschalten, die Tortenböden sollen nur trocknen. Das kann etwa 3–4 Stunden dauern. Sie dürfen nicht braun, sondern höchstens hellgelb sein. Auskühlen lassen.
Als Fülle zwischen den Böden verwendet

man steifgeschlagene Sahne, unter die man nach Belieben geriebene Schokolade mengen kann oder eine Pariser Creme (Ganache). Dazu die Sahne mit der Schokolade aufkochen, so lange rühren, bis die Schokolade zergangen ist, kalt stellen und, bevor sie stockt, schaumig rühren.
Man kann auch zwischen die Tortenplatten Sauerkirschen legen oder die Kirschen unter die Sahne heben und zum Schluß die Torte mit Sahne bestreichen und verzieren.
Diese Windtorte zergeht auf der Zunge.

Linzer Torte

150 g Butter
150 g Zucker
150 g gesiebtes Mehl
150 g Haselnüsse
1 Ei, 1 Eidotter
Saft und Schale von 1 Zitrone
½ TL Zimt
½ TL Nelkenpulver
1 Prise Neugewürz (Piment)
4 EL Johannisbeermarmelade
1 Oblate
1 geschlagenes Ei

Butter mit Mehl, Zucker, geriebenen Haselnüssen, Ei und Eidotter, Saft und Schale der Zitrone, Zimt, Nelkenpulver und Piment rasch zu einem Teig verarbeiten. Das geht am schnellsten, wenn man die feste Butter schabt. Den Teig ½ Stunde ruhenlassen. ⅔ des Teiges werden in eine Tortenform gegeben, mit einer Oblate bedeckt, mit Johannisbeermarmelade bestrichen. Aus dem Rest des Teiges macht man kleinfingerdicke Röllchen und legt sie gitterförmig über die Torte. Auch der Rand wird eingefaßt.
Mit Ei bestreichen, im mittelheißen Ofen ¾ Stunden backen.

Gerührte Linzer Torte

200 g Butter
200 g Staubzucker
3 Eier, 1 Eidotter
½ Päckchen Vanillezucker
Saft und Schale von 1 Zitrone
½ TL Zimt
½ TL Nelkenpulver
1 Prise Neugewürz (Piment)
200 g geriebene Nüsse
100 g Mehl
250 g Kuchenbrösel
½ Päckchen Backpulver
1 weiße Oblate
4 EL Johannisbeermarmelade
1 geschlagenes Ei
30 g gehackte Mandeln

Butter mit Staubzucker schaumig rühren, nach und nach Eidotter und Eier unterrühren, den Vanillezucker, Saft und Schale einer ungespritzten Zitrone, Zimt und Nelkenpulver, Piment, Nüsse, Semmelbrösel, Mehl und Backpulver dazugeben und gut verrühren.
⅔ der Masse in eine Tortenform geben, mit einer Oblate bedecken und mit Johannisbeermarmelade bestreichen. Den Rest der Masse in einen Spritzsack mit einer glatten Tülle geben, ein Gitter und rundum einen Rand spritzen, mit Ei bestreichen, mit Mandeln bestreuen und ca. ¾ Stunden im mittelheißen Ofen backen. Die Backzeit kann bis zu 1 Stunde dauern.

Traunkirchener Torte

250 g Butter
60 g Zucker
300 g Mehl
Saft und Schale von 1/2 Zitrone
5 Eiweiß
100 g Zucker
100 g Johannisbeergelee

Butter mit Zucker schaumig rühren und mit Mehl, abgeriebener Schale und dem Saft einer halben Zitrone auf dem Tisch rasch zu einem Teig verarbeiten, ausrollen. Jetzt drei Blätter ausstechen, 15 Minuten bei Mittelhitze backen, erkalten lassen und mit folgender Creme bestreichen:
Eiweiß zu einem festen Schnee schlagen, mit Zucker und Johannisbeergelee verrühren. Diese Creme zwischen die Tortenblätter streichen und das letzte Blatt oben mit einem Spritzsack mit ca. einem Drittel der Creme verzieren.

Trüffeltorte

160 g Butter
120 g Staubzucker, 4 Eidotter
130 g geschmolzene Schokolade
100 g Mehl
1/2 Päckchen Backpulver
100 g geriebene Mandeln mit Schale
1/8 l Milch
4 Eiweiß
40 g Kristallzucker

Man rührt die Butter mit dem Staubzucker, den Eidottern und der geschmolzenen Schokolade schaumig. Das Mehl mit dem Backpulver versieben und abwechselnd mit den Mandeln unterrühren, dann die kalte Milch einrühren und zum Schluß das steif geschlagene Eiweiß mit dem Kristallzucker unterheben. In eine Tortenform füllen, bei Mittelhitze backen, über Nacht auskühlen lassen und die Torte nach zweimaligem Durchschneiden mit Pariser Creme (Ganache) füllen.

Pariser Creme (Ganache)

250 g Schokolade
1/4 l Sahne

Schlagsahne aufkochen, die Schokolade darin auflösen, kalt stellen und, bevor die Masse zu stocken beginnt, schaumig rühren. Das Füllen von Torten muß sehr rasch geschehen, da die Creme sonst zu fest wird und nochmals aufgewärmt werden muß.

Malakow-Torte

1/4 l Milch
60 g Zucker
1 Päckchen Vanillezucker
6 Blatt Gelatine
1 EL Milch
2 Eidotter
1/4 l Schlagsahne
1 EL Rum
300–350 g Löffelbiskuits
1/4 l Schlagsahne zum Dekorieren

Milch mit Zucker und Vanillezucker zum Kochen bringen. Gelatine in kaltem Wasser einweichen, ausdrücken, in die kochende Milch geben, vom Feuer nehmen und gut verrühren.

Mit dem Eßlöffel kalter Milch die Eidotter verquirlen und zur warmen Milch geben, alles mit einem Schneebesen schlagen, bis es erkaltet ist. Bevor die Masse zu stocken beginnt, die geschlagene Schlagsahne und den Rum einrühren.
Eine Tortenform mit Biskuits belegen, die man in Zuckerwasser getaucht hat. Wenn vorhanden, kann man auch den Saft von Kompott verwenden, dem man Rum beigibt. Die Zwischenräume mit geviertelten Biskuits auslegen. Darauf die Hälfte der Creme streichen, wieder mit befeuchteten Biskuits belegen und darauf den Rest der Creme geben, darauf die letzte Reihe Biskuits. Die Torte über Nacht kaltstellen, am nächsten Tag mit Schlagsahne bestreichen und mit beliebigen Früchten verzieren.

Schneeflockentorte

120 g Butter oder Margarine
120 g Zucker
4 Eidotter
60 g Kokosflocken
100 g Mehl
4 Eiweiß
1 Prise Salz
1 TL Butter
1 EL Mehl
4 EL Hagebuttenmarmelade
3 EL Kokosflocken
1 EL Hagelzucker
Schokoladenglasur

Zucker mit Butter und Eidottern schaumig rühren. Kokosflocken hellbraun rösten, abkühlen, daruntermischen. Mehl dazurühren und den mit einer Prise Salz steif geschlagenen Eischnee vorsichtig unterheben.
Den Tortenboden fetten und bestäuben, die Masse einfüllen und bei gleichmäßiger Mittelhitze 45 Minuten backen. Ausgekühlt einmal durchschneiden, mit Hagebuttenmarmelade füllen, zusammensetzen, mit Schokoladenglasur wie bei »Sachertorte« angegeben überziehen und sofort mit Kokosflocken, die man mit Hagelzucker vermischt hat, bestreuen.

Sachertorte

150 g Butter
140 g Zucker
6 Eidotter
140 g geriebene Schokolade
6 Eiweiß
1 Prise Salz
100 g gesiebtes Mehl
20 g Brösel
1 TL Butter
1 EL Mehl
3 EL Aprikosenmarmelade
1/8 l Wasser
150 g Zucker
150 g geschmolzene Schokolade

Butter mit Zucker und Eidottern schaumig rühren. Schokolade darunterrühren, den steif geschlagenen Schnee von den Eiweiß mit einer Prise Salz unter die Masse heben, dann vorsichtig das gesiebte Mehl und die Brösel unterziehen.
Eine Tortenform ausfetten, mit Mehl bestäuben, den Teig hineinfüllen und 50 Minuten bei Mittelhitze backen.
Experten sind sich nicht einig, ob man die Torte durchschneiden und mit Aprikosenmarmelade füllen oder die Marmelade nur auf die Oberfläche der Torte streichen soll.

Auf jeden Fall aber muß die Torte oben mit Aprikosenmarmelade bestrichen und darüber mit Schokoladenglasur überzogen werden.

Glasur: Das Wasser mit dem Zucker aufkochen, bis man Fäden ziehen kann. Abkühlen lassen und im Wasserbad die geschmolzene Schokolade in die lauwarme Zuckerlösung rühren. Den Zucker mit der Schokolade so lange rühren, bis er nur noch knapp lauwarm ist, denn sonst wird die Glasur grau und glanzlos.

Die Glasurmasse über die Torte gießen, oben glattstreichen und die abfließende Masse rundherum verstreichen.

Esterhazy-Cremeschnitten

6 Eiweiß, 1 Prise Salz
250 g Zucker
250 g Mandeln
1 EL Schmalz
2 EL Mehl
Creme:
¼ l Milch
50 g Zucker
30 g Vanillepuddingpulver
200 g Butter
3 Eidotter
150 g Zucker
2 EL Aprikosenmarmelade
Glasur:
150 g Staubzucker
2 EL heißes Wasser
etwas Zitronensaft
1 Eiweiß
1 Rippe Kochschokolade

Eiweiß mit Salz zu einem steifen Schnee schlagen, nach und nach Zucker einschlagen und fest weiterschlagen. Die mit Schale geriebenen Mandeln unterrühren, die Masse auf ein gefettetes, mit Mehl bestäubtes Blech aufstreichen und 10 Minuten bei Mittelhitze backen. Sofort der Breite nach in 5 Streifen schneiden und abkühlen. Mit der Creme zusammensetzen.

Creme: Milch mit Zucker aufkochen, Vanillepuddingpulver in kalter Milch einrühren, in die kochende Milch einlaufen lassen und mit dem Schneebesen gut verschlagen, ein wenig kochen und auskühlen lassen.

Butter schaumig rühren, nach und nach Eidotter und Zucker und dann löffelweise die vollkommen kalte Vanillecreme einrühren. Damit die Streifen bestreichen, zusammensetzen, auch die Ränder mit dieser Creme bestreichen. Das oberste Blatt nicht mit der Creme, sondern ganz dünn mit glattgerührter Aprikosenmarmelade bestreichen.

Glasur: Den Staubzucker mit Zitronensaft, Wasser und Eiweiß verrühren, bis die Glasurmasse weiß ist, über die Schnitte gießen und auch den Rand damit glattstreichen.

Eine Rippe Kochschokolade im Wasserbad weich werden lassen, aus Butterbrotpapier eine kleine Tüte formen, in die wir die flüssige Schokolade füllen, die Spitze abschneiden und sofort in Abständen von 2 cm auf die Glasur der Länge nach dünne Streifen ziehen. Das muß rasch gehen, weil die Schokolade sonst zu fest wird. Mit einem kleinen spitzen Messer oder einer Spicknadel in Abständen von 2 cm der Breite nach oben und seitlich Linien ziehen, wodurch die Glasur ein Muster erhält.

Auch das muß sehr rasche gehen, weil sonst die Glasur zu fest wird.

Teestollen

240 g Butter
240 g Zucker
240 g Mehl
4 Eier
½ Päckchen Backpulver
100 g Rosinen
Saft und Schale von 1 ungespritzten Zitrone
Staubzucker

Butter schaumig rühren. Nach und nach Eier und Zucker und eßlöffelweise das mit dem Backpulver vermischte Mehl hinzurühren. Zum Schluß die Rosinen, den Saft und die Schale der Zitrone unterrühren, den Teig in eine gefettete und ausgebröselte Kastenform füllen, bei schwacher Hitze 1 bis 1¼ Stunden backen. Später mit Puderzucker bestäuben.

Anisbögen

200 g Zucker
4 Eier
100 g Mehl
1 TL Anis
1 EL Schmalz
2 EL Mehl zum Bestäuben des Backblechs

Eier mit Zucker flaumig rühren, das Mehl dazumischen, mit einem kleinen Löffel kleine Häufchen auf das gefettete und bemehlte Backblech setzen und mit Anis bestreuen, backen, bis sie einen braunen Rand haben, heiß vom Blech nehmen und sofort über ein rundes Holz biegen.
Aus derselben Masse, ohne Anis, kann man Tüten herstellen. Die Plätzchen werden vom Blech genommen, wie eine Tüte geformt und erkaltet mit Schlagsahne und Früchten gefüllt.

Lebkuchen

280 g Honig
300 g Mehl
100 g gehobelte Mandeln
50 g geschnittenes Zitronat
50 g geschnittenes Orangeat
½ TL Zimt
5 g Pottasche
5 g Ammonium

Honig fast zum Kochen bringen und wieder abkühlen lassen. Wenn der Honig nur noch lauwarm ist, mit Mandeln, Zitronat, Orangeat, Zimt, Pottasche und Ammonium zu einem Teig verarbeiten, das Mehl unterarbeiten.
Den Teig 8 mm dick ausrollen, auf ein Backblech geben, mit einer Gabel ca. 20 Löcher in den Teig stechen und bei mäßiger Hitze 30–40 Minuten backen. Ausgekühlt in beliebige Stücke schneiden.

Cafécreme

¼ l Milch
60 g Zucker
2 Eier
4 Blatt Gelatine
2 EL Pulverkaffee
¼ l steif geschlagene Sahne

Von der Milch 2 Eßlöffel abnehmen und die restliche Milch mit dem Zucker aufkochen. Die Eier mit den 2 Eßlöffel Milch verquirlen und in die vom Feuer genommene, nicht mehr kochende Milch einrühren.
Gelatine in kaltem Wasser einweichen, ausdrücken und dazugeben, eine Weile schla-

gen, damit keine Klumpen entstehen. Dann den Pulverkaffee dazugeben, gut verrühren, durch ein Sieb streichen und erkalten lassen. Bevor die Masse zu stocken beginnt, steifgeschlagene Sahne unterrühren, in Gläser oder Schälchen füllen und mindestens 2 Stunden kalt stellen. Mit Schlagsahne und etwas Pulverkaffee verzieren.

Erdbeercreme

250 g Erdbeeren
60 g Zucker
1/8 l Milch
4 Blatt Gelatine
2 Eier
1/4 l Sahne

Die Erdbeeren mit der Gabel zerdrücken. Milch mit dem Zucker aufkochen, die Eier mit 2 Eßlöffeln Milch verquirlen und einlaufen lassen. Gelatine in kaltem Wasser einweichen, ausdrücken, in die noch heiße Milch einrühren. Die Milch passieren, wenn sie abgekühlt ist, die Erdbeeren unterrühren und, bevor die Masse zu stocken beginnt, die steifgeschlagene Sahne unterziehen und in Gläser füllen. Zwei Stunden kalt stellen, mit Schlagsahne und kleinen Erdbeeren verzieren.
Diese Creme kann man auch mit anderen Früchten, z. B. Himbeeren oder Blaubeeren, bereiten. Frische Johannisbeeren, Preiselbeeren oder Kirschen muß man erst mit wenig Wasser kochen, dann ebenfalls zerdrükken.

Halbgefrorenes Weinchaudeau (Halbgefrorener Weinschaum)

1/4 l Weißwein
3 Eier
4 Eidotter
Saft und Schale von 1 Zitrone
1 Päckchen Vanillezucker
150 g Zucker
30 g Rosinen
30 g Zitronat
2 EL Weißwein
1/2 l Schlagsahne
Himbeer- oder Erdbeermark

Weißwein, Eier, Eidotter, Saft und Schale einer ungespritzten Zitrone, Vanillezucker und Zucker in einem gut warmen Wasserbad dickschaumig schlagen und dann weiterschlagen, bis die Masse erkaltet ist.
Rosinen und Zitronat feinschneiden, in Weißwein kochen, auskühlen und samt der steifgeschlagenen Sahne mit der anderen Masse vermengen, in ein geeignetes Gefäß geben und in der Kühltruhe gefrieren, allerdings nicht ganz fest werden lassen.
Beim Anrichten mit einem Löffel ausstechen, jede Portion mit Schlagsahne garnieren. Dazu Himbeer- oder Erdbeermark geben und mit Waffeln servieren.
Besonders gut schmeckt es, wenn man mit einer noch warmen Weinschaumsauce serviert.

Käse à la carte

Die älteste Publikation über Käse dürfte eine Chronik aus dem Jahre 1070 sein. Darin wird der Roquefort erwähnt. 1477 wurde in Turin ein Schriftwerk »De Lactrinis« herausgegeben, das sich mit Käse befaßt.
In den Alpenländern kam die Milchwirtschaft zu hoher Leistungsfähigkeit, man hatte große Erfahrungen in der Verarbeitung der Milch und ganz besonders in der Käseerzeugung.
Milch enthält sehr viele wichtige Aufbaustoffe für den menschlichen Körper, Eiweiß, Vitamine und die lebensnotwendigen Mineralien. Besonders bei der Ernährung von Kleinkindern spielt Milch eine wichtige Rolle. Milch und andere Milchprodukte werden bei vielen Diätkuren verwendet und haben im Speiseplan von Spitzensportlern ihren festen Platz.
Länder mit großer Milchproduktion haben schon immer die Käseproduktion gefördert und die Erzeugung im Laufe der Jahrzehnte von der früher üblichen Herstellung auf den Almen in moderne Molkereien verlegt, so daß eine gleichbleibende Qualität gewährleistet und eine ständige Belieferung des Marktes gesichert ist.
Ein alter Spruch sagt: »Käse schließt den Magen.« Und so ist bei den meisten großen festlichen Speisefolgen der Käse der vorletzte Gang, der das Essen abrundet.
Käse hat sich auch in der Küche durchgesetzt. Es gibt z. B. wunderbare würzige Käsesuppen.

Spezialität von der Alm:
die Käsefondue →

PAPRIKA

Oder man belegt Toast mit Käse und überbackt im heißen Ofen. Man bestreut Speisen mit geriebenem Parmesan und gratiniert sie. Die berühmten Topfenhaluschka haben Topfen (Quark) wie viele andere Speisen als Hauptbestandteil. So gibt es Topfenknödel, Topfentorten, Topfenstrudel, Topfenpalatschinken.
Daß Käse immer mehr ein selbständiges Gericht wird, zeigt der Siegeszug des Käsefondue. Dieses volkstümliche Gericht aus der bäuerlichen Küche der französischen Schweiz ist heute auf der ganzen Welt bekannt und besonders bei familiären Essen sehr beliebt.

Käsefondue

1/4 l Weißwein
300 g Emmentaler
4 Eckchen Schmelzkäse
1 Päckchen geriebener Parmesan
Pfeffer aus der Mühle
1 Glas Kirsch- oder Obstbrand
Weißbrotwürfel

Man benötigt dazu einen Fonduekocher, einen meist irdenen Fonduetopf und die langen Fonduegabeln.
Der Fonduetopf wird mit einer Knoblauchzehe ausgerieben, dann gibt man weißen, herben, säuerlichen Wein, in Würfel geschnittenen oder geraspelten Emmentaler, beliebigen Schmelzkäse und Parmesan und etwas Pfeffer aus der Pfeffermühle in den Fonduetopf. Auf gleichmäßiger Flamme unter ständigem Umrühren zum Kochen bringen. Wenn die Masse cremig ist, Kirschwasser dazugeben und jetzt den Topf vom Herd auf den Fonduekocher auf dem Tisch stellen und bei kleiner Flamme heiß halten.
Jeder Gast hat vor sich einen Teller mit Weißbrotwürfeln. Diese werden auf die Fonduegabel gesteckt, in der Fondue des Topfes kurz gedreht und so verzehrt.
Als Tischgetränk passen trockene Weißweine oder der Wein, den man zum Fondue verwendet hat.

Käsekugeln

100 g Quark
100 g Butter
100 g Gorgonzola
Brösel von 5 Scheiben Pumpernickel

Quark und Gorgonzola zusammen passieren und in schaumig gerührte Butter rühren. Daraus kleine Kugeln formen, die man in Bröseln von Pumpernickel wälzt.
Diese Kugeln kann man auch mit passiertem Camembert herstellen.

Paprikaschoten, mit Hackfleisch gefüllt und mit Käse überbacken

Passierte Quargeln

50 g Butter
50 g Quark
10 Quargeln oder Harzer Käse
gehackter Schnittlauch
1 feingehackte Zwiebel
Salz
½ TL Kümmel
1 TL Rosenpaprika
evtl. 2 EL Bier

Die berühmten Olmützer oder Harzer Quargeln sind pikante kleine rundliche Käse, die man in Rollen zu meist 10 Stück kaufen kann. Frisch sind sie innen etwas topfig weiß, ausgereift durch und durch glasig.
Butter und Quark schaumig rühren und dann die passierten Quargeln einrühren, würzen mit Zwiebeln, Schnittlauch, Salz, Kümmel und Rosenpaprika. Sollten die Quargeln zu frisch und nicht streichfähig sein, etwas Bier in die Masse einrühren.

Gorgonzola oder Roquefort, passiert

Dieser würzige Käse wird gern mit Butter zusammen über einem Reibeisen gleich auf den Teller passiert. In vielen Restaurants gibt es dafür ein eigenes Gerät. In einen silbernen Zylinder werden Käse und Butter gelegt, ein dazu passender Einsatz daraufgestülpt und am Tisch drückt der Oberkellner den Einsatz nach unten. Durch Öffnungen quellen Käse und Butter in Form einer Rose heraus.
Dazu kann man alle Brotarten reichen.

Grüner Camembert

2 EL Weinessig
10 EL Öl
1 TL Senf
1 Prise Zucker
1 zerdrückte Knoblauchzehe
1 EL feinstgehackte Zwiebel
Salz, Pfeffer
5 Eckchen Camembert
gehackte Kräuter

Eine Salatmarinade aus Essig, Öl, Senf, Zukker, Knoblauch, Zwiebel, Salz und Pfeffer zubereiten.
Nicht zu weichen Camembert einige Male teilen, 10 Minuten in die Marinade legen, in feingehackten Kräutern wälzen und auf Cocktailspießchen oder auch auf Zahnstochern servieren.
Dazu ein kräftiges Bauernbrot.
Die Kräuter müssen sehr fein gehackt sein, damit sie besser haften bleiben.

Liptauer

250 g passierter Magerquark
100 g Butter
1 feingehackte Zwiebel
1 EL feingehackter Schnittlauch
2 gehackte Sardellenringe
½ TL Kümmel
5 gewiegte Kapern
1 TL Rosenpaprika
Salz, Pfeffer

Quark mit der schaumig gerührten Butter vermengen, dazu die Gewürze geben, alles gut miteinander vermischen, in der Form ei-

nes Hügels anrichten oder gleich Brote damit bestreichen.
Besonders gut schmeckt Liptauer auf Bauernbrot.
Wenn die ersten frischen Kräuter zu haben sind, also im Frühjahr, kann man den passierten Quark mit schaumig gerührter Butter und gehackten Kräutern anmachen. Je mehr Kräuter dabei sind, desto besser, nur vorsichtig salzen, damit der Eigengeschmack der Kräuter erhalten bleibt.

Gratinierte Markscheiben auf Toast

4 Weißbrotscheiben
200 g Rindermark
Salz, Pfeffer
1 EL Parmesan
½ TL Rosenpaprika
1 TL gehackte Petersilie

Fingerdicke Weißbrotscheiben auf beiden Seiten toasten, mit Markscheiben belegen, salzen und pfeffern, mit Parmesan bestreuen und 10 Minuten im heißen Ofen backen. Mit Rosenpaprika und Petersilie bestreut servieren.

Schlemmertoast

4 Scheiben Weißbrot
2 EL Butter
1 mittelgroße feinstgehackte Zwiebel
1 EL Butter
150 g Champignons
100 g kleinwürfelig geschnittener Schinken
Salz, Pfeffer
1 TL gehackte Petersilie
100 g Rindermark
2 EL geriebener Parmesan
1 TL Brösel
1 TL Rosenpaprika

Weißbrotscheiben in einer Pfanne mit wenig Butter anrösten.
Zwiebel in Butter anschwitzen, blättrig geschnittene Champignons dazugeben, ein wenig dünsten, die sich bildende Flüssigkeit abgießen, Schinken dazugeben, durchrösten. Mit Salz, Pfeffer und gehackter Petersilie würzen, auf das geröstete Brot verteilen, mit in kleine Würfel geschnittenem Rindermark belegen, darauf geriebenen Parmesan und Semmelbrösel streuen und bei Oberhitze überbacken, bis der Parmesan goldgelb geworden ist. Mit Rosenpaprika bestreut servieren.

Meister der Küche und ihre Spezialitäten

Ernst Faseth

Der Präsident der Köche Österreichs ist der Wiener Kochkünstler Ernst Faseth, vielen durch das Fernsehen bekannt. Jahrelang amtierte er als Präsident des Weltbundes der Köche und hat in dieser Zeit u. a. auch den UNO-Generalsekretär Waldheim als Gast der Wiener Internationalen Kochkunstausstellung betreut. Ein Mann, der die besten Köche und Restaurants der Welt kennt und trotzdem Praktiker geblieben ist, der es nie unter seiner Würde findet, bei den Österreich-Wochen in vielen Weltstädten als Equipenchef der Köchemannschaft Österreichs möglichst viel selbst zu tun, auch Salzburger Nockerln am laufenden Band mit der Hand anzuschlagen, wenn das Rührwerk versagt.

Auch er schwärmt von den Kochkünsten seiner Mutter. Ich hatte die Ehre, solche Gerichte vorgesetzt zu bekommen, und als besondere Auszeichnung habe ich die Rezepte erhalten.

Geflügelsuppe mit Markknöderln

½ Suppenhuhn oder Geflügelteile (Geflügelklein)
Wurzelwerk
etwas Zwiebel
Pfefferkörner
Salz
60 g Butter
60 g Mehl
3 Champignons
gekochte Blumenkohlröschen
grüne Erbsen
gehackte Petersilie
Muskatnuß
Suppenwürze
1 Eidotter
etwas Sahne

Huhn oder Geflügelteile putzen, mit kaltem Wasser, Wurzelwerk, Zwiebel, Pfefferkörnern, Salz aufstellen. Langsam weichkochen lassen. Champignons blättrig schneiden, in

Butter kurz anrösten, gehackte Petersilie, Salz, Mehl beigeben, kurz mitrösten, mit der Geflügelbrühe aufgießen und kurz kochen. In einer Suppenterrine die separat gekochten Blumenkohlröschen, Erbsen und die fertigen Markknöderl anrichten. Die Suppe vom Feuer nehmen und erst dann mit einer Legierung von Eidotter und Sahne vermischen und mit Muskatnuß, evtl. etwas Suppenwürze nachwürzen. Das ausgelöste und zerkleinerte Hühnerfleisch ebenfalls in die Terrine geben, die heiße Suppe darübergießen und mit viel Petersilie bestreuen.

Markknöderl: 40 g zerlassenes Rindermark schaumig rühren, mit einem ganzen Ei, Salz, geriebener Muskatnuß und gehackter Petersilie würzen und mit abgerindeten, in Milch eingeweichten, ausgedrückten und dann passierten Semmeln verrühren. Diese Masse wird mit ca. 2 Eßlöffeln Semmelbröseln versteift. Man läßt die Masse etwas ziehen, formt kleine Knöderl, legt diese in leicht kochendes Salzwasser ein und läßt 6 Minuten kochen.

Spinatknöderln

Für ca. 20 Stück:
500 g ausgedrückter gekochter Spinat
3 EL Schmalz
250 g Quark
2 Eier
6 EL Mehl
1/4 Kaffeetasse geriebener Parmesan
4 gehäufte EL Reis
Salz, Pfeffer
Muskat
2 EL Schmalz
4 EL Parmesan

In einer rostfreien Pfanne Schmalz zergehen lassen, frischen, gekochten, ausgedrückten, gehackten Spinat in dem Fett dünsten, bis er anfängt, an der Pfanne anzusetzen, möglichst trockenen Quark dazugeben, mit dem Spinat ca. 3 Minuten dünsten. Die Masse in eine Rührschüssel geben, Eier und Mehl dazuschlagen, geriebenen Parmesan und gekochten Reis dazugeben, salzen, pfeffern, mit wenig Muskat würzen, gut durchmischen. Die Masse 1 Stunde im Kühlschrank kalt stellen.

In einem großen Topf Wasser zum Kochen bringen, salzen. Von der gekühlten Masse mit einem Eßlöffel etwas abstechen und mit bemehlten Händen kleine Knödel formen, die ganz langsam 6–8 Minuten kochen sollen. Mit einem Schaumlöffel herausheben, abtropfen lassen.
In einer Gratinierschüssel wenig Schmalz heiß werden lassen, die abgetropften Knödel hineinlegen, dicht mit Parmesan bestreuen und ca. 3 Minuten im heißen Ofen hell bräunen. Sofort servieren.
Dazu Tomatensauce reichen.

Linzer Pastetchen

Teig (10 Portionen):
60 g Staubzucker
125 g Butter
200 g Mehl
1 Eidotter
1 Prise Salz

Zitronenschale
Fülle:
70 g Butter
Zitronenschale
1 Prise Zimt
4 Eidotter
70 g Staubzucker
4 Eiweiß
150 g geriebene Wal- oder Haselnüsse
10 g Brösel
Glühwein:
1/8 l Rotwein
etwas Wasser
400 g Zucker
Zimtrinde, Zitronenschale
2 Gewürznelken
20 g Rosinen
10 g Pinienkerne oder abgezogene gestiftelte Mandeln

Aus den für den Teig angegebenen Zutaten einen Mürbeteig herstellen, eine Stunde ruhenlassen. Auf einer bestäubten Unterlage ca. 3 mm dick ausrollen, ausstechen und in die schwach gefetteten Pastetchenförmchen drücken. In die so ausgelegten Förmchen die Fülle einfüllen und mit kleinen ausgestochenen Teigdeckeln verschließen. Den Deckel mit einer Nadel einige Male einstechen, mit geschlagenem Ei bestreichen und bei Mittelhitze 15–18 Minuten backen.

Fülle: Butter mit Zitronenschale, Zimt und der Hälfte des Zuckers gut schaumig rühren, dann die Dotter beigeben und weiterrühren. Den steif geschlagenen Schnee mit dem restlichen Zucker gut steif geschlagenen und vorsichtig unter die Dottermasse ziehen. Zum Schluß die mit Bröseln vermischten Nüsse untermengen.
Glühwein: Alle Zutaten miteinander aufkochen und warm zu den Törtchen reichen.

Topfenpalatschinken (Quarkeierkuchen)

Teig:
80 g Mehl
ca. 1/8 l Milch
1 Ei
1 Prise Salz
1 TL Zucker
Zum Gratinieren:
1 Ei
1/8 l Milch
1 EL Zucker
Fülle:
60 g Butter
50 g Zucker
3 Eidotter
300 g passierter Quark
4 EL Sahne
3 Eiweiß
1/2 Päckchen Vanillezucker
50 g Rosinen

Die Zutaten für den Teig zu einem dünnflüssigen Teig verquirlen und in schwach gefetteter Pfanne dünne Palatschinken backen. Pfanne und Fett müssen sehr heiß sein.

Fülle: Butter, Zucker und nach und nach Eidotter sehr schaumig rühren, Quark und Sahne einrühren, damit sich die Masse gut streichen läßt. Den steifgeschlagenen Schnee vom Eiweiß mit Vanillezucker nochmals steif schlagen und unter die Quarkmasse ziehen. Die Palatschinken bleistiftdick bestreichen, mit Rosinen bestreuen und zusammenrollen. Eine Gratinierschüssel mit Butter ausstreichen, die Palatschinken der Quere nach halbieren und mit der Schnittfläche nach oben schindelartig in die Gratinierschüssel schichten.
Gratinieren: Die Zutaten verquirlen, über die Palatschinken gießen und im mittelheißen Ofen hellbraun backen. Backzeit ca. 20 Minuten.
In der Gratinierschüssel auftragen und erst bei Tisch portionieren.

Grießknödel

200 g gekochte, geriebene Kartoffeln
150 g Grieß
1 Ei
200 g Wurst oder gekochter Schinken
20 g Butter

Kartoffeln, Grieß, Ei, Wurst und Butter zu einem Teig verarbeiten, die Masse etwas stehenlassen und dann auf einer Serviette einen langen Kloß formen, zusammenrollen und 40 Minuten in kochendem Salzwasser ziehen lassen.
Dazu reicht man braune ausgelassene Butter oder Tomatensauce und Kopfsalat.

Othmar Kuben

Pater Sodalitatis, Großmeister des Feinschmecker-Ordens Herzog Widukind, Bad Oeynhausen.

Berühmte Köche erinnern sich gerne der Kochkünste ihrer Mütter. Auch der Schnekkenzüchter, Hotelier und Restaurateur Othmar Kuben aus Bad Oeynhausen.
In seinem Restaurant ist für den Gast das Beste gerade gut genug, seine Spezialitätenwochen sind immer absolute Höhepunkte. Als Großmeister des Feinschmecker-Ordens Herzog Widukind pflegt er Kontakte und Freundschaften zu den größten Experten, er ist dabei Praktiker geblieben, der nie in Verlegenheit zu bringen ist.
Als er 1973 nach Caorle zum Internationalen Wettbewerb »Il Cuoco d'oro« (der goldene Koch) eingeladen wurde, errang er vor Schweizer, schottischen, belgischen, tunesischen und italienischen Kochmannschaften mit seinen Schneckengerichten den 1. Preis.
Als der Gastronom Victor Juza in Graz erstmals in Europa »Weißen Amur« in Anwesenheit von 15 Journalisten und dem Österreichischen Fernsehen präsentierte, war Othmar Kuben dabei. Eine Woche später brachte er als erster in Deutschland diesen delikaten Fisch auf den Tisch.
Sooft er dafür Zeit hat, kocht Großmeister Kuben für seine Familie und für Freunde nach Rezepten seiner Mutter. Ich durfte einige Male dabei sein und habe mir einige Rezepte erbeten.

Schnecken am Spieß

48 Schnecken
4 EL »Kräuterbutter Pariser Art«
48 dünne Scheiben Speck
kleine Zwiebelchen und Paprikastreifen

Die Schnecken in Kräuterbutter schwenken, jede Schnecke in eine dünne Scheibe Speck einrollen und je 12 Schnecken auf einen Spieß stecken. Zwischen jede einzelne Schnecke eine kleine Zwiebel und ein Stückchen Paprika stecken, braten.
Dazu reicht man am besten Safranreis mit gehackten Senffrüchten und Salat.

Bad Oeynhausener Schneckensuppe

8 Schnecken
8 Shrimps
1 TL Zucker
Petersilie
2 Tassen Schneckenfond oder Fleischbrühe
1 Tasse Sahne
2 Knoblauchzehen
2 TL Holländische Sauce
Salz und Pfeffer
1 kleingehackte Zwiebel
etwas Öl

Schnecken, Shrimps im Schneckenfond aufkochen, würzen mit Salz, Pfeffer. Die Zwiebeln im Öl etwas anlaufen lassen, dazugeben, die Knoblauchzehen zerdrücken und in die Suppe geben, vorsichtig die Sahne und die Sauce Hollandaise unterrühren und nicht mehr aufkochen lassen.
Diese Suppe macht angeblich müde Männer munter. Othmar Kuben behauptet, für dieses Rezept hätte er von vielen Frauen schon Dankschreiben bekommen. Männer sind darauf versessen und des Nachts stürmisch.

Reibekuchen mit Schnecken

Pro Person:
8 Schnecken mit Salz und Knoblauch gewürzt
2 EL Tomatenmark
2 EL kleingehackter westfälischer Schinken
Teig für Kartoffelreibekuchen
Öl zum Ausbacken der Reibekuchen

Die Schnecken mit dem Tomatenmark und dem Schinken unter den Teig rühren, die Reibekuchen einzeln in heißem Öl in der Pfanne ausbacken.
Dazu einen herben Weißwein reichen.

Schnecken-Risotto

48 Schnecken
1 feingehackte Zwiebel
1 EL Schmalz
150 g Pilze oder Champignons
$^1/_{16}$ l Weißwein
Salz, Pfeffer
1 Knoblauchzehe
2 Kaffeetassen Reis
4 Kaffeetassen Wasser

Die Zwiebel in Schmalz anschwitzen, dazu die Pilze geben, durchrösten, die halbierten Schnecken hineingeben, mit Weißwein aufgießen, salzen, pfeffern und zerdrückten Knoblauch dazugeben. Den Reis mit den vier Tassen Wasser kochen und die Pilze mit den Schnecken unter den frisch gekochten Reis mischen.

Fleischpudding

375 g Fleischreste
50 g Kokosfett
3 Eigelb
4 EL saure Sahne
Salz, Pfeffer, Paprika
1 EL geriebener Käse
3 Eiweiß

Die zerkleinerten Bratenreste mit dem zerlassenen Kokosfett vermengen, alle Zutaten dazurühren, zuletzt den steif geschlagenen Eischnee. Die Masse in eine Puddingform füllen und 1 Stunde im Wasserbad kochen. Mit Tomatensauce und Salzkartoffeln servieren.

Huhn in Burgundersauce

1 Huhn
Salz
50 g Speck
20 g Butter
1/2 l Wasser
1 Zwiebel
40 g Fett
50 g Mehl
3/8 l Brühe
1/8 l Rotwein
Salz, Zucker, Pfeffer

Das Huhn salzen, in Speckwürfeln, Butter und Zwiebel anbraten, Wasser zufügen und 50–60 Minuten garen. Das Fleisch von den Knochen lösen.
Das Mehl im Fett anrösten, mit Brühe und Rotwein aufgießen, mit Salz, Pfeffer und Zucker abschmecken, die Fleischteile in die Sauce legen und durchziehen lassen. Auch die Flüssigkeit, in der das Huhn gegart wurde, zufügen.

Kalbsbraten mit pikanter Sauce

800 g Kalbfleisch
je 40 g Speck-, Zungen- und Schinkenstreifen
Salz, Pfeffer
50 g Speck
1–2 Nelken
1 Knoblauchzehe, 1 Zwiebel
etwas Zitronenschale
3 Pfefferkörner
Piment, Ingwer
1 Lorbeerblatt
1/8 l saure Sahne
1 EL Mehl
evtl. 2 EL Weißwein
evtl. Zitronensaft

Man klopft das Stück Kalbfleisch, salzt es und spickt mit den Speck-, Zungen- und Schinkenstreifen, die vorher leicht gesalzen und gepfeffert wurden.
Dann wird das Fleisch mit Zwiebel, Speck, Knoblauch, Zitronenschale, Pfefferkörnern, Piment, Ingwer und Lorbeerblatt ca. 2 Stunden gedünstet und immer wieder mit Saft begossen. Wenn das Fleisch weich ist und eine schöne Farbe hat, nimmt man es heraus, passiert den Bratensaft durch und bereitet daraus mit Mehl und saurer Sahne eine Sauce, die man noch mit Weißwein und Zitronensaft verfeinern kann.

Schweinefleisch mit weißem Pfeffer

800 g Schweinefleisch
Salz, grobgemahlener Pfeffer
$^2/_{10}$ l Essig
$^2/_{10}$ l Wasser
$^1/_8$ l saure Sahne
1 EL Mehl

Schweinefleisch salzen und mit Pfeffer einreiben. Das Fleisch in einen Topf legen und mit Essig und Wasser zugedeckt dünsten. Zwischendurch das Fleisch immer wieder mit dem Saft angießen.
Wenn das Fleisch hellbraun ist, aus dem Bratensaft nehmen, Sauce mit saurer Sahne und Mehl zubereiten.

Froschschenkel, gebacken

1 geschnittene Zwiebel
Saft von 1 Zitrone
Salz
16 Froschschenkel
80 g Mehl
2 Eier
80 g Semmelbrösel
200 g Fett

Froschschenkel waschen, mit Zwiebeln, Zitronensaft und Salz 2 Stunden marinieren. Danach mit einem Tuch abtrocknen, in Mehl, Ei, Semmelbröseln wenden und in zerlassenem Fett goldgelb backen.
Dazu eine Remouladensauce.

Schokoladenrolle

75 g Zucker
75 g ungeschälte geriebene Mandeln
75 g Schokolade
4 Eidotter
4 Eiweiß
1 TL Butter
2mal $^1/_4$ l geschlagene Sahne

Zucker und Mandeln mit den Eidottern und der geschmolzenen Schokolade verrühren, darunter den steifen Eischnee heben, auf ein mit gefettetem Papier belegtes Blech streichen und nicht zu heiß backen.
Wenn der Teig abgekühlt ist, darauf $^1/_4$ l geschlagene süße Sahne streichen, mit dem Papier vorsichtig aufrollen. Diese Rolle dann mit dem zweiten $^1/_4$ l Schlagsahne bestreichen und verzieren.

Quarkauflauf

50 g Fett
100 g Zucker
2 Eigelb
500 g Quark
$^1/_4$ l Milch
100 g Grieß
50 g Rosinen
Zitronenschale
2 Eiweiß

Fett, Zucker, Eigelb schaumig rühren, Quark mit Milch und allen anderen Zutaten dazugeben, zuletzt den steifen Eischnee unterheben, alles in eine gefettete Auflaufform füllen und etwa 1 Stunde backen.

Anisplätzchen

60 g Butter
60 g Zucker
3 Eidotter
160 g Mehl

Butter, Zucker und Eier schaumig rühren, darunter das Mehl ziehen. Mit einem Kaffeelöffel auf ein gut gefettetes Blech kleine Häufchen aus dem Teig geben. Diese werden zu Plätzchen auseinanderlaufen.
Auf diese Häufchen ganzen Anis streuen, so 2 Stunden stehen lassen, dann hellgelb backen.

Äpfel im Mandelteig

4 große Äpfel
1 Gewürznelke
2 EL Zucker
1 EL Butter
125 g Butter
100 g geschälte geriebene Mandeln
Schale und Saft von 1 Zitrone
3 Eiweiß
3 Eidotter
100 g Zucker
1 Prise Salz

Äpfel schälen, halbieren und das Kerngehäuse ausschneiden, in Wasser mit Zitronenschale, Gewürznelke und Zucker zugedeckt kernig weichkochen. Abtropfen lassen, in einer passenden, mit Butter ausgestrichenen Gratinierschüssel mit der Schnittfläche nach unten ordnen.
Butter schaumig rühren, löffelweise Zucker dazugeben, nach und nach Eidotter, geschälte geriebene Mandeln und den Saft einer Zitrone einrühren.
Eiweiß und Salz zu einem steifen Schnee schlagen, vorsichtig unter die Mandelmasse heben, über die Äpfel verteilen und glattstreichen. Im Ofen backen, bis die Oberfläche goldbraun ist. Warm servieren.

Topfenhaluschka

150 g Speckwürfel
350 g Bandnudeln
250 g passierter Quark
1 feingehackte Zwiebel
1/8 l saure Sahne
1 EL Schnittlauch
Salz, Pfeffer

Zwiebel mit Speckwürfeln anschwitzen, die gekochten Bandnudeln dazugeben, darüber den passierten Quark und die Sahne. Salzen, pfeffern, in der Pfanne vermischen, überbakken und mit Schnittlauch bestreut servieren.

Vanille-Kipferln (Hörnchen)

280 g Butter
400 g Mehl
130 g geschälte gehackte Mandeln
100 g Zucker
etwas Zitronenschale
2 Päckchen Vanillezucker und etwas Puderzucker

Von diesen Zutaten einen Teig bereiten und daraus kleine Hörnchen formen, kurz backen, Puderzucker mit 2 Päckchen Vanillezucker mischen und die noch heißen Hörnchen darin wälzen.

Orangensaftkuchen

250 g Butter
250 g Zucker
4 Eier
1 Päckchen Vanillezucker
abgeriebene Schale von 1 Zitrone
300 g Mehl
Saft von 5 Orangen
100 g Zucker

Butter, Zucker und Eier schaumig rühren, Vanillezucker und Zitronenschale dazugeben und löffelweise das Mehl unterrühren. Diesen Teig in eine Kranz- oder Springform geben und langsam backen.
Den Saft der Orangen mit dem Zucker mischen und leicht erhitzen.
Den gebackenen Kuchen noch warm mit einer Gabel einstechen und mit dem Saft beträufeln.

Gretel Beer

Sie ist geborene Österreicherin und lebt in London als Journalistin beim *Daily Telegraph.* Ihre erste Publikation erschien, als sie acht Jahre alt war. Sie schrieb über Kochen für *Vogue, Evening News, Scotsman, Sunday Express, House and Garden* und *Sunday Times.*
Nicht nur ihre hervorragenden Kochseiten werden sehr beachtet, auch ihre Reiseberichte sind bei ihren Lesern sehr beliebt.
Ihre Kochbücher aber sind Bestseller. Sie versteht nicht nur ausgezeichnet zu schreiben, sie ist auch eine große Praktikerin, die nie in Verlegenheit gerät. Vielen ausländischen Kochteams hat sie schon mit Rat und Tat zur Seite gestanden. Ich habe immer schon gerne Künstler in ihren Ateliers besucht, so auch Gretel Beer in ihrem Landhaus bei London. Ich habe in ihre Töpfe geschaut, und sie hat mir erzählt, daß auch sie am liebsten nach dem Kochbuch ihrer Mutter kocht. Daraus hier einige Kostproben:

Gratinierte Sandwiches

10 Scheiben englisches Kastenbrot
5 Sardinen
100 g gehackter Schinken und etwas geriebener Parmesan
Für die Sauce:
25 g Mehl
1/10 l Milch
1 Eidotter
1 Prise Salz
2 EL geriebener Parmesan

Die Brotscheiben mit Butter bestreichen und im warmen Ofen etwas einziehen lassen. Jedes Stück Brot mit einer halben Sardine belegen, mit der Sauce bedecken und mit gehacktem Schinken und Parmesan bestreuen, im heißen Ofen schnell backen. Für die Sauce das Mehl in ein wenig Milch verrühren, die restliche Milch aufkochen lassen und dazugeben, zu einer dicken Sauce kochen, erkalten lassen, salzen, Eidotter und Parmesan dazugeben.
Gretel Beer erzählte mir, daß in ihrem alten Kochbuch ein Nachsatz steht: »Statt Sardinen kann man Gänseleber oder Hummer nehmen.«

Feine gratinierte Sandwiches

3–4 Brötchen werden leicht eingestochen, in Hälften geschnitten, etwas ausgehöhlt und leicht mit Butter bestrichen. Runde Semmeln werden oben abgeschnitten. Aus 50 g Mehl, 50 g Butter und 1/8 l Milch eine Béchamelsauce machen, aufkochen, bis sich die Masse löst, auskühlen lassen, 2 Eidotter daruntergeben. Dann gibt man geschabte Sardellen oder feingehackten Schinken oder leicht gedünstete Pilze dazu. Man kann auch halb Schinken und halb gedünstete Pilze nehmen. Mit Salz und Pfeffer abschmecken, 2 geschlagene Eiweiß dazugeben, die ausgehöhlten Semmeln füllen und im heißen Ofen rasch backen.

Brottorte

Die Quantitäten lassen sich nicht genau festlegen, weil es von der Größe des verwendeten Brotes und Ihrem persönlichen Geschmack abhängt, wieviel Sie nehmen wollen.
Vom Brot wird die Rinde von allen Seiten weggeschnitten, so daß ein entrindetes Brot in Form einer Torte bleibt. Es wird dreimal durchgeschnitten und jede Platte mit Butter bestrichen. Das untere Blatt wird mit feingehackten Eiern, Sardellenfilets, Sardinen, Kapern, Kümmel, etwas Rosenpaprika, auch Streifen von Paprikaschoten und viel Öl der Sardinen belegt. Man kann diese Lage auch mit reichlich Liptauer Käse bestreichen. Das mittlere Blatt soll mit Schinken oder Lachs belegt werden. Das letzte Blatt obenauf mit Eiern, Gurken, Emmentaler, Edamer, Kaviar, Sardinen und Sardellenbutterröllchen verzieren.
Je nach Geschmack kann man diese Brottorte aus Bauernbrot oder Weißbrot herstellen.

Grießknödel

70 g Butter
1 Eidotter
eine Prise Salz
1 EL Wasser
1 ganzes Ei
90 g und 45 g Grieß

Die Butter gut abschlagen, dann mit Wasser, dem Eidotter, dem ganzen Ei und den 90 g Grieß verrühren. 1/4 Stunde stehenlassen. Jetzt den restlichen Grieß dazugeben und 2 Stunden ruhenlassen. Kleine Knödel formen, in Salzwasser aufkochen und, wenn die Knödel fertig sind, mit kaltem Wasser abschrecken.

Mayonnaise

1 Ei
4 EL Weinessig
1 TL Senf
1 Prise Zucker nach Geschmack
Salz und Pfeffer
1 Eidotter
2 EL Wasser
1 EL Öl

Alle Zutaten mit Ausnahme des Öls im warmen Wasserbad schlagen, bis die Masse dicklich ist, herausnehmen und weiterschlagen, bis die Masse fast erkaltet ist. Jetzt das

Öl einschlagen und die Mayonnaise sofort verwenden.
Für Kartoffelsalat die in der Schale gekochten Kartoffeln schälen, schneiden und noch warm in die Mayonnaise geben. Kaltstellen, beim Auftragen mit feingehacktem Schnittlauch bestreuen.
Das ist eine leichte Mayonnaise, die sich besonders für Salate eignet, weniger dafür, wenn Sie Mayonnaise extra reichen wollen, wie zum Beispiel zu gekochtem Hummer.

Panamatorte

140 g Zucker
7 Eidotter
70 g erweichte Schokolade
140 g geriebene Mandeln
30 g Mehl
7 Eiweiß
Creme:
10 g Butter
140 g Staubzucker
40 g erweichte Schokolade
2 Eidotter
etwas Vanillezucker

Zucker und Eidotter schaumig rühren, die Schokolade dazugeben, dann die Mandeln und das Mehl. Eiweiß zu Schnee schlagen und leicht unterrühren, in einer Springform 40 Minuten bei Mittelhitze backen. Erkalten lassen, die Torte einmal durchschneiden und mit der Creme füllen.
Die für die Creme angegebenen Zutaten miteinander schaumig rühren, zwischen den Tortenplatten und obenauf verteilen, dann mit einer Schokoladenglasur überziehen.

Paulinentorte

70 g ungeschälte geriebene Mandeln
½ Zitrone, Saft und Schale
140 g Staubzucker
50 g mit Rum befeuchtete Bröseln
100 g geriebene Schokolade
6 Eidotter und 6 Eiweiß

Eidotter mit Staubzucker dicklich schlagen, die Eiweiß zu steifem Schnee schlagen und mit den anderen Zutaten abwechselnd vorsichtig einheben. Bei Mittelhitze 50 Minuten backen. Auskühlen lassen und entweder mit warmer Aprikosenmarmelade und Schokoladenglasur überziehen oder mit Schokoladencreme füllen und überziehen.
Creme: 140 g Schokolade in 3 EL Wasser aufkochen, rühren und erkalten lassen, 140 g Staubzucker, etwas Vanillezucker und 120 g Butter gut schaumig rühren. 2 Eidotter langsam einrühren und mit der erkalteten Schokolade und 50 g geriebenen Mandeln vermengen.

Maisgrütze auf steirische Art –
»Türkentommerl« –

Mehl

Ingwergebäck

4 Eidotter
1 Ei
250 g Staubzucker
1 Kaffeelöffel Ingwerpulver
250 g Mehl
1 Messerspitze Hirschhornsalz
Mandeln oder Zitronat
zur Verzierung

Die 4 Eidotter und das ganze Ei salzen und mit Staubzucker 1/2 Stunde rühren, dann mit dem Mehl und dem Ingwerpulver auf einem Nudelbrett gut durchkneten, das Hirschhornsalz dazugeben. Kleinfingerdick ausrollen, mit Backförmchen ausstechen und mit Mandeln oder Zitronat verzieren. Auf dem Tortenblech über Nacht in der Wärme ruhen lassen, dann im gut geheizten Ofen bei ca. 200 Grad backen.

Zu diesem Rezept sagt Gretel Beer: »Es war typisch für die Lebensweise meiner Familie. Zeit spielte keine Rolle, man machte die Arbeit gern, denn man war es so gewohnt. Es gab immer ein Platzerl, an dem man die Sachen ›in der Wärme‹ oder, wenn erforderlich ›kühl‹ aufbewahren konnte, und es war kein Problem, wenn das Rohr ›gut geheizt‹ sein mußte...«

Alpenbuttertorte

Torte:
3 Eidotter
4 ganze Eier
140 g Staubzucker
120 g Mehl

Creme:
1/4 l Sahne
3 Eidotter
1 TL Mehl
140 g Butter
1/3–1 Päckchen Vanillezucker
je nach Geschmack Kaffeeglasur

Eier, Dotter und Zucker schlagen, bis die Masse dicklich ist und Blasen wirft. Das Mehl vorsichtig einrühren. Die Torte im mittelheißen Ofen etwa 50 Minuten backen, auskühlen lassen, zweimal durchschneiden und mit Creme füllen. Mit warmer Aprikosenmarmelade bestreichen, trocknen lassen, dann mit Kaffeeglasur überziehen. Mit eingelegten Weichselkirschen verzieren.
Für die Creme Sahne, Eidotter und Mehl im warmen Wasserbad schlagen, bis die Creme dicklich ist. Unter beständigem Rühren auskühlen lassen. Butter schaumig schlagen, die Creme langsam dazugeben, in kleinen Mengen, da sie sonst gerinnt. Vanillezucker nach Geschmack dazugeben.

Biscottentorte (Torte von Löffelbiskuits)

36 mit Rum befeuchtete Löffelbiskuits
Creme:
160 g Butter
160 g Staubzucker
4 Eidotter
160 g geröstete geriebene Mandeln oder Haselnüsse
½ Tasse gekochte Milch

Die geriebenen Nüsse mit der kochenden Milch begießen und auskühlen lassen. Die Butter mit dem Zucker schaumig rühren, nach und nach die Eidotter einrühren und zum Schluß die zu einem Brei gewordenen Nüsse dazugeben.
Eine Tortenform mit den mit Rum befeuchteten Löffelbiskuits auslegen, mit Creme bestreichen, wieder eine Lage Biskuits, eine Lage Creme, als letzte Lage Biskuits. Mit einem flachen Teller beschweren und über Nacht kaltstellen. Am nächsten Tag vorsichtig stürzen, mit Schlagobers bestreichen, eventuell mit geriebenen Nüssen bestreuen.

Eckart Witzigmann

Er ist als Chef de cuisine im Restaurant *Tantris* in München tätig. Dank seiner excellenten Küche bekam *Tantris* im Michelin die Auszeichnung von 2 Sternen: die stolze Leistung eines jungen Mannes.
Der Autor ist mit ihm, dem Landsmann, befreundet. Er war sofort Feuer und Flamme, als ich bat, einige Rezepte für dieses Buch zur Verfügung zu stellen.

Hechtmus mit Basilikum und Rieslingsauce

(Mousseline de brochet au basilic)

Für 6 Personen:
300 g Hechtfilet
150 g Butter
1 Ei, 3 Eigelb
½ l Sahne
Salz, Pfeffer, Muskatnuß
Sauce:
4 dl trockener Riesling
100 g Schalotten
2 dl Sahne
200 g Butter
6 große Blätter Basilikum

Das enthäutete Hechtfilet wird zweimal durch den Fleischwolf mit feiner Scheibe gedreht. In eine kalte Schüssel geben, salzen, pfeffern – frisch aus der Mühle – wenig Muskatnuß beigeben. Nach und nach die weiche Butter einrühren sowie die Eidotter einzeln – und das Ei langsam kräftig einrühren.
Die Masse durch ein Haarsieb in eine Schüssel passieren, die anschließend auf gehacktes Eis gestellt wird.
Masse ca. 10 Minuten auf Eis ankühlen lassen und anschließend die Sahne nach und nach einrühren.
Das Mus in kleine feuerfeste Formen, die gut ausgebuttert sind, einfüllen und im Wasserbad ca. 20 Minuten pochieren. Ofen 30 Minuten vorheizen.
Zur Sauce 4 dl trockenen Riesling mit 100 g feingehackten Schalotten zur Hälfte einkochen lassen. Anschließend 200 g Butter, in Stücke geschnitten, der Sauce zurühren. Blätter von frischem Basilikum, in Streifen geschnitten, der Sauce beifügen.

Nach 5 Minuten Ruhe das pochierte Hechtmus auf heiße Teller stürzen und mit heißer Sauce begießen.
Auf Wunsch können der Sauce noch Krebse beigefügt werden. Als Beilage: Blattspinat.

Rinderfilet mit Austern in Rahm-Champagner-Sauce

(Cœur de filet de bœuf aux huîtres)

Pro Person:
1 Filetsteak à 250 g
5 Austern (Belons oder Imperials)
2 dl doppelte Sahne (Smetane)
Worcestershiresauce, Cognac
1 Schalotte, 1 dl Champagner

Die Austern werden geöffnet, vorsichtig von der Schale gelöst und anschließend in dem Austernwasser langsam steif gemacht, jedoch ohne zu kochen. Austern der gewonnenen Flüssigkeit entnehmen, entbarten und warm halten. Flüssigkeit reservieren für Sauce.
Das Filet mit viel frischem, grobgemahlenem Pfeffer einreiben. In kleiner Pfanne mit halb Olivenöl und halb Butter blutig braten.
Für die Sauce 1 dl Champagner, die kleingeschnittene Schalotte und passiertes Austernwasser zur Hälfte einkochen lassen, Sahne beigeben und bis zur Dickflüssigkeit kochen lassen.
Die Austern werden der Sauce beigegeben und langsam, ohne zu kochen, erwärmt.
Das Filet mit Worcestershiresauce beträufeln, beidseitig mit Salz bestreuen und mit Cognac flambieren. Filet auf heißen Teller legen und mit Austernsauce übergießen. Heiß servieren, dazu Blattspinat reichen.

Steinbuttfilets mit Dijoner Senf und Tomaten

(Suprême de turbot amoureuse à la Dijonnaise)

Für 4 Personen:
4 gleichmäßig dicke Steinbuttfilets à 180 g
4 feste Freilandtomaten
Dijoner Senf, stark
2 Schalotten, feingehackt
1 dl trockener Weißwein, am besten Chablis
1 dl Noilly-Prat (französischer Wermut)
1 dl Fischfond oder Wasser
40 g Butter
8 Toastbrotscheiben ohne Rinde
Salz, Pfeffer, Sahne, Thymian, 1/2 Zitrone
1 TL Estragon, 1 TL Petersilie

Eine feuerfeste Form mit niedrigem Rand gut mit Butter ausstreichen. Weißwein, Schalotten, etwas Salz und Pfeffer, frisch aus der Mühle, hineingeben. Darauf werden die enthäuteten Steinbuttfilets gelegt, die mit reichlich Dijoner Senf bestrichen wurden.
Die Tomaten kurz in kochendem Wasser blanchieren, sofort mit eiskaltem Wasser abschrecken und die Haut abziehen. Jedes Filet mit einer entkernten, etwa 1/2 cm dick fächerförmig geschnittenen Tomate belegen, salzen und pfeffern.
Die Toastbrotscheiben durch ein grobes Haarsieb streichen, und eine Messerspitze Thymiannadeln unter die Brotkrumen mengen. Die Tomaten mit den Brotkrumen leicht bedecken und mit je zwei nußgroßen Butterstücken belegen.
Im vorgeheizten Ofen bei ca. 220° und starker Oberhitze etwa 20 Minuten ziehen lassen. Mit einem Löffel die gewonnene Flüssigkeit entnehmen und diese in separater Pfanne

bis zur Dickflüssigkeit einkochen lassen. Die Sahne, den gehackten Estragon und die Petersilie sowie den Saft einer halben Zitrone beigeben und nochmals kurz aufkochen, etwas Butter einrühren und das Ganze um die Steinbuttfilets gießen.

Hummer im Sud mit Gemüsestreifen

(Homard aux légumes)

Für 2 Personen:
1 Hummer von 600–700 g
10 frische Seezungengräten
5 kleine Zwiebeln
3 Karotten
1 Stange Lauch (nur das Weiße verwenden)
100 g frisch gezupfte Petersilie
1 kleine Fenchelknolle
1 Thymianzweig
1 Lorbeerblatt
6 schwarze Pfefferkörner
Salz
1/2 l trockener Weißwein
200 g feinste Prinzeßbohnen (Kenia)
300 g Butter

2 l Wasser mit 1/4 l trockenem Weißwein, Petersilienstengel, Thymian und Lorbeerblatt, Salz, den zerdrückten schwarzen Pfefferkörnern, 1 Zwiebel und zwei Karotten, in Scheiben geschnitten, ca. 10 Minuten kochen, den Hummer beigeben und nochmals ca. 10 Minuten wallend kochen lassen. Beiseite stellen und ziehen lassen.
3 Zwiebeln und Lauch in Scheiben schneiden und die Seezungengräten mit 50 g Butter andünsten lassen, ohne zu bräunen, mit 1/4 l Weißwein und 1/4 l Wasser auffüllen und 10 Minuten kochen lassen. Den Fischsud durch feines Sieb passieren. Nicht salzen!
1 Karotte, 1 Zwiebel und 1 Fenchel in zündholzdicke, lange Streifen schneiden, im Fischsud knackig kochen. Gemüsestreifen dem Sud entnehmen.
Die Prinzeßbohnen in stark gesalzenem Wasser ebenfalls knackig kochen und anschließend in Eiswasser abkühlen lassen, damit die frische grüne Farbe erhalten bleibt.
Zur Sauce wird der Fischsud, in welchem die Gemüsestreifen gekocht wurden, bis zur Dickflüssigkeit eingekocht. Nach und nach 250 g kalte, in Stücke geschnittene Butter mittels Kochlöffel in die Sauce einrühren. Scheren ausbrechen, Hummer halbieren, mit Gemüsestreifen und den in der fertigen Sauce erhitzten Prinzeßbohnen belegen, mit der Sauce übergießen und auf heißem Suppenteller servieren. Gezupfte Petersilie darüberstreuen.

Konservieren

Zu Mutters Zeiten gab es auch schon Gemüse- und Obstkonserven. Man rechnete sich aus, was eine Sache kostete, aber daß man das Gemüse auf dem Markt aussuchen, den Preis aushandeln, die gekaufte Ware nach Hause bringen, putzen und zubereiten mußte, das alles und die dafür nötige Zeit rechnete man nicht. Denn Zeit hatte man, aber Geld, das war rar.
Heute ist es anders. Da viele Frauen berufstätig sind, mangelt es oft an Zeit, und man begrüßt es daher, daß man komplette Gerichte aus der Dose zaubern kann. Im Laufe der Jahre wurden so viele Erfahrungen gesammelt, daß man schon fast von der perfekten Konserve sprechen kann.
Es kommt hinzu, daß andere Konservierungsarten wie das Tiefgefrieren uns zu jeder Jahreszeit beinahe alles bieten. Nicht nur, weil die Tiefkühlindustrie jederzeit alles bei Ihrem Kaufmann bereitstellt, Sie können auch Ihre eigenen Gartenprodukte selbst einfrieren, wenn Ihre Tiefkühltruhe geräumig genug ist. Bedingung ist nur, daß Sie einwandfreies Gemüse oder Obst verwenden, die aber nie überreif, eher kurz vor der Vollreife sein sollen. Alles gründlich waschen, über einem Tuch abtropfen lassen und portionsweise in Polyäthylensäckchen im Tiefkühlgerät lagern. Grüne Bohnen muß man vor dem Einfrieren blanchieren und dann erkalten lassen.
Wenn ich im handgeschriebenen Kochbuch und Wirtschaftsbuch meiner Mutter blättere, finde ich die damals übliche Form des Konservierens – das Einkochen im Wasserbad.

Damals wurde alles mit Pergamentpapier zugebunden und nach Familienrezept eine gewisse Zeit in Dunst gekocht und auf diese Weise sterilisiert, also haltbar gemacht. Erst später kamen dann die Einmachgläser und die durchsichtigen Einsiedepapiere zum Zubinden. Für die Haltbarmachung der Marmeladen nahm man Salizyl. Man mag diese Methoden für veraltet halten, aber wenn Sie Zeit haben und das nötige Material zur Verfügung steht, probieren Sie es einmal, es sind Rezepte, die köstliche Ergebnisse bringen und geschmackliche Nuancen, um die es sich lohnt.

Das auf einfachste Art konservierte Fleisch, das »Kübelfleisch«, ist in den bäuerlichen Haushalten der Alpenländer seit eh und je gebräuchlich. Wenn man in der kalten Jahreszeit die Schweine abgestochen hatte, die man zur Selbstversorgung benötigte, dann wurde immer alles auf einmal aufgearbeitet. Es wurde gewurstet, das Fett wurde ausgelassen und mit den Grammeln (Grieben) in große Kübel gegossen. Aber auch Fleischteile wurden gebraten, vom Knochen gelöst, und wenn diese Bratenstücke erkaltet waren, in die Kübel, die damals oftmals Holzbottiche oder große Steinguttöpfe waren, sortiert und mit erwärmtem Schweineschmalz ausgegossen, um keine Zwischenräume zu lassen. Nach Bedarf entnahm man dann seine Fleischstücke bis in den Sommer hinein; das Fett mußte man immer wieder schön glatt verstreichen, um der Luft keinen Zutritt zu lassen.

Viele Haushalte machten das auch mit dem Hausgeselchten (Geräucherten) so. Nach dem Räuchern wurde es oft, wie es aus der Räucherkammer kam oder auch gesotten und dann erkaltet, in den Kübeln mit Schweineschmalz eingelegt. Denn auch Rauchfleisch ist nicht unbegrenzt haltbar, und außerdem trocknet es aus. So blieb es saftiger.

Auf jeden Fall ist zu beachten, daß man nur frische Produkte allerbester Qualität tiefgefrieren oder, wie es noch Mutter machte, durch Einkochen sterilisieren und haltbar machen sollte. Wenn Sie ein Bratenstück oder ein Huhn haben, das aufgrund seines Zustandes verarbeitet werden muß, kann man das durch Braten und Überdünsten für den nächsten Tag zum Verbrauch retten, darf es aber auf keinen Fall mehr tiefgefrieren.

Beim Einkochen im Wasserbad ist es von Vorteil, wenn man die Stücke mit den Knochen zubereitet, sie dann vom Feuer nimmt und die Knochen auslöst. Dadurch gewinnt man mehr Raum in den Gläsern. Fleisch mit Knochen kann auch die Haltbarkeit gefährden, denn oft ist auch bei größter Sorgfalt der Knochen nicht ganz durchgekocht. In den Gläsern soll man einen 3 Finger breiten Abstand zum Rand lassen. Durch das anschließende Kochen dehnt sich der Inhalt in den Gläsern etwas aus. Füllt man zu hoch ein, kann es passieren, daß sich Fett zwischen Gummiring und Deckel festsetzt und durch den Luftzutritt nach und nach der Inhalt verdorben wird. Das Einfüllen soll so heiß wie möglich erfolgen, die Fleischstücke lassen sich besser einlegen, bevor sie erkalten.

Wenn man Braten oder Ragout aus einem Einmachglas für die Mahlzeit anrichtet, wird es meist nötig sein, nachzuwürzen, da die Gewürze im Geschmack etwas nachlassen, so daß das Nachwürzen dem Gericht eine gewisse Frische gibt. Reichlicher Gebrauch von gehackter Petersilie wird empfohlen. Sollten Sie zu kräftig gewürzt haben, können Sie den

Geschmack mit einem Schuß Sahne mildern. Wenn Sie Gulasch einmachen wollen, dürfen Sie dafür nur eine Sorte Fleisch nehmen wegen der verschiedenen Kochzeiten. Das Gulasch nicht weich dünsten, bedenken Sie, daß es anschließend in den Gläsern 1 Stunde kochen muß. Dafür kann man ruhig das ideale Gulaschfleisch nehmen, den sehnigen und kernigen Wadschinken (Hesse).
Wenn man das Gulasch nach diesem Rezept macht und nicht mit Mehl bestäubt gart, dann hat es den von Kennern so geschätzten »Spiegel« (Glanz). Nach Altwiener Art hat man das Gulasch zur Zeit meiner Mutter mit Rinderfett (Kernfett) gemacht.

Fleischbrühe-Extrakt

Für Tage unerwarteter Krankheit hatte meine Mutter immer ein wunderbares Kräftigungsmittel bereit.
Auf $1^1/_2$ l Wasser nimmt man $^1/_2$ kg mageres Rindfleisch, das Fleisch wird grob gehackt und mit Wurzelwerk und wenig Salz gekocht. 2 Stunden nicht ganz zugedeckt schwach kochen lassen. Es soll 1 l Fleischbrühe ergeben, einige Male heißes Wasser nachfüllen, nicht erst in den letzten Minuten.
Die Fleischbrühe durchseihen, in die bereitgestellten Einmachgläser (der kleinsten Größe) oder kleine Flaschen halb einfüllen, verschließen und eine $^3/_4$ Stunde kochen.
Man kann diesen Extrakt im Bedarfsfall auch strecken und nach Geschmack beim Heißmachen würzen. Etwa einen Hauch Muskat oder ein Fädchen Safran dazugeben.
Auch eine Legierung mit einem mit Sahne verschlagenen Eidotter ist sehr kräftigend. Rein genossen, genügt als Zwischenmahlzeit eine halbe Kaffeetasse dieses Konzentrats.

Das in der Brühe gekochte Fleisch abkühlen lassen und faschieren. Man kann entsprechend würzen und mit einem Ei und einer in Milch eingeweichten und ausgedrückten Semmel Fleischkroketten machen, man kann davon aber auch einen Fleischstrudel gekocht oder gebacken als Suppeneinlage herstellen.
Genauso läßt sich Hühnerbrühe bereithalten.

Im Buch meiner Mutter gibt es viele Rezepte, wie man damals Obst in Essig einlegte, eine großartige Beilage zu Braten, gekochtem Rindfleisch und Geflügel. Ein hervorragendes Kompott, das von Herren besonders geschätzt wird.

Essigpflaumen

Man nimmt die halbe Menge Zucker des Obstgewichtes. Den Zucker kocht man in gutem Weinessig mit Zimtrinde, Nelken und Zitronenschale auf und gießt ihn über die sauberen, trockenen Zwetschgen. Über Nacht stehenlassen. Am nächsten Tag kocht man die Zwetschgen mit dem Essig, bis die Haut zu platzen beginnt. Mit einem sauberen Schaumlöffel nimmt man die Zwetschgen heraus und füllt sie in die sauberen Gläser. Den Saft erkalten lassen und über die Zwetschgen schütten, die Gläser zubinden und kühl lagern.

Birnen und Kürbis in Essig

Die Birnen werden geschält, halbiert und das Kerngehäuse entfernt. Der Kürbis wird geschält (die Kerne entfernen) und in kleinfingergroße Stücke geschnitten oder mit einem Ausstecher ausgestochen.

Man kocht Zucker im halben Gewicht der Früchte in Essig auf, gibt Zimtrinde, Nelke und Zitronenschale dazu. Wenn der Zucker aufgelöst ist, gibt man die Früchte hinein und kocht, bis die Früchte weich, aber noch kernig sind. Kürbis würzt man noch mit Ingwer. Die Früchte nimmt man mit dem Schaumlöffel heraus, ordnet sie in die Gläser und gibt den erkalteten Saft darüber. Zubinden und kühl lagern.

Quitten

Behandlung wie »Birnen«.

Rote Rüben (Rohnen, Rannen, rote Beete)

Die roten Rüben werden mit einer Bürste gesäubert, in Wasser aufs Feuer gesetzt und gekocht, bis sich die Haut leicht herunterschieben läßt. Die Haut wird abgezogen, und die roten Rüben werden noch warm gleich in die sauberen Gläser blättrig hineingeschnitten. Nach Geschmack verdünnter Weinessig wird mit Kümmel, Koriander und Salz gekocht und kalt über die roten Rüben gegeben. In jedes Glas kann man nach Belieben eine Scheibe Meerrettich und eine Apfelspalte dazugeben. Beim Auftragen geriebenen Meerrettich dazutun.

Essiggürkchen

Kleine Gurken, ca. 3–5 cm lang, werden in kaltem Wasser gewaschen. Man läßt sie im Sieb abtropfen und wischt jede Gurke mit einem Leinentuch gut ab. Man legt den Boden eines trockenen und sauberen Gurkenglases oder eines Steinguttopfes mit einem Blatt von Weichselkirschen, Estragonzweig und Dilldolden aus, ordnet darüber die Gurken dicht hinein, legt dazwischen weitere Weichselkirschblätter, Dilldolden, kleine Paprikaschoten und einige geschälte Schalotten. Man streut einen Eßlöffel Senfkörner darüber, vielleicht auch einige Körner Koriander. Verdünnter Weinessig (3 Teile Essig auf 1 Teil Wasser) wird mit Salz und nach Geschmack mit ein wenig Zucker gekocht und erkaltet über die Gurken gegeben. Nach einiger Zeit wird es notwendig sein, abgekochten verdünnten Essig nachzufüllen. Zubinden mit naßgemachtem Cellophan oder Pergamentpapier. Meine Mutter hatte die besten Gurkerln. Eines ihrer Geheimnisse war, in jedes 5-Liter-Gurkenglas 2 Gläschen Obstschnaps zu geben.

Senfgurken

Man schält 12 große, reife (wenn möglich gelbe) Gurken, schneidet sie in zweifingerlange Stücke, salzt sie gut ein, deckt sie zu und läßt sie 12 Stunden stehen. In einem Sieb abtropfen lassen, sie ins Glas legen und dazwischen 150 g Zucker, 150 g gelbe Senfkörner, einen Eßlöffel weiße Pfefferkörner, einige Dilldolden, geschälte Schalotten und in Scheiben geschnittenen Meerrettich streuen. Nach Geschmack verdünnt man den Weinessig, kocht ihn ab und gibt ihn erkaltet über die Gurken. Zubinden, nach 2 Tagen den Essig abgießen, diesen aufkochen und erkaltet darübergießen. Das muß noch zweimal wiederholt werden.

Mixed Pickles

Hierzu eignen sich kleine, zarte grüne Bohnen, entsprechend kleingeschnittene Karotten, kleine Röschen Blumenkohl, entsprechend kleingeschnittene Gurken, Schalotten oder Perlzwiebeln, Champignons, Pfifferlinge, kleine Pepperoni, Nußkerne, die von der Haut befreit sind, grüne Mandeln.
Das Gemüse wird geputzt und jedes für sich in Salzwasser nicht zu weich gekocht. Erkaltet schichtet man es hübsch geordnet in Gläser. Einen nach Geschmack verdünnten Weinessig kocht man mit Pfefferkörnern, Ingwer und Nelken auf und schüttet den Essig heiß darüber. Erkalten lassen, zubinden und an kühlem Ort lagern.

Senffrüchte

Man schält reife, aber noch feste Pflaumen, Aprikosen, Birnen, Äpfel, Pfirsiche, Melonen und kocht jede Frucht für sich. Die Pflaumen und Aprikosen bleiben ganz, die anderen Früchte halbiert man. Dann nimmt man im gleichen Gewicht wie die anderen Früchte Kirschen, die man aber nicht schält. Etwa 1 cm vom Stiel läßt man dran. Die Früchte kurz kochen, aber nicht weich werden lassen, sie müssen kernig bleiben! Nur überkochen!
In einem Sieb auskühlen lassen. Für je 1 kg Früchte kocht man 1 kg Zucker mit möglichst wenig Wasser und gibt die Früchte in den noch heißen Zucker und läßt erkalten.
Am nächsten Tag kocht man alles kurz wieder auf. Für jedes Kilo Früchte nimmt man 100 g Senfmehl, verrührt dieses mit etwas von dem heißen Zucker und gibt das zu den Früchten. Die Früchte in Gläser ordnen und den übrigen Zucker darübergießen.
Mit »grünen Nüssen« kann man das Aroma verbessern. Diese werden im Zucker schwarz und machen die Senffrüchte farbiger. Die grünen Nüsse kann man nach folgendem Rezept herstellen:

Grüne Nüsse

Etwa Ende Juni sind die Walnüsse so weit ausgewachsen. Die unter der grünen Schale liegende Innenschale, die ausgereift fest und verholzt ist, muß noch vollständig weich sein und sich leicht durchstechen lassen. Damit die Nüsse das Bittere verlieren, sticht man sie mit einer Nadel mehrere Male ein und legt sie für einige Tage in kaltes Wasser. Dieses Wasser muß 5 Tage lang alle 12 Stunden gewechselt werden. Am 6. Tag kocht man sie in Salzwasser weich, legt sie wieder ins kalte Wasser und läßt sie vollständig auskühlen. In einem Sieb abtropfen lassen.
Aus Zucker und wenig Wasser macht man Läuterzucker (Zuckerlösung), dem man etwas Zimt und Nelken beigibt. Wenn der Zucker fast kalt ist, gibt man die Nüsse dazu und stellt sie kalt. Am 3. Tag gießt man den Sirup wieder ab, kocht ihn auf und läßt jetzt auch die Nüsse darin aufkochen. Man nimmt die Nelken heraus, füllt Nüsse und Zucker möglichst heiß in Gläser und bindet sie zu.
Das Abgießen und nochmalige Aufkochen mag auf den ersten Blick kompliziert erscheinen, es ist aber nötig, um alles zu sterilisieren. Größte Sorgfalt und Sauberkeit sind wichtig. Keine Spur von Fett darf an Gläsern, Ringen und allen anderen Geräten sein, das würde die Haltbarkeit gefährden.
Aber trotz der Mühe werden Sie an dem Ergebnis viel Freude haben!

Wein, Bier, Spirituosen

Tatsache ist, daß der Wein den Appetit anregt, die Verdauung fördert, das Lebensgefühl beschwingt, die schöpferische Schaffenskraft steigert und körperliches und seelisches Wohlbefinden hervorbringt.
Tatsache ist, daß der Wein auf den Körper eine entgiftende und keimtötende Wirkung ausübt und darum als Prophylaxe für viele Infektionskrankheiten wichtig ist (Typhus, Paratyphus, Malaria, Fleckfieber, Diphterie, Grippe, Lungenentzündung, Kolibakterien, Ruhr usw.). Freilich müssen Sie bei akuten Erkrankungen den Arzt befragen.
Tatsache ist, daß der Wein bei fast allen Völkern als ein Heilmittel hohen Wertes angesehen wurde, und schon Hippokrates, der Vater der Arzneikunde im Altertum, riet: »Trinke Wein zum Essen, dann wirst du gesund sein!«
Louis Pasteur erklärte den Wein nicht nur als das gesündeste sondern auch als das hygienischste aller Getränke.
In einem Werk »Weinkompendium für den Arzt« empfiehlt Dr. med. Philipp Reich den Wein als Tischgetränk. Ebenso Dr. Gaylord Hauser in seinem Buch »Bleibe jung, lebe länger!«, in dem er den Wein als verdauungsförderndes Getränk, Vitamin- und Mineralsalzspender empfiehlt.
Philipp Reich findet Berichte, wonach verheerende Epidemien in früheren Zeiten durch behördlich verordneten Weingenuß zum Stillstand kamen, durchaus glaubwürdig.

Zum Beispiel tranken während der italienischen Kriege des XVI. Jahrhunderts die dem Wein verfallenen Schweizer Söldner das Wasser aus verseuchten Brunnen, ohne Schaden zu nehmen, während die damals sehr enthaltsamen Franzosen zahlreiche Opfer bringen mußten. Dr. Alexander B. Bogomoletz: »Ein begrenzter Genuß alkoholischer Getränke kann zweifellos der Lebensverlängerung dienen!«
Dr. Harlow Brooks schreibt in seinem Buch »Der Alkoholgenuß im Alter« u. a.: »Nirgends sonst ist Wein so allgemein als Teil der Ernährung zu empfehlen wie im Alter!«
Man hat seine Gewohnheitsgetränke, die man nicht missen möchte. Oftmals ist es ein Glas Bier. Wer aber in einer Weingegend aufgewachsen ist, wird sich mehr an dieses Getränk halten. Bier und Wein sind mit Abstand die beliebtesten Getränke, es sei denn, der Arzt hat etwas anderes empfohlen oder man ist als Autofahrer unterwegs und trinkt aus diesem Grunde Mineralwasser oder sonst ein alkoholfreies Getränk.
Die Getränkekarten von Hochzeiten und Festessen begannen schon vor weit mehr als hundert Jahren mit einem Aperitif. Es folgte ein Glas Bier, Weiß- und Rotwein, zum Dessert meist ein Glas Sekt, und zum Mocca wurde seit eh und je Likör serviert. Die Herren zogen meist einen Cognac vor. An dieser Reihenfolge hat sich bis heute nicht viel geändert. Meist sind die Bankette nicht mehr so üppig. Zum Teil, weil man nicht so üppig zu speisen wünscht, zum Teil, weil man oftmals nicht die Zeit dazu hat. Ich habe öfter erlebt, daß das Hochzeitspaar, nachdem der Hochzeitskuchen angeschnitten war, zum Flugzeug eilte, um die Flitterwochen in fernen Ländern zu verbringen.

Aperitifs

Als Aperitif nimmt man gerne die italienischen und französischen Wermutweine, Campari, Dubonnet, St. Raphael und andere im Handel befindliche Erzeugnisse. Sehr beliebt ist auch der Martini-Cocktail, andere ziehen einen harten, eisgekühlten Schnaps vor, etwa einen guten Obstbrand, Korn, Sliwowitz oder Barack. Die Anhänger guter Schnäpse behaupten, so etwas habe schon zu allen Zeiten als gesund gegolten. Mäßig genossen, hat ein gutes Schnäpschen zweifellos eine anregende Wirkung, schon immer galt es als Hausmittel und hatte seine treuesten Anhänger in Ländern, in denen man keinen Weinbau kennt. Manche Bauern brennen noch nach eigenen Familienrezepten. Inzwischen hat sich aber die Destillation zu einem Industriezweig entwickelt. Schnaps läßt sich aus allem herstellen, was vergoren werden kann und in seinen Grundstoffen Zucker enthält. Vom Wein bis zu den Kartoffeln und dem Kaktus haben findige Erzeuger alle möglichen Grundstoffe aufgespürt, die sich zum Destillieren eignen.

Das Bier

Auch das in vielen Gegenden so geschätzte und beliebte Bier wurde schon frühzeitig von Bauern und Klöstern hergestellt. Zwischen dem 15. und 17. Jahrhundert war die Zeit des größten Bierkonsums. In den Hansestädten dürften die ersten größeren Brauereien entstanden sein, denn bei der Durchsicht der Kosten der Kriege, die Hamburg mit Dänemark führte, waren die Ausgaben für Bier der größte Posten.

Bier schätzt man als durstlöschendes Getränk. Wenn man verkatert ist, glauben viele, daß ein frisches Bier den Magen wieder einrenkt. Es paßt vorzüglich zu kalten Platten, marinierten Fischen, Gulasch und kräftigen Suppen. In manchen Gegenden liebt man zum Bier einen »Klaren«. Der eine sagt, das Bier sei dann bekömmlicher, der andere, der Magen würde besser auf das kühle Bier vorbereitet. Bier schmeckt am besten gekühlt und frisch eingeschenkt mit einer schönen weißen Haube. Dunkle Biere (Malzbiere) werden besonders geschätzt, wenn eine Gewichtszunahme erwünscht ist.

Der Wein

Die Kultur des Weines reicht weit ins Altertum. Vom Klima begünstigt ist besonders der Mittelmeerraum.
Weine beschreibt man am besten nach dem Alkoholgehalt, leicht bis schwer, der Alkoholgehalt reicht von ca. 8–18%.
Für den Gehalt an Säure, Zucker und Gerbstoffen werden die Bezeichnungen sauer, resch, herb, trocken, zarte Süße, Zuckerspitze und süß verwendet.
Der Gehalt an Kohlensäure wird mit spritzig oder prickelnd angegeben, damit meint man die natürliche Kohlensäure, künstlich zugesetzte Kohlensäure gibt es beim Perlwein.
Als süffig bezeichnet man Weine, wenn eine zarte Säure sie angenehm spritzig schmecken läßt. Harmonisch wird man sagen, wenn die Bukettstoffe und der Geschmack ausgewogen sind. Bei großen Weinen meint man den vollen Geschmack erst beim Schlucken als angenehmen Nachgeschmack zu verspüren, die alten Kenner sagen dann, der »Wein hat an Schwaf« – der Wein hat einen Schwanz. Natürlich liegt es in Ihrer ganz eigenen Geschmacksrichtung, welchen Wein Sie bevorzugen, herb oder mehr zart, Weiß- oder Rotwein, der Gusto ist verschieden. Das ist auch in den verschiedenen Ländern so. In Österreich und Deutschland steht der Weißwein im Vordergrund, aber die Weltweinernte entfällt zu 75% auf Rotwein. Man sollte bei den Weinsorten und den dazu empfohlenen Speisen keinen zu engen Maßstab anlegen. Bedenken Sie, daß in Ländern, in denen der Wein wirklich ein Tischgetränk ist und fast nie fehlt, etwa im Mittelmeerraum, zu Fisch sehr oft Rotwein getrunken wird, weil man eben keinen anderen hat.

Weißweine

Weißer *Burgunder,* in Frankreich Pinot blanc, in der Steiermark Morillon – vollmundige Weine, mild bis herb, sogar trocken (Chablis in Frankreich). Hervorragend zu Fischgerichten, kalt und warm, zu Vorspeisen und Braten.

Veltliner, spritzige, würzige Weine mit zarter Säure, süffig, beliebt zu Vorspeisen, Fischgerichten und Braten.

Müller-Thurgau, ein frischer, fruchtiger Wein, eine früh reifende Traubensorte von mildem, edlem Geschmack. Zu Vorspeisen, Fisch und Braten.

Neuburger, voll im Geschmack, mit kräftigem Bukett, feiner Wein zu Braten und zu kalten Bratenplatten oder Aufschnitt.

Ruländer, milder, zarter Wein, angenehm und leicht im Geschmack, paßt zu Vorspeisen, Fischgerichten und Braten.

Silvaner, meist leicht, mild und blumig. Paßt zu allen Gerichten.

Traminer, meist kräftiges Bukett, herb und trocken bis mittelsüß. Eine beliebte Weinsorte, die mit fast allen Gerichten harmoniert.

Welschriesling, meist von grünlicher Farbe, fruchtig und trocken. Paßt zu fast allen Speisen, besonders zu einer Brettljause.

Gewürztraminer, kräftiges Aroma, gehaltvoll und extraktreich, herb bis leicht süßlich. Ein großer Wein zu Braten.

Muskateller, starkes Bukett, würzig und extraktreich, herb (etwa der französische Muscadet), zarte Süße, wuchtig. Der Wein für das besinnliche Trinken.

Rotwein und Rosé

Rotweine haben viele Liebhaber und werden wegen ihrer Armut an Säure gerne getrunken. Passen zu fast allen Speisen, sie werden besonders gerne zu Wildgerichten gereicht.

Blaufränkisch, herb und voll im Geschmack. Paßt zu allen Speisen, auch Wild.

Lagrein Kretzer, heller, milder Wein. Der Wein für den großen Durst, da er leicht und bekömmlich ist. Harmoniert mit allen Speisen, auch Wild.

Trollinger, diese Traubensorte wird bei den berühmten Meraner Traubenkuren verwendet, als Rotwein der beliebte Kalterer See, in der Farbe dunkler als der Lagrein Kretzer. Ein wunderbar leichter Wein, passend zu allen Speisen und Wildgerichten.

St. Laurent, eine Burgundertraube, ergibt gehaltvolle Weine mit ausgeprägtem Bukett.

Cabernet-Sauvignon, auch (besonders in Österreich) Bordeauxrebe genannt, weil man mit diesen Sorten nach französischem Vorbild Weingärten angelegt hat (z. B. in Bad Vöslau bei Wien). Kräftige bis schwere bukettreiche Weine.

Portugieser Traube, eher leichte, süffige Rotweine.

Viele Weine werden unter dem Namen einer berühmten Lage in den Handel gebracht, so daß oft nur der Kenner die Sorte bzw. Traubenart kennt. Beim Wein spielt für die geschmackliche Eigenart der Boden eine große Rolle, dieselbe Traubensorte kann wenige Kilometer weiter vollkommen anders schmecken.

Schilcher, eine Art Rosé, ist eine weststeirische Spezialität und stammt von der kleinen, blauen Wildbacher Traube. Um die Anpflanzung dieser Traube hat sich ein kaiserlicher Prinz, Erzherzog Johann, sehr verdient gemacht. Der Wildbacher (Schilcher) wird wie Weißwein verarbeitet, also sofort nach der Lese gepreßt. Berühmt ist der Stainzer Schilcher. Schilcher Tröpfler ist der Schilcher, der nur durch den Eigendruck des Lesegutes ohne Betätigung der Presse abläuft.

Der Deutschlandsberger Schilcher fällt etwas dunkler aus. Das erreicht man, indem man die gepreßten Trauben als Maische einige Stunden stehenläßt. Sorten, die dunkel gewünscht werden, müssen einige Tage auf der Maische liegen, bis man sie in Fässer abfüllt.

Rosé. Diese Art (Herstellung ähnlich wie bei Schilcher beschrieben) hat besonders in Frankreich viele Liebhaber, auch als Rosé-Sekt und Champagner. Rosé und Schilcher (in Deutschland auch Schillerweine) eignen sich zum besinnlichen Trinken und passen zu fast allen Speisen.

Steirisches Türkenblut, Schilcher mit Sekt, ein herrlicher Aperitif und ein wunderbares Getränk für eine Herrenrunde. Auch Damen werden da gerne mittun.

Schaumwein

Sekt und Champagner sind Höhepunkt eines großen, festlichen Essens, passen aber auch zu fast allen festlichen Anlässen zu jeder Tages- und Nachtzeit. Etwa zu einer Cocktailparty.

Es gibt einige Cocktails, bei denen Sekt ein wichtiger Bestandteil ist. Beliebt ist auch »Pils mit Sekt«. Trockener Sekt wird gerne als Aperitif gereicht. Viele schwören auf die anregende Wirkung und haben für den Fall der Fälle eine Babyflasche (oder Pikkolo) im Kühlschrank bereit.

Champagner darf nur das französische Produkt benannt werden, Sekt heißt der in Österreich oder Deutschland hergestellte Schaumwein. Aus Rußland kommt der Krimsekt, dem man nachsagt, seine Trauben reiften in 2000 Sonnenstunden.

Ein guter Sekt hat seinen Preis, das hat seinen Grund in der arbeitsintensiven Herstellung. Die Methode hat sich bei den guten Qualitäten seit 1808 kaum verändert und erfordert große Sorgfalt und viel Geschick.

Es beginnt mit der Weinlese, dem Pressen und Vergären. Meistens werden dafür die sogenannten »kleinen Weine« verwendet, die aber eine gewisse Säure haben müssen, um dann unter der fachkundigen Hand ein Spitzenprodukt zu werden.

Um eine wohlausgewogene Qualität zu erreichen, werden meist mehrere Traubensorten zusammen vergoren. Nach der Vergärung wird auf Flaschen abgefüllt, und diese kommen in den Lagerkeller. Nach einer gewissen Lagerzeit stellt man die Flaschen auf das Rüttelpult, wo sie aufrecht gelagert werden. In Abständen werden die Flaschen einige Male leicht gedreht, um den Hefesatz, der sich am Korken gesammelt hat, durch Lösen des Korken zu entfernen. Die Kohlensäure treibt beim Öffnen diesen Satz aus

---

Meisterliche Spezialitäten: Murhofer Lammragout, steirischer Schneckensalat, Amur-Pastete, Bratwürstl im Netz mit Sauerkraut -

St. URBANI
GRAZ
WILDON

der Flasche, wobei etwa ein Likörglas voll entfernt wird.
Diese Menge wird mit dem Cuvée aufgefüllt, einer kleinen Menge Rohrzucker. Der Zukker verwandelt sich in Kohlensäure und Alkohol. Diese Kohlensäure bleibt durch die lange Lagerung mit dem Wein innig verbunden. Das ist das Prickelnde und Erfrischende am Sekt, die natürlich gebundene Kohlensäure.
Der Sektkorken wird durch das Drahtkörbchen festgehalten. Beim Öffnen dreht man den Haltebügel ab, mit der anderen Hand hält man den Korken und läßt ihn durch den Druck der Kohlensäure langsam und gefühlvoll kommen. Der Sekt soll beim Öffnen nicht knallen. Es kann vorkommen, daß der Kork so stramm sitzt, daß man durch Drehen nachhelfen muß. Beim Eingießen die Gläser leicht schräg halten. Bei einem Babyfläschchen wird es sich nicht vermeiden lassen, daß der Kunststoffverschluß beim Öffnen leicht knallt.

Sturm (Most)

Sturm, in Deutschland »Federweißer« oder »Sauser« genannt, ist der Most aus Weintrauben, der nach dem Pressen nach 2–5 Tagen, je nach Witterung bzw. Wärme im Keller, zu »stürmen« beginnt.
Ein Höhepunkt der Vergärung ist erreicht, der Traubensaft (Most) wird durch die Gärung trüb, hat aber noch die Süße des Traubensaftes; die Gärung hat bewirkt, daß sich Kohlensäure entwickelt.
Um diese Zeit ist der Sturm ein angenehm prickelndes und pikant schmeckendes Getränk, das viele Liebhaber hat. Ein bekanntes Weinrestaurant brachte den von den Stammgästen schon sehnsüchtig erwarteten Sturm unter dem Motto »Eine Maikur…!« – eine Anspielung auf die den Stoffwechsel fördernde Wirkung.
Zum Sturm genießt man gerne gebratene Kastanien.
Sturm kann man einige Tage im Kühlschrank aufbewahren, die Kälte bricht den Gärungsprozeß ab. Wenn Sie ihn als »Sturm« servieren wollen, müssen Sie ihn einige Stunden vorher aus dem Kühlschrank nehmen, in der Wärme des Raumes beginnt die unterbrochene Gärung nochmals.
Um Martini, am 11. November, soll der Sturm blank sein. Das ist dann der immer mit großer Spannung erwartete Heurige, der junge Wein, dessen spätere Qualität man erst einmal nur ahnen kann, denn die meisten Weine bauen sich durch Lagerung aus. Viele lieben und schätzen am Heurigen das »Frische« und »Spritzige«, was auf die im jungen Wein enthaltene Kohlensäure zurückzuführen ist.

- Gespickter Karpfen auf Dillkartoffeln mit Oberskren und Salat

Dessertweine

Madeira, von der Insel Madeira stammend, kühl, aber nicht zu kalt servieren, 15–20 Alkoholgrade. In Südwein- oder Wermutgläsern servieren.
Wichtig für die feine Küche, z. B. für Madeirasauce.

Malaga, spanischer Dessertwein, ca. 15 Alkoholgrade.

Marsala, italienischer Süßwein, ca. 15-20 Alkoholgrade.

Portwein, der helle und trockene ist ein beliebter Aperitif, Ruby bezeichnet dunklen und herben in Holzfässern gelagerten Port. Tawny ist mehrere Jahre in Holzfässern gelagert und meist von bräunlicher Farbe.

Sherry, trocken ein beliebter Aperitif, es gibt auch Creme-Typen, die süß sind.

Soleil Royal, ein wuchtiger und süßer Kap-Wein.

Die Temperatur des Weines beim Servieren spielt eine große Rolle, freilich muß man die Wünsche der Gäste berücksichtigen. Aber als Faustregel gilt für Weißwein 8–10°, für Rotweine Zimmertemperatur, also etwa 15°, Sekt 5–7°.

Es ist üblich, mit dem kleineren, geringeren Wein zu beginnen und, wenn mehrere Sorten gereicht werden, allmählich zu steigern. Nach einem schweren Wein kommt ein leichterer Wein nicht mehr zur Geltung!
Der Hausherr kostet bei Flaschenweinen vor, indem er sich etwa 1/4 Glas eingießt, probiert und bei der ältesten Dame und bei Herrengesellschaften dem ranghöchsten oder ältesten Herrn beginnt. Die Gläser nur etwa 2/3 voll schenken.

Kochen lernen!

Zu allen Zeiten hat die Küche und das verwendete Geschirr im Leben der Menschen und in der gastronomischen Literatur einen besonderen Platz eingenommen, ganz speziell der Herd, auf dem man kochte.
In einer alten Tischordnung werden die damaligen Gebräuche festgehalten. Seinerzeit war es üblich, das Essen in Schüsseln in die Mitte des Tisches zu stellen. Teller gab es keine, Brot diente als Unterlage, und die Tischregeln sagten: es sei unschicklich, wenn man Fleisch aus der Suppe nehme, mit der Hand tiefer als bis zum Knöchel hineinzufahren... Auf den Schlössern gab es Getränkezuteilungen, deren Menge man sich heute kaum vorstellen kann, hieß es doch in einer solchen Anordnung, für Frauenspersonen sei es unschicklich, bei Tisch wie die Rösser zu saufen... Haben sich etwa die Männer damals schon so fein benommen, daß sie bei der Trinkordnung unerwähnt blieben, oder waren sie hoffnungslose Fälle? Man kochte noch über offenem Feuer in Kesseln. Das gab es vor nicht allzulanger Zeit noch in einigen Gegenden der Alpenländer, die Rauchkuchln.
Köche waren immer angesehene Leute, und so verwundert es nicht, daß für den Koch ein warmer Platz am Herd reserviert war, eine große Ehre und Auszeichnung, war das doch in der damaligen Zeit einer der wenigen Plätze in so einer Burg, wo es wirklich gemütlich warm war.
Meine Mutter hatte noch Töpfe und Pfannen aus Eisen, die Gugelhupfformen und Auflaufpfannen bestanden aus Steingut. Vieles bestand auch aus Kupfer oder Messing, und diese Formen, Geschirre und Schöpflöffel

brauchten viel Pflege, und das Putzen und Aufhochglanzbringen war eine fürchterliche Arbeit, mußte aber sein. Denn mit Stolz wurde es in der Küche aufgehängt und diente gleichzeitig der Repräsentation. Der Herd wurde mit Kohle befeuert, aber nur bei den besseren Leuten, denn Holz war billiger. Dann kam das Emailgeschirr als sensationelle Neuheit auf, es war leichter zu reinigen und zu pflegen. Trotzdem verlangten diese Töpfe und Pfannnen noch genug Arbeit, z. B. die Schnellsieder, Pfannen, die sich gegen den Boden zu verjüngten. Wenn man rasch heißes Wasser brauchte, wurden Ringe vom Herdloch weggenommen und der Schnellsieder direkt ins Feuer hineingehängt. So ging es rascher, aber der Boden und die Seiten waren immer total verrußt und brauchten viel Scheuerpulver. Das bekannteste war damals »Sirax«.
Die Küchenanlagen wurden immer moderner, Gas und elektrischer Strom ermöglichen heute ein sauberes Kochen, und die berühmte Kohlenkiste ist aus den Küchen verschwunden.
Die Geschirrausstattung einer Küche sieht natürlich heute anders aus, man richtet sich bei der Anschaffung nach der vorhandenen Befeuerung. Bei Strom ist zu beachten, daß man die richtigen Töpfe verwendet, bei denen der Boden den Kochplatten angepaßt ist. Mit ihnen kann man Energie sparen. Daher die Kochanweisungen der Erzeugerfirmen genau beachten. Manches Kochgut bringt man zum Kochen und läßt dann bei abgeschaltetem Strom fertigkochen. Viele Arten von Porzellan sind so entworfen, daß man damit kochen und die Gerichte gleich in ihnen auftragen kann. Das gleiche gilt für Glaskochgeschirr.
Aber auch das Kochen mit dem römischen Tontopf ist energie- und arbeitssparend. Mit diesem altbewährten Tontopf kann man z. B. einen wunderbaren Schweinebraten im eigenen Saft braten, also fast ohne Fettzusatz, und man kann Gemüse mitdünsten und auch die Kartoffeln zur rechten Zeit mit dazugeben.

Kochen lernen!

Oft werde ich gefragt, ob ich eine Kochschule empfehle. Ja! Ich empfehle eine Kochschule. Früher war es üblich, daß die Töchter der Mutter und in größeren Haushalten der Köchin helfen durften oder mußten und sich dabei wesentliche Kochkenntnisse aneignen konnten. Trotzdem suchte man ein renommiertes Restaurant, um der jungen Tochter eine Volontärstelle zu besorgen, damit sie einige Monate Gelegenheit fände, dazuzulernen. Das war keineswegs billig. Man mußte dafür bezahlen.
Ich gehe davon aus, daß ein Berufskoch in einer Saison so viele Mahlzeiten herstellt, wie sie eine gute Hausfrau in einem normalen Leben für ihre Familie kocht.
Und da ich nie etwas empfehle, was ich nicht kenne, habe ich mich in einer sehr berühmten Kochschule umgesehen. Ich blieb einmal eine Woche länger in Wien, als ich vorhatte, und habe es nie bereut, den Blick hinter die Kulissen geworfen und dabei die Bekanntschaft eines großen Kochkünstlers gemacht zu haben.
Im 1. Wiener Bezirk, in der Schottengasse 3, alter historischer Boden, befindet sich die Kochschule Franz Zimmer, vormals Kofranek. Kofranek war ein sehr profilierter Wie-

ner Koch, als er sich mit der Gründung der Kochschule befaßte, war aktiver Küchenchef, ein anerkannter Meister, der Staatsbankette ausrichtete, den Präsidenten ins Ausland begleitete u. v. a. Besessen von seiner Arbeit, setzte er sich erst mit 72 Jahren zur Ruhe. Lange Zeit suchte er einen geeigneten Nachfolger und fand ihn in seinem ehemaligen Mitarbeiter Franz Zimmer. Zimmer war kaiserlicher Koch in Addis Abeba gewesen, Küchenchef der Atombehörde etc. Er betrieb damals schon sein Spezialitäten-Restaurant Schubertstüberl und betreute das Flaggschiff der Donaudampfschiffahrtsgesellschaft »Theodor Körner«.

Das Programm eines Kochkurses sieht so aus:

1. Abend: Kraftbrühe, Kalbsgulasch mit Nockerln, Topfenpalatschinken.

2. Abend: Griesnockerlsuppe, Brathuhn mit Risi-pisi, Hefeknödel.

3. Abend: Hühnercremesuppe, Pariser Schnitzel mit grünem Salat, Naturschnitzel (unpaniert, nur mit Bratsaft), Wiener Schnitzel, Kalbsmedaillons, Schnitzel Holstein, Jägerschnitzel, Schnitzel à la maréchale.

4. Abend: Waldorf-Salat mit Huhn, Roastbeef mit englischem Spinat, Kartoffelkroketten, Salzburger Nockerln.

5. Abend: Geröstete Leber, gebackene Leber, glacierte Leber, Leber mit Speck, Röstkartoffeln.

6. Abend: Geröstete Nieren, Nieren mit Hirn, Niere am Spieß, Hirn gebacken, Hirn geröstet, Reis, Mayonnaisen, Mayonnaisesauce, Kartoffelsalat mit Mayonnaise. (Mayonnaisesaucen wie Andalouse, Aurora, Chantilly, Sauce tatare, grüne Sauce.)

7. Abend: Minestrone, 4 Spinatgerichte, Kartoffelpüree, Zigeunerschinken, Reisauflauf, Schönbrunner Reis. Demonstration von Einmach (Gerichte in weißen Saucen), Einbrenne, Bratensaft, die weißen Saucen, Sauce Soubise, Sauce Suprême, braune Sauce (Espagnole), Sauce Bigarade, Sauce Bordelaise, Sauce Colbert, Sauce Diable, Sauce Piquante, Madeirasauce, Polnische Sauce, Sauce Robert, Sauce Provençale, Tomatensauce, Zigeunersauce.

8. Abend: Spargelcremesuppe, Kalbsbraten, Nierenbraten mit Champignonreis, Selleriesalat, Gurkensalat, Grießschmarrn, Zwetschgenröster.

9. Abend: Gebundene Gemüsesuppen, Schweinebraten mit Kartoffelknödeln und warmem Krautsalat, Caramelcreme

10. Abend: Unterweisung im Servieren.

11. Abend: Consommé double, Biskuiteinlage, gefüllte Ente, Mozartbombe.

12. Abend: Serbische Bohnensuppe, faschierte Laibchen mit Kohlrabi und Petersilienkartoffeln.

13. Abend: Hühnerpüreesuppe, Beefsteak, Entrecôte, Kalbssteak.

14. Abend: Raźniči, Cevapčíči, verschiedene Salate, Dampfnudeln mit Vanillesauce.

15. Abend: Jäckerwecken, Tiroler Gröstl, Schinkenauflauf, Milchrahmstrudel.

16. Abend: Fische: Fischsud, Kochzeiten der verschiedenen Fische, Forelle blau, Kabeljau gratiniert, Fischmayonnaise, Wurzelkarpfen gesülzt.

17. Abend: Markknödelsuppe, gefüllte Kalbsbrust, Kaiseromelette.

18. Abend: Spaghetti, Hasenrücken, Semmelknödel, Apfelstrudel, Wildbeize.

19. Abend: Spargel, Truthahn, Eisbecher.

20. Abend: Lammfleisch, Hammelfleisch, gebackene Apfelspalten.

Wenn man dieses Programm unter der fachkundigen Hand Meister Zimmers durchgenommen hat, dann kann einem nicht mehr viel passieren. Ich habe nur das Programm skizziert, in Stichworten. Einmal, beim 7. Abend, habe ich angedeutet, was noch alles so nebenbei gemacht wird.
Ich kann nur sagen, es war herrlich. Was mir am allerbesten geschmeckt hat – aber bitte, das ist mein Geschmack und Gusto –, finden Sie im folgenden.
Leider schmeckt mir immer alles, wenn es richtig gemacht wird.

Jägerbrot

1 Weißbrot
150 g Butter
200 g gekochte Zunge oder Selchfleisch (Kassler) oder Wurstreste
1 kleinwürfelig geschnittene Essiggurke
2 hartgekochte Eier
2 EL gehackte Petersilie
Salz, Pfeffer, etwas Senf

Weißbrot an beiden Enden abschneiden und vorsichtig aushöhlen. Butter schaumig rühren und mit den kleinwürfelig geschnittenen Zutaten vermischen, mit Salz, Pfeffer und Senf würzen.
Die Masse in das ausgehöhlte Brot füllen, kaltstellen, in dünne Scheiben geschnitten auftragen.

Caramelcreme

500 g Zucker
8 Eier
1 EL Butter
250 g Zucker
1 l Milch
1 Päckchen Vanillezucker
Schlagsahne zum Verzieren

Zucker zu Caramel schmelzen, den Boden von schwach befetteten Puddingförmchen damit ausgießen. Eier mit Zucker, heißer Milch und Vanillezucker verschlagen, passieren und damit die Förmchen ausfüllen. Im Wasserbad in schwach heißem Ofen ohne Kochen stocken lassen, kalt stellen.
Beim Anrichten stürzen. Caramelsaft ausfließen lassen und mit Schlagsahne verzieren.

Zwetschgenröster

1 kg Zwetschgen
200–250 g Zucker
1 Messerspitze Weinsteinsäure
1 Stück Zimtrinde
1 Stück Zitronenschale
Saft von 1 Zitrone
2–3 Nelken
1 EL Weingeist
1 Moccalöffel Salizylsäure

Man verwendet feste, halbreife Zwetschgen, da die reifen Früchte beim Kochen platzen und sie zuviel Zuckergehalt haben.
Die entsteinten Zwetschgen abwiegen. Auf 1 kg Früchte 200–250 g Zucker mit den angegebenen Zutaten 2–3 Minuten kochen lassen, sofort in Gläser füllen, einen Löffel Weingeist und eine Spur Salizylsäure obenauf gießen. Verschließen und 25 Minuten im Wasserbad kochen lassen.

Kaiseromelette

3 EL Mehl
1/8 l Milch
120 g Butter
4 Eier
1 TL Zucker
Kompott

Das Mehl mit der Milch glattrühren, 80 g Butter dazugeben und auf schwachem Feuer abrösten, bis die Masse einen festen Teig bildet, der sich vom Löffel löst. In eine Schüssel geben, die Eidotter unterrühren, das Eiweiß zu steifem Schnee schlagen, den Zucker dazugeben und unter die Teigmasse rühren. Am besten erst nur einen kleinen Teil vom Schnee unterrühren, dann erst den Rest. Dann bilden sich keine Klumpen, und der Schnee wird nicht zu stark gerührt.
Die restliche Butter in einer Pfanne heiß machen, den Teig aufgießen und ungefähr 1/2 Stunde langsam backen.
Mit gemischtem Kompott oder auch mit frischen gezuckerten Erdbeeren füllen, Omelette zusammenschlagen, mit Staubzucker bestreuen und mit glühendem Eisen ein Gittermuster brennen.

Mozartbombe

6 Eier
140 g Zucker, 140 g Mehl
Zitronenschale
Vanille-Fülle:
Kirschkompott
2 EL Cognac
2 EL Orangenlikör
1/2 l Schlagsahne
50 g Zucker
Glasur:
125 g Schokolade
1/8 l Schlagsahne

Aus den angegebenen Zutaten einen Biskuitteig herstellen und in Halbkugelform backen. Wenn ausgekühlt, daraus 10–12 Blätter schneiden. Die Blätter auf einem Brett auseinanderlegen und mit dem Kirschkompottsaft, unter den man Cognac und Orangenlikör mischt, tränken. Schlagsahne steifschlagen, das Kirschkompott daruntermischen und damit sämtliche Blätter zusammensetzen. Den Kuchen mit einer halbflüssigen Pariser Creme (Ganache) überziehen, mit Pistazien bestreuen und mit Kirschen belegen.

Hasenrücken Vigneron

1 Hasenrücken
200 g Butter
200 g Champignons
500 g grüne Bohnen
300 g große Weintrauben
2 Bananen
1 TL Kartoffelmehl
2 EL Madeira
100 g Speck
1 Zitrone
Wurzelwerk
Petersilie, Pfefferkörner
1 TL Zucker
2 Schöpfkellen Fleischbrühe, wenn vorhanden.

Den Hasenrücken salzen, mit Speck spicken und vorsichtig 20–35 Minuten in Butter mit grobgeschnittenem Wurzelwerk anbraten. Öfter begießen. Herausnehmen und warm stellen.
Auch die Haut- und Knochenabfälle mitbraten und danach mit dem Wurzelwerk und Brühe (oder Wasser mit Suppenwürfel), Pfefferkörnern und Zitronensaft 1/2 Stunde kochen, abseihen.
Das Kartoffelmehl mit Madeira auflösen und einrühren, einige Minuten kochen.
Den Hasenrücken in 6 Teile schneiden und anrichten.
Die nudelig geschnittenen Champignons in Butter rasch anrösten, den Hasenrücken damit bestreuen und die Sauce darübergießen.
Mit gehackter Petersilie bestreuen.
Den Hasenrücken mit den in Salzwasser gekochten Bohnen und Bananenscheiben garnieren und dazu die Weintrauben geben, die man wie folgt zubereitet hat: Trauben kurz in kochendes Wasser tauchen und abschälen. In einer flachen Kasserolle ein Stück Butter und etwas Staubzucker erhitzen, die Trauben dazugeben und so lange über dem Feuer schwenken, bis sie sich glasieren.
Als Beilage Semmelknödel.

Mitarbeiter

Ehrlich gestanden, ohne meine lieben Mitarbeiter hätte ich dieses gaumenerfreuende Buch nicht geschrieben.
Zwei Jahre lang haben Frieda und Victor Juza, Meister der Gastronomie und Küche gekocht, probiert, gebacken und gebraten. Über *Victor Juza* wie folgt:
1921 im Gasthaus zum »Deutschen Bruder« in Wien-Breitensee geboren. Mit 12 Jahren bereits tätig als Zigarettenboy im Restaurant Kobenzl. Mit 14 Beginn der Kellnerlehre im Restaurant Dianabad, Wien II. An den dienstfreien Sonntagen begeisterter Aushilfskellner in der Hinterbrühl bei Wien. Im Krieg zuerst in Werksküchen, Kasinos und in einem Diplomatenzug. Nach mehrfacher Verwundung als Fallschirmjäger nach Kriegsende in englischen Offiziersmessen. Als Restaurantchef in Bad Ischl, Köln, Luzern. Meisterprüfung vor der Industrie- und Handelskammer Baden-Baden. 6 Jahre in Bad Hofgastein, 4 Jahre Wirt des Engelweingartens, 11 Jahre Wirt der »Steiermärkischen Weinstuben« in Graz. In dieser Zeit Anlage einer eigenen Schneckenzuchtkultur. Als Höhepunkte die »Steirischen Lammfleischwochen« (in Zusammenarbeit mit der Landwirtschaftskammer) und die »Steirischen Weinbergschnecken-Werbewochen«. Vorführung des erstmals in Europa präsentierten »Weißen Amur«. Demonstration neuer Gerichte im Fernsehen, Mitarbeit bei bisher 11 gastronomischen Büchern. Illustrierte und der bekannte Ferdinand Schreiber machten Aufnahmen für Kochbücher in der berühmten Spezialitäten-Küche seiner Frau Frieda, die auch in Baden-Baden die Meisterprüfung gemacht hat.

Bei Freundschaftsessen, Verkostungen und Fachgesprächen habe ich viele Freunde und Experten mit den hier vorgestellten Speisen bewirtet. Erst ihre Zustimmung war für mich Ermunterung, die Rezepte schriftlich niederzulegen. Hier die Namen, ohne deren Dazutun und Zustimmung dieses Buch nicht entstanden wäre:

Gretel Beer
In London lebende Journalistin des ›Daily Telegraph‹, Schriftstellerin, Herausgeberin verschiedener Kochbücher, die alle Bestseller wurden.

Dr. Gisela Köstler
Journalistin bei der ›Kleinen Zeitung‹ in Graz, mehrfache Kochbuchautorin, Fachjournalistin mit ständigen Beiträgen über Kochen und Küchenwirtschaft und mit Marktberichten.

Ernst Faseth
Präsident des Österreichischen Kochverbandes, Küchenchef, Oberschulrat an der Wiener Hotelfachschule, Fachbuchautor, Fachjournalist. Von 1968 bis 1972 Präsident des Weltbundes der Köche. Hat in seiner Amtszeit als Hausherr der Wiener Internationalen Kochkunstausstellung UNO-Generalsekretär Dr. Kurt Waldheim den erstmals in Europa präsentierten Amur-Karpfen vorgestellt.

Ulrich Grützner
Oberstudienrat und Fachschriftsteller.

Andreas Hampl
Restaurateur und Hotelier, ein Gastronom aus Leidenschaft und Berufung.

Egon Herzl
Präsident des Bundes Österreichischer Gastlichkeit, aktiver Gastronom, brachte anläßlich einer Österreich-Woche im Flugzeug den ersten Amur-Karpfen nach England.

Prof. Hans Hömberg
Schriftsteller und Aristophag, Komthur, Cavaliere etc. mehrerer önogastrosophischer Gesellschaften (Chev. du Tastevin) und Autor kulinarischer Entrefilets, die auch im Radio verbreitet werden.

Herbert Hüpfl
Vizepräsident des Österreichischen Kochverbandes, Küchendirektor.

Huges Innocenti
Küchenmeister, Restaurateur, ein Meister der berühmten Pariser Schule, Prüfungsmeister der Handelskammer.

Max Inzinger
Viele Anregungen verdanke ich diesem weltweit gereisten Spezialitätengastronom und Meisterkoch im Fernsehen.

René Kramer
Vizepräsident der Gastronomischen Akademie der Schweiz, Fachbuchverleger, ausgezeichnet mit der »goldenen Feder« der Gastronomischen Akademie Deutschlands e.V.

Arne Krüger
Kochkünstler, Fachbuchautor, dessen Publikationen im In- und Ausland sehr beachtet werden. Herausgeber mehrerer Fachzeitschriften von internationalem Ansehen, ein gastronomischer Routinier, der in Frankreich und England genauso zu Hause ist wie

in Deutschland. Seine Kochkarten haben ihn bei den Hausfrauen bekannt und beliebt gemacht. Geschätzter Berater der Gastronomie und der Ernährungsindustrie.

Othmar Kuben
Kochkünstler, Hotelier, Schneckenzüchter, Großmeister des Feinschmeckerordens Herzog Widukind zu Bad Oeynhausen, Präsentator vieler gastronomischer Novitäten.

Gottfried L. Leitner
Chefredakteur von ›Tafelfreude‹, Förderer der Gastronomie und Kochkunst durch viele Fachbeiträge, Inhaber vieler in- und ausländischer Feinschmecker-Orden.

Helmut Misak
Vizepräsident des Österreichischen Kochverbandes, vier Jahre Generalsekretär des Weltbundes der Köche, Wiener Fernsehkoch, Küchendirektor und Fachexperte.

Harald Perscha
Journalist, Sprecher bei Radio Graz, Champion der Hobbyköche 1974.

Alfred Peysar
Importeur von Markengetränken, Hobby-Fotograf, gastronomisch vorbelastet. Sein Vater war international bekannter Barkeeper und Präsident der Österreichischen Barmixer-Union.

Ewald Plachutta
Küchenchef, der beliebteste Koch des Wiener Diplomatischen Korps, vielfach hochprämiierter Aussteller. Er wurde von einem bedeutenden Fachexperten als »ein aufgehender Stern am Köchehimmel« bezeichnet. Fachjournalist.

Vojo Radkovic
Redakteur, Champion der Hobbyköche 1973.

Hermann Riederer
Küchenchef und Restaurateur, zahlreiche Exponate für Zeitschriften.

Ludwig Scheibenpflug
Kochkünstler und Fachexperte, Oberschulrat.

Ferdinand Schreiber
Hobbykoch, bekannter Fotograf, der schon viele Kochbücher illustriert hat. Er arbeitet für Illustrierte und Fachzeitschriften.

Simon Siegel
Berufsschuldirektor, Fachbuchautor, erarbeitete zahlreiche betriebliche Verbesserungen für das Gastgewerbe.

Max Escherich
Restaurant-Chef im Hotel Reichshof in Hamburg, verdienter Arrangeur vieler kulinarischer Spezialitätenwochen.

Rudolf Ninaus
Es war im gleichen Jahrzehnt, daß er und ich das ehrbare Gewerbe der Fleischer, Selcher, Kälberstecher und Blunzenstopfer erlernt haben. Ich gab zehn Jahre später diesen Beruf auf und wurde Schreiberknecht. Er aber, Rudolf, wurde ein Meister der Wurst, des Fleisches. Als solcher ist er einer meiner vielen lieben Mitarbeiter bei diesem Kochbuch.

Eckard Witzigmann
Geboren 1941, Lehrzeit in Badgastein bei Ludwig Scheibenpflug. Weitere Stationen

seiner Karriere: Grandhotel Axelmannstein, Schloßhotel Pontresina, Grandhotel Villars Palace, Hotel National, Auberge de l'Ill (3 Stern Michelin), Collonges-au-Mont D'Or Paul Bocuse (3 Stern Michelin), Villa Lorraine (3 Stern Michelin), seit der Eröffnung Dezember 71 im *Tantris* als Chef de cuisine tätig. Dank seiner Küche bekam Tantris, München, im Michelin die Auszeichnung von 2 Sternen.

Rudolf Zach
Der Weg führte ihn als Küchenchef bis nach Chicago. Ist Alt-Präsident des steirischen Kochverbandes, demonstrierte bei vielen Spezialitätenwochen.

Franz Zimmer
Küchenchef u. a. in Addis Abeba, Fachberater von Fluggesellschaften, Restaurateur und Inhaber einer renommierten Kochschule.

Last but not least:
Ein ganz besonderer Dank gebührt meiner Sekretärin, Frau Ulrike Marx, die so manches Rezept fünfmal schreiben mußte, bis es tatsächlich stimmte.

Saures Rindfleisch
– eine deftige Brotzeit →

Verzeichnis der Rezepte

- Senfgurken nach Mutters Rezept